古代歷史文化研究輯刊

五 編

王 明 蓀 主編

第 1 冊

《五 編》總 目
編 輯 部 編

秦漢以前「四方」觀念的演變及發展研究

楊 濟 襄 著

國家圖書館出版品預行編目資料

秦漢以前「四方」觀念的演變及發展研究／楊濟襄 著 — 初版
— 新北市：花木蘭文化出版社，2011〔民100〕
序 4+ 目 4+170 面；19×26 公分
（古代歷史文化研究輯刊 五編：第 1 冊）
ISBN：978-986-254-415-0（精裝）
1. 地理方位　2. 先秦史
618　　　　　　　　　　　　　　　　　100000572

ISBN-978-986-254-415-0

9 789862 544150

古代歷史文化研究輯刊
五　編　第 一 冊　　　　　　ISBN：978-986-254-415-0

秦漢以前「四方」觀念的演變及發展研究

作　　者	楊濟襄
主　　編	王明蓀
總 編 輯	杜潔祥
印　　刷	普羅文化出版廣告事業
出　　版	花木蘭文化出版社
發 行 所	花木蘭文化出版社
發 行 人	高小娟
聯絡地址	新北市永和區中正路五九五號七樓之三
	電話：02-2923-1455／傳真：02-2923-1452
電子信箱	sut81518@gmail.com
初　　版	2011 年 3 月
定　　價	五編 32 冊（精裝）新台幣 56,000 元

《五編》總目

編輯部 編

《古代歷史文化研究輯刊》五編　書目

《古代歷史文化研究輯刊》五編
各書作者簡介・提要・目錄

第一冊　秦漢以前「四方」觀念的演變及發展研究

作者簡介

　　楊濟襄，1969 年生，臺灣師範大學國文研究所文學博士（2001）。現為國立中山大學中國文學系副教授（2006～）。主要研究方向為：春秋今文學、生命禮俗、清代學術。近年來投入臺灣生命禮俗之田野調查實務，獲得教育部補助設置「生命禮儀與文化詮釋」全球學術網 http://yangy.chinese.nsysu.edu.tw/lifetaboo/index.htm 學術著作有《龔自珍春秋學研究》，及〈「方法論」對莊存與《春秋》學研究之啟發〉、〈孔廣森《公羊通義》的解經路線與關鍵主張〉、〈王闓運「援莊入孔」的思想主張及學術史意義〉、〈康有為《春秋董氏學》的承繼與創新〉、〈海洋與土地的神聖對話：台灣的王爺信仰與五營認知〉、〈生生與制煞：民俗禮儀中的青龍白虎形象〉、〈台灣民間禮俗中的「孕母守護」圖像群與儀式〉等數十篇學術論文。

提　要

　　本論文以「秦漢以前四方觀念的演變及發展研究」為課題，從事文獻的整理及觀念起源的探索，所謂「秦漢以前」，是指蒐集四方關係之文獻資料，時代是以漢初《淮南子》為下限，目的在探討由卜辭到漢初的文獻資料中，「四方」方位觀的演變、發展、及附加意義，對於「四方」觀念的發展，從文獻

中尋覓出其文化遞變的軌跡。

秦漢之際的方位理論，主要是受到五行與八卦兩種觀念的影響；五行說中，關於方位的種種配應由來是否有本源依據？（如：「東」何以獨與「春」、「青色」等配應，而非配應於其它季節或其它色彩）甲骨卜辭裏，「東、南、西、北」已是明確的「四方」觀念，至於「五方」的說法究竟起於何時？又爲何獨標舉「五」之數，而非其它數字？由「四方」到「五方」的發展，顯然有探討的必要。至於「八方」的新詮釋，則由自於《易傳》講究陰陽變化的宇宙論，關於《易傳》中的「八方」卦位說，主要見於〈說卦傳〉，本論文所關切的是，由「四方」到「八方」，及所謂的「八卦方位」，是怎樣的背景促成這樣的發展歷程呢？因此，本論文除了探討「五方」體系的來源之外，也對八卦方位的背景因素作探究。

本論文總共分爲六章：

第一章　「緒論」：詳述本論文之「研究動機」、「研究取向」、「問題的提出」與「資料的運用」。

第二章　「古文字中的方位追溯」：由上古方位觀念溯源，結合前人對方位字「東、南、西、北」的研究，進一步辨別甲骨文裏「中」只是單純的空間概念，與「左、右」並列，卻未與四方並列爲「五方」。

第三章　「傳世文獻中的四方概念」：以「四方」的考察與論脈絡，並進一步關心「四方」至「五方」、「八方」演變的脈絡，探討其發展過程中，由文獻資料所呈現的附加意。在文獻資料的運用上，本論文以十三經、先秦諸子、及《黃帝內經》爲代表，蒐尋「東、南、西、北」四方同時出現之原文，加以探討四方關係及其附加意涵。

第四章　「四方觀念的發展（一）——五行系統與方位配應」：由《左傳》、《國語》中所見的早期五行說，作五行方位起源的考察，並且由「五行系統」及「配應」，探討四方配應於系統五行說之可能由來有三，分別是「星宿位置與顏色」、「北斗位置與季節」、「地理氣候與土宜」。

第五章　「四方觀念的發展（二）——易傳陰陽變化爲方位圖說」：由《易傳》著作之時代考察，及思想之構成背景，探討在陰陽觀念盛行之下，沿襲春秋以來易學發展及儒學傳統的《易傳》中的宇宙觀，以及緣自《易傳》宇宙觀而來的「方位圖說」，並進一步談四方觀念的發展及八卦方位的開拓。

第六章　「結論」：對秦漢以，「四方」本身的文化意念及發展到五方、

八方所牽涉的五行、八卦為脈絡，將文獻的整理及種種起源可能的釐清，加以總結歸納。

目 次

第二、三冊　先秦三晉文化研究

作者簡介

　　陳溫菊，一九六八年生，高雄縣岡山人。國立中正大學文學博士，曾任銘傳大學應用中文系系所主任，現任銘傳大學應用中文系副教授。研究領域爲經學、先秦文化，並從事華語文教學。著有〈三晉法家思想的源起與傳播〉、〈莊存與《周官記》研究〉、〈先秦儒家思想的傳播──孔子生前之概況〉、〈跨文化交際研究──《論語》的交際風格〉等論文，以及《詩經器物考釋》一書。

提　要

　　中國是歷史悠久的文明古國，又是地區遼闊的多種族大國，往往在不同的地區、不同的種族身上，會有明顯差異的地區文化特色。這些各具特色的地區文化，經過不斷地交流滲透、競爭與融合，才凝聚成絢麗多彩的中華文化。先秦時期，中國境內文明高度發展的地區文化早已遍佈各地，例如：三晉文化、鄒魯文化、燕齊文化、荊楚文化、巴蜀文化、吳越文化等等，其中的三晉文化包含晉國文化以及趙、魏、韓三國的文化歷史，是先秦文化重要的組成文化，也是中原文化的主體之一；它一方面繼承堯舜以來中原文化的特色，另一方面又因開拓疆土而融入不少北方異族文化的成份，故其整體文化的內涵表現是：在古老的氣息中又兼具有新穎的力量，是先秦地區文化研究不可忽略的一環。本論文除了介紹三晉國家的地理背景與國家歷史之外，還結合文獻記載及出土考古資料，廣泛而深入地介紹三晉文化在各類文化領域中的發展及成就，包括都城建築、經濟文化、政治文化、社會文化、天文曆法、文字、學術思想和文學等重要領域，以期提供三晉文化更詳盡完備的歷史面貌，樹立三晉文化在先秦文化研究中應有的地位。

目　次

第四冊　試論西漢京畿地區的警備制度

作者簡介

　　謝昆恭（1958～），台灣彰化人。國立台灣大學歷史研究所博士。曾任大葉大學通識教育中心專任講師、副教授，現職大葉大學造形藝術學系專任副教授兼彰化縣老人大學書法班指導老師。曾獲雙溪文學獎、全國學生文學獎、國軍文藝金像獎、彰化縣磺溪文學獎、台中縣文學獎等現代文學獎項10餘次；國科會著作成果獎助、教育部優良教師等獎項。著有《先秦知識分子的歷史述論》，詩集《走過冷冷的世紀》、《那一夜，我們相遇》、散文集《碉堡手記》。

提　要

　　西漢京畿警備以京城為核心，含主要機構：執金吾（中衛）、城門暨中壘以下諸（八）校衛、衛尉、光祿勳（郎中令）與分屬部門：少府、詹事（太子家）。

　　以時間言，武帝時期對整個制度進行實質上的擴編，影響當時與後代最大。

以空間論，由外而內可分為畿衛、城衛、宮衛、殿衛。

以職責別，畿衛屬執金吾，負責京畿範圍；城衛屬城門以及中壘以外的諸校衛；宮衛屬衛尉，主長安城內諸宮殿、城外部分宮殿的宮門屯衛；殿衛屬郎中令，掌長安城內諸宮的殿門警備。另有內宮的部分警備分枝，屬少府系統，而皇太子家亦自有警備系統。

組織上，層級健全，分署理事，內外分明，層層設防，各主其事，各領其衛，形成完備的警衛網。

人事上，長官廢立遷轉直承天子，行政權上，個別官署擁有個自的權力，不相統屬。論其任務，有常制性的執掌，也有臨時性的委派。

各機構成員，主要來自常態性兵制中的正卒，間有體制外者，如降附、簡選、徵調。

在與皇權體系的親密性上，以光祿勳最為明顯。

本文另附與警備制度密切相關的表格十一個，以利檢索。

目　次

第五冊　漢靈帝時期的政局

作者簡介

　　陳鏘懋，1970 年出生於嘉義市，1994 年從國立台中中興大學歷史系畢業，於澎湖服役兩年後開始從事教職，2007 年取得國立嘉義大學人文藝術學院史地學系碩士學位。目前服務於嘉義市立北興國民中學，擔任歷史科專任教師兼任導師職務，曾任嘉義市北興國中教師會理事、社會科召集人，平時熱愛旅遊或以學術交流方式參訪名勝古蹟，藉此縱情山水之間，自許以「快樂說書人」爲志業。

提　要

　　本文研究目的，主要是探討漢靈帝時期的政局演變，如何使東漢王朝迅速地走向分裂與衰亡，又隨著靈帝朝的結束，中國歷史隨即從大一統的秦漢帝國，進入了多元而分裂的魏晉南北朝時代，開啓了中古史的新頁，如此關鍵的發展階段，已具備了歷史研究上的特殊性與重要性，靈帝朝之覆亡，絕非單一因素能夠決定，而是朝廷內、外各個層面彼此之間的交互影響所致。

　　靈帝朝實際上已背負著東漢建朝以來所累積的許多政治包袱，例如內部的戚宦相爭、黨錮之禍以及外部的邊境消極政策以及豪族勢盛⋯⋯等，但若只以“積弊難返”爲由來看待靈帝朝導致東漢的滅亡，也未臻完善。本文將靈帝朝步向分裂與衰亡的複雜成因與影響層面，採核心（靈帝的出身）、縱向（朝廷內部）與橫向（朝廷外部）三個部分進行析論，本文共分爲六章：

第一章「緒論」：提出以「漢靈帝」爲研究議題之緣起與析論之方向，將有關靈帝本身的史料，佐以東漢衰亡之相關前人研究成果，加以回顧與探討，以闡明「漢靈帝時期的政局」在東漢衰亡的歷程當中，所扮演之特殊與關鍵的歷史意義。

第二章「士風的沉淪」：以兩次黨錮之禍爲時空背景，切入本文的核心部分，介紹靈帝的家世出身，以及靈帝即位之初隨即面臨宮廷內部各方勢力之間的鬥爭，並探討黨禍後靈帝的因應態度、內政上所作的改革以及賣官鬻爵的貽害。

第三章「軍事國防的緊張」：東漢建朝以來對邊疆採消極退讓政策，因此邊族入寇襲擾不斷，已成爲靈帝朝廷外部的巨大壓力，除了造成邊地緊張、人民飽受征調之苦以外，所投入鉅額的軍旅費用，已達耗竭國庫，動搖國本的地步。

第四章「社會經濟的衰敗與失序」：東漢是豪族地主支持下所建立的王朝，朝廷的官僚、外戚，以及地方的州郡長吏、富賈地主等，都是豪族出身，豪強競相兼併土地，使得農民生活困頓、流離失所，終於引爆了反政府的「黃巾民變」。

第五章「戚宦相爭的延續與擴大」：主要探討黃巾民變後，靈帝之皇權如何對其下官僚士大夫、宦官、外戚之三大政治勢力集團，作出有效的統馭與制衡，最後因地方行政制度的變革，與中央戚宦再度惡鬥，使地方與中央呈現分裂之局。

第六章「結論」：綜論各章節之要點，舉出研究成果、心得以及檢討本文研究之侷限與未及之處，最後期許未來研究之遠景。

目　次

第六冊　漢人的鬼魂觀研究

作者簡介

許朝榮，1981 年年出生於臺灣彰化。嘉義大學史地學系、史地研究所碩士班歷史組畢業。曾任高中歷史教師，現任國中歷史教師。

提　要

上至皇帝，下至黎民百姓終難免一死，因此死亡爲社會每個階層人士所必經之路。於中國傳統祭祀系統之中，概略分爲三大類，分別爲「天神」、「地祇」與「人鬼」。與天神、地祇相比，鬼爲人死後所變者，與人曾經共同生活過，有共同的回憶，具有血脈相連的生命親切感。當佛教在中國普遍流行後，特別是唐朝佛教中國化以後，鬼世界已成爲一揉合佛與中國傳統概念的想像。「輪迴」爲佛教所擁有之概念，人死後依據生前所行因果決定下輩子的生活。但是，在中國傳統概念中，人死後是否亦有輪迴之概念？若無，那死後的鬼世界將是一個什麼樣的世界？

綜合以上所言，本論文所欲探究之主題有：

1、「鬼」字於秦漢時期的用法爲何？

2、秦漢時人觀念中，如何界定生與死？

3、既然鬼爲人所變者，那鬼的各項特徵爲何呢？人死後的世界是何種面貌的世界？一般「人鬼殊途」情況下，人與鬼如何溝通？

4、基於什麼原因，讓鬼介入生人生活？介入之後又將對人產生什麼影響？人又是如何回應鬼的介入？

目　次

第七冊　唐代前期（618～755）對安西四鎮的經營

作者簡介

　　曾賢熙，中國文化大學史學研究所博士，曾任大葉工學院共同科講師、副教授、大葉工學院教務處課務組主任，現任大葉大學造形藝術學系、通識教育中心合聘副教授。撰有《唐代前期（618-755）對安西四鎮的經營》（碩士論文，1983），《唐代汴州──宣武軍節度研究》（博士論文，1991），以及在期刊、研討會發表之論文 30 餘篇。

提　要

　　李唐開國，本其關中本位政策，定都長安，欲保首都所在的關中，則必須控有河隴；欲控有河隴，則必須掌握西域的控制權。安西四鎮，古稱西域，具有隔斷羌、胡的作用。唐代前期的外患主要來自北方的突厥，與西方的吐蕃。唐為保關中，為防突厥與吐蕃合勢的威脅，則必須控有安西四鎮，故唐

代前期百餘年間，所以對安西四鎮經營不輟者，原因在此。本文重在說明唐代前期的四鎮經營兼及唐代國勢盛衰的情形。全文凡六章：

第一章「前言」：旨在說明研究的動機、研究的方法、及預期成果。

第二章「四鎮的地理與人文」：凡分三節，旨在說明四鎮在地理及人文上的特殊性，及其在唐與突厥爭霸中亞時的地位。

第三章「唐代初期對西域的經營」：共分三節，旨在闡述唐國都之所在及其國策，以及唐朝君臣對打破東西突厥鉗形威脅的努力與成果。

第四章「吐蕃東突厥交侵時期唐朝的艱苦奮鬥」：凡分三節，旨在說明唐朝君臣如何在吐蕃與突厥交侵時期，繼續對四鎮的經營，並運用安西四鎮的特殊形勢對吐蕃進行反包圍。

第五章「安西四鎮的經營與內政外交的變化」：共分四節，指出長期的西域經營對唐朝內政上、外交上的影響。

第六章「結論」：對前五章的研究成果作一總結，並提出未來研究方向。

目　次

第八冊　唐代汴州──宣武軍節度使研究

作者簡介

　　曾賢熙，中國文化大學史學研究所博士，曾任大葉工學院共同科講師、副教授、大葉工學院教務處課務組主任，現任大葉大學造形藝術學系、通識教育中心合聘副教授。撰有《唐代前期（618-755）對安西四鎮的經營》（碩士論文，1983），《唐代汴州──宣武軍節度研究》（博士論文，1991），以及在期刊、研討會發表之論文 30 餘篇。

提　要

　　唐代宣武軍節度使轄汴、宋、亳、穎四州，此四州居河、淮之間，地勢低平，水道縱橫，自古即爲關中通東南地區的交通要道。隋煬帝開通濟渠，目的不僅爲遊幸，至唐，通濟渠更成爲轉輸東南財賦至西北的大動脈，汴、宋、亳三州爲運河所經，唐長安政府對東南財賦的倚賴程度愈大，此區地位益形重要。

　　首都爲首善之區，人文薈萃之地，隋唐政府以國防及政治因素，定都長安。關中地區地狹人稠，糧食常不能自給，至高宗、武后時，因對外用兵及官僚集團的膨脹，每遇飢荒，輒有就食東都之行。玄宗重視漕運，把關東的財賦區與關中的政治文化中心緊密的結合在一起，成就了大唐盛世。

　　安史之亂後，河北租賦不入王室，唐中央政府對東南地區糧食的需求轉殷，主控通濟渠運道的宣武軍節度使人選，甚受朝廷重視。河南、河北藩鎮叛亂時，本區爲敵對雙方爭取的對象，吐蕃、南詔寇擾時，本區提供防秋、防多之兵與糧。

　　黃巢之亂，竄擾中國幾半，兩京殘破，東南地區生產事業遭受重大打擊，唐政權漸步入衰亡。朱溫降唐，以宣武軍爲基礎，經二十幾年的發展，陸續併吞鄰鎮，成爲當時天下第一強藩，終於篡唐。朱溫定都汴州，從此中國政治中

心東移，以全國經濟重心東移故也。

目 次

第九冊　唐代南詔與李唐關係之研究

作者簡介

　　王吉林，山東省平度縣人，生於民國二十七年（1938）五月。民國五十一年（1962）畢業於臺灣師範大學史地系。民國五十六年（1967）獲中國文化學院（今中國文化大學）史學研究所碩士。民國六十一年（1972）由中國文化學院推荐，以《唐代南詔與李唐關係之研究》獲國家文學博士。

　　王氏於獲得博士後，曾任中國文化學院訓導長、秘書處主任。復兩任中國文化大學史學系主任、教務長，現任史學研究所所長、文學院院長。

　　在學術活動中，王氏樂於參與，曾任唐代學會理事、理事長，現仍任理事。中國歷史學會在臺復會後，王氏歷任理事、理事長，現爲常務理事。

　　在學術研究中，王氏從研究南詔，進而研究吐蕃，以及唐代邊疆史與政治史，探求二者關係。由此上推，對北朝史亦深有研究，且有多篇重要論文發表。

提　要

　　本書導論研究南詔民族，言南詔非一般所言爲哀牢夷之後，亦非氐、羌，更非泰族故國。其爲烏蠻，當屬事實。

　　次論唐前雲南，說明兩漢至隋，中國與雲南之關係。唐代初年經營雲南，既想重啓步頭路，又思阻止吐蕃勢力進入雲南，因而扶植南詔。唐與南詔之關係，敗於佞臣，安史亂前，南詔叛唐，投向吐蕃。

　　安史亂後，吐蕃勢張，唐遂聯南詔以分吐蕃之勢。德宗貞元十年，南詔重又歸唐。其後唐與南詔和戰不常，南詔且攻陷安南，復擾邕管，與唐戰爭結果，造成兩敗俱傷，唐與南詔約在同時結束，開啓下一時代，則不再述。

目　次

芮逸夫先生序

第十冊　唐代中期的僧伽制度──兼論與其當代社會文化之互動關係

作者簡介

　　黃運喜，1957 年出生於苗栗縣南庄鄉，父母親為雙目失明的盲人。從 13

歲開始以半工半讀的方式完成學業,最高學歷爲中國文化大學史學研究所博士。當過工廠及工地工人、救國團服務員、水電及瓦斯管線技術工人、學校教師,從事教育工作 20 餘年,目前爲玄奘大學宗教學系教授。

研究領域爲中國佛教史、玄奘學、台灣史、客家史等,撰有《蛻變的家園—隘口百年變遷沿革誌》、《寶山鄉志·歷史篇》、《傳統與現代的對話—新竹縣寺廟專輯》、《中國佛教近代法難研究(1898-1937)》、《新修桃園縣志·宗教禮俗志》,另撰有學術論文 100 餘篇,其奮鬥事蹟與成就被收錄《2009 年新竹市名人錄》中。

提 要

本論文涵蓋時間爲從安史之亂至會昌法難,爲期約九十年間佛教僧伽制度(僧團)之變化,因這段時間是中國歷史變化極爲快速的時期,佛教亦不例外。若能釐清此期僧團之變化,對日後會昌法難的發生,以及佛學義理與儒學思想會通、宋代理學淵源等研究助益甚大。

全文分七章與結論,其大綱如下:第一章:〈緒論〉共分二節,對主題架構作概略性敘述,並追溯印度佛教僧伽制度的建立與特質。第二章:〈安史之亂前的僧伽制度〉,共分三節。敘述佛教傳入後我國僧團制度的建立與演變,唐玄宗的宗教政策、安史之亂對中晚唐佛教的影響。第三章:〈主要僧團的地域分布〉,共分三節。探討安史之亂前後主要僧團在各地的消長,配合宗派興衰及人、地環境生態等空間因素,分析本期宗派佛教發展的趨勢。第四章:〈僧團的內部結構〉,共分四節。敘述傳統僧團的內部結構、叢林制度建立的背景與禪宗僧團組織及運作情形、比丘尼僧團的建立與特色。第五章:〈唐代的僧政管理與政教關係〉,共分三節。說明唐代的僧官制度、僧團律令在政治層面中所屬地位,國法與戒律之兩難及調適問題,上層社會的政教關係。第六章:〈僧團的教育制度〉,共分三節。從寺院教育特質看僧侶的義學教育、世學教育、社會教育、參學行腳等,說明佛教與社會文化的關係。第七章:〈僧團的社會功能〉,共分三節。以僧團所從事社會福利事業,及僧團與社會各階層關係彰顯佛教之外顯功能。結論:針對上述各章節歸納重點及關連性作爲論文總結。

目 次

會昌法難研究——以佛教爲中心

作者簡介

　　黃運喜，1957 年出生於苗栗縣南庄鄉，父母親爲雙目失明的盲人。從 13 歲開始以半工半讀的方式完成學業，最高學歷爲中國文化大學史學研究所博士。當過工廠及工地工人、救國團服務員、水電及瓦斯管線技術工人、學校教師，從事教育工作 20 餘年，目前爲玄奘大學宗教學系教授。

　　研究領域爲中國佛教史、玄奘學、台灣史、客家史等，撰有《蛻變的家園—隘口百年變遷沿革誌》、《寶山鄉志・歷史篇》、《傳統與現代的對話—新竹縣寺廟專輯》、《中國佛教近代法難研究（1898-1937）》、《新修桃園縣志・宗教禮俗志》，另撰有學術論文 100 餘篇，其奮鬥事蹟與成就被收錄《2009 年新竹市名人錄》中。

提　要

　　政治的統治對象與宗教的教化對象均是人民，政教雙方在一定的限度內，可以相安無事，若逾一定的限度，則易發生衝突。政教衝突的結果，往往是由主政者運用世俗的權威，干涉教團內部依戒律規定正常的運作，使之

在義理趨向低下的目標，這種現象，就是宗教史上所謂的「法難」。

會昌法難是中國佛教由盛轉衰的分水嶺、對於當時政治，社會及後代文化均有深遠的影響。本文根據兩唐書、唐會要、大正藏史傳部、方志、金石史料等記載，劃出這次法難的真象，並嘗試分析法難的原因和影響。全文共分六章，分章敘述要點如下：

第一章：「緒論」。敘述宗教的本質和法難的意義，並比較中印兩國的僧伽制度及僧寺關係，藉以明瞭會昌法難的遠因。

第二章：「從時代背景看法難原因」。以唐代君王的宗教信仰和政策，國家經濟和寺院經濟衝突，士大夫排佛思想暗流等三個角度解釋這次法難原因。

第三章：「會昌法難始末」。敘唐武宗即位後的崇道黜佛措施，並分析廢佛詔令「拆寺制」，以探討武宗廢佛動機，最後敘述宣宗即位後的放鬆管制而結束了這次法難。

第四章：「法難下的佛教」。考察法難進行時僧侶的志行操守，勒出全國各地被毀的寺院及散佚佛典。

第五章：「法難的影響」。以社會功能、佛教宗派、佛教義理轉變和佛學中國化三方面分析法難的影響。

第六章：「結論」。簡單敘述前面各章要點，並提示會昌法難為何是中國佛教由盛轉衰的關鍵。

目　次

第十一冊　唐代茶業之研究

作者簡介

　　陳欽育，民國 42 年（1953）生，臺灣雲林縣人，文化大學史學博士。目前任職於國立故宮博物院專門委員（曾分別於民國 69、73 年，通過國家考試——普考、高考「博物館人員」類），並兼任大同大學通識教育中心副教授，專攻歷史、藝術及博物館學。曾發表多篇與臺灣史、中國史及博物館學等相關文章，爲學界所引用。近年來，更熱衷於臺灣鄉土踏查，包括臺灣史蹟、文化活動及平埔族後裔等探訪，以貼近鄉土，想像及還原、復振臺灣昔日人文風情。自認爲接觸及研究文、史、藝術等，係其人生最踏實且永不渝的志業。

提　要

　　茶藝文化是我國傳統的固有文化之一，飲茶習俗，在中國歷史悠久，應是世界上最早懂得飲茶的國家，古籍上有關茶的記載不少，茶藝史料豐富，世無其匹，瞠乎其後。而唐代茶風極盛，影響後代極大，造成宋以後各朝茶風鼎盛，政府稅收大增，國用以饒，並視爲與外族和議的重要媒介物。因此，唐代的飲茶風氣，實有承先啓後之功，其種種茶事問題，頗值得吾人加以深入的研究，冀明其茶風盛況。

本書大要如下：第一章：緒論。第二章：茶之源起及其功用。第三章：飲茶風氣盛行原因及製茶、飲茶方法。第四章：茶之產銷及其傳播。第五章：茶稅及其與藩鎮之關係。第六章：茶書、茶詩與茶畫。第七章：結論。

由於唐代茶風極盛，故茶之形、音、義等三方面，至中唐以後乃正式確立，並成定型。其時製茶、飲茶的方法，皆極講究，瓷製茶器，使用日廣，因而為日後中國製瓷業之發展奠定了基礎。唐人有極豐富的種茶知識，《四時纂要》一書載之甚詳。因此，唐代茶園面積遼闊，江淮一帶人民，大都以種茶為生。唐代國內交通發達，茶之運銷便捷，藉隋所開鑿的運河，及唐代驛道設施完善，驛制健全，江、淮一帶的茶貨，乃源源不絕地輸往北方各地，乃至於洛陽、長安及今湖北、四川一帶，形成「比屋之飲」，並已傳播至域外諸國。

中唐以後，國勢愈弱，茶稅收入，正可彌補國用，而藩鎮擅稅茶商，形成其一筆可觀收入，為其坐大、抗命中央之資本。另外，唐代茶書、茶詩和茶畫等作品甚多，正可佐證唐代種種茶事，然為全帙者少，非佚即殘，是其大憾也。

目　次

第十二冊　吳越釋氏考

作者簡介

姓名：周奀

學、經歷：已從教職退休

習作概略：

《《太平廣記》人名書名索引》、《六朝志怪小說研究》、《神異經研究》、《老子考述》、《陰符經考》、《吳越釋氏考》、《〈比丘尼傳〉及其補遺考釋》、《尼師成道典型之研究》、《易經卦爻辭考說》、《周易翼傳考說》、《唐碑誌研究（一）——女子身份與生活部分》等。

提　要

　　我國佛教到了趙宋之世，那是承李唐之盛而上推巔峰的；然而，唐・武宗毀佛之後，又繼之以末年的亂世，佛教幾乎已然不振一蹶了，是什麼因緣、願力使得趙宋有這樣的成就呢？自來的佛教史學者都盛稱偏江南一隅的『五代十國』之功，尤其如『吳越』此等相對長治久安的區域，更是有厥偉之功。

　　話雖如此，而其繁榮的景況如何？繁榮的背景又是怎樣？卻尟有深入的深究之論述。本論文便是要在這一方面有所補苴，而分從：吳越釋氏傳略的考索、法系的考索（如：禪宗、淨土、天台、律宗等）、地理考（如：吳越地域的確定、寺院考等）、姓氏考等面向，作一詳盡的考察。

　　考察的結果，我們發現：一、吳越錢氏是傾全力在保民護教的，二、此時此地的釋教最興禪風，其次是淨土，而天台、律宗也還不絕如縷地向後傳承，則佛教之盛可以知矣。

　　至於詳情，請翻檢拙文，可以教我。又，本論文曾經獲得『中國佛教研究所』之獎助，獎助文號是 84.28.13.C.020.001.002.，而在集結時，從排印、校訂到成書都是台灣大學農學博士張聖顯兄所力成的，特此致謝。

目　次

第十三冊 宋代民婦之家族角色與地位研究

作者簡介

游惠遠，1961 年生於嘉義市，從小受困於數理，只好專心往人文藝術發展。很在意窗外有沒有一片藍天，因此無論選擇學校、工作環境或居住地均以此為最高原則。1985 年自淡江大學歷史系進入東海大學歷史研究所就讀，1988 年開始與勤益科技大學創校人張明將軍與王國秀女士結緣，致此生將在此四面環山的可愛校園終老！1997 年創立文化創意事業系，將文史藝術結合音像技術，遊走於理性與感性之間。一方面帶領學生厚植人文藝術根基，並走南闖北與各地方文化單位結合；另一方面則在東海大學藝術學院詹前裕院長指導下，企圖建構新台灣文化藝術圖像。

提 要

宋人程頤在論守節時曾云：「餓死事極小，失節事極大」，又《宋史》列女傳中也有「婦人死不出閨房」之語，致使後世之人以為，宋代婦女在嚴苛禮教的繭縛之下，一生難有獨立自主的機會，忽略了女性占了總人口的半數，這許多的人口不可能全仰賴男性，而不參與生產行列。本文的研究目的即希望透過婦女的家族地位的探討，以及她們所從事之行業的類別，以觀察宋代婦女的權利義務與生活情感，盼能使原貌再呈現。

　　本文所使用的資料以宋人著作爲主，再參酌前後代的相關記載，利用綜合歸納與比較分析法研究而成。

　　本研究對象以沒有受到誥封的婦女爲主，時間則涵蓋兩宋三百多年。文分五章，首章緒論，第二章從法律上看民婦之家族角色與地位，旨在透過條法的分析以了解宋代婦女的法定地位。第三章從社會實態上看民婦之家族角色與地位，希透過較廣的取材，包括風俗習慣、倫理道德、教育等，來重新檢視法令，以及知識份子的見解和社會實態之間的關係。第四章專論貞節與再嫁，藉以了解當代人對這兩個問題的看法與實際上的差別。第五章民婦之職業與生計，擬透過對婦女職業的觀察，以明其維生的能力與社會功能。

　　自女子一生的歷程來觀察宋代婦女地位：在教育方面，女子同男子一樣可接受教育，但因教育的目的不同，女教旨在爲當個賢妻良母作準備，而男教則以入仕爲目的，致女子接受教育的機會常少於男子。

　　自婚姻方面言，婚姻是以家族爲目的，其決定權在父母或尊長，兒女均無自主權。而婦女在夫族最重要的義務是孝順翁姑和忠貞於丈夫，有些貧民雖能容忍妻子的私通，但基本觀念上，則以之爲可恥的現象。在離婚方面，自法律上看，夫妻的離婚權幾乎是均等的，但因宋代婦女對條法的不解，其被動往往多於主動。但宋人對於民婦的守節或再嫁則沒有任何的根制，在這方面，婦女擁有相當高的自主權。

　　自財產權的擁有來看婦女地位，女子取得財產的途徑有多種，但只有隨嫁粧奩財產才能由自己完全擁有和控制，而女子對夫家的財產只有使用權和保管權，且這項權利乃視其是否居於夫家，仍爲夫族之一員爲原則。

　　自職業的選擇來看，宋代民婦對社會活動的參與是多方面的，幾乎各行各業都有他們的參與，而婦女能夠靠自己的才能與技藝而獨立謀生者均不在少數。

　　綜言之，宋代的婦女地位縱然較男性爲低，但這是制度性的問題，而非情緒性的問題，且宋代婦女也不是一般人刻板印象下的弱女子可比。

目　次

第十四冊　金初漢族士人的政治參與

作者簡介

　　陳昭揚，台灣台南人，1972 年出生，中興大學歷史學系碩士，清華大學歷史研究所博士，現任國立台灣師範大學歷史學系助理教授。研究領域爲金史，主要關懷課題爲士人活動與政治制度。

提　要

　　十二世紀初，以完顏部爲首的氏族聯盟在完顏阿骨打的領導下，在統一了原先各自爲政的女眞族落後，隨即以不及掩耳之勢南下滅遼破宋，建立此後金朝在淮河以北百餘年的統治。爲求擴大政權規模並鞏固其生存基礎，此時金朝不斷吸納各族各類的人才，而漢族士人正是金朝極力爭取的對象之一。是以有關漢族士人與金朝如何在政治面向中結合的探討，可說是金初歷史研究的重要課題。本書主要探討金代太祖至熙宗年間，漢族進士進入金朝的背景與過程，以及入金之後的相關政治活動。書中以金初兩大漢族士人群體──遼系與宋系漢族士人爲主體，分別論述了其入金歷程與入金後的參政行爲及態度，同時也分析了當時遼、宋、金三國的待士政策與國際情勢的變動對這兩大漢族士人群體入金參政的影響。

目　次

第十五冊　明清北京的城垣與宮闕之研究（1403～1911）（增訂本）

作者簡介

　　謝敏聰，1950 年出生於台灣彰化，台灣大學歷史系學士，文化大學史學研究所碩士，香港珠海大學中國歷史研究所博士。

　　現職：中華簡牘學會理事，台北市簡牘學會理事，新竹清華大學歷史研究所兼任副教授。

　　歷任：文化大學史學系兼任講師，中原大學共同科兼任講師，淡江大學歷史系兼任副教授，玄奘人文社會學院專任副教授，北台灣科學技術學院專任副教授，中國歷史地圖編纂委員（張其昀監，程光裕、徐聖謨主編），高中歷史教科書（正中書局版）編輯委員。

　　學術榮譽：

1. 著作、作品五度榮獲教育部長頒獎表揚。
2. 論文曾榮獲美國哈佛大學名譽教授費正清（JOHN K. FAIRBANK）博士、英國學術院院士崔瑞德（DENIS TWITCHETT）教授，聯合總主編的英文版《劍橋中國史》引用。
3. 專著曾榮獲美國哈佛大學終身教授巫鴻博士在其英文版專著《武梁祠》列為引用參考書目。
4. 專書曾榮獲文化大學創辦人張其昀教授在其專著《中華五千年史》列為參考書目。
5. 論文曾榮獲美國西雅圖華盛頓大學陳學霖教授在其論文〈元大都城建造傳說探原〉引用。
6. 論文曾榮獲香港大學地理系主任薛鳳旋教授在其中、英文版專著《北

京：由傳統國都到社會主義首都》（香港大學出版）引用。

7. 作者榮獲香港《紫荊雜誌》兩度讚譽為 1980 年代以來享譽兩岸及海外的古建築學者。

主要著有：《中國歷代帝王陵寢考略》，台北：正中書局，1976 年。《明清北京的城垣與宮闕之研究》，台北：台灣學生書局，1980 年。

主要編著有：《中華歷史圖鑑》，台北：聯經出版事業公司，1978 年。（書名榮蒙國畫大師張大千先生賜親題墨寶）

主要譯有：《中國古建築與都市》，台北：南天書局，1987 年。（ANDREW BOYD 原著）

另撰有：論文、專文數十篇，散見學報、《牛頓雜誌》、《時報雜誌》、……。

提　要

現今北京留存的城制與宮苑，創建於朱明，增修於遜清，金碧掩映，鬱鬱蒼蒼，其規模的壯麗雄偉，堪稱世界都城與宮殿建築中的第一位。自明代以來，言其制度與沿革之書，即多至不可勝數，典章炳煥，圖籍雜陳，如明‧劉若愚之《酌中志》、呂毖之《宮史》及清‧朱彝尊之《日下舊聞考》等，都是很有名的，惟均各有偏頗。近人朱偰撰《明清兩代宮苑建置沿革圖考》述北京宮闕遞嬗沿革，自言詳於明而略於清；侯仁之撰《北平金水河考》等著，著重歷史地理之變遷；單士元、于倬雲、朱家溍、王璞子、晉宏逵、鄭連章、王子林、芮謙以文物、建築的觀點深入研究，鄭欣淼於 2003 年更提出「故宮學」的學科概念，整合對故宮各方面的綜合研究，例如：故宮的歷史（從夏末到清末民初）、故宮學的範圍涵蓋歷史的宮廷收藏與歷代室行宮、陵寢、故宮博物院的歷史與未來可能的發展，故宮學學科理論的成立，與預期的研究成果及對社會大眾教育的貢獻與影響，前賢謂：有新資料才有新學門，清末民初以來，故宮由於明清檔案的公開，古物陳列所、歷史博物館與故宮博物院的相繼成立，加上科際整合與王國維的「二重證據法」等新的做學問方法，配合從十九世紀末以來，照相、電影、電視、錄像、錄音、電腦、網路等新機具的配合使具，使抽象的故宮進化到抽象與形象的故宮並重，使學者們對故宮的研究推展到空前的高度，將故宮的學術層次提升到二十世紀與二十一世紀之交的一個新的高點，故宮學學科的形成，已獲全球大多數研

究故宮學者們的共識，2010 年在鄭欣淼主導下更成立故宮學研究所，標誌一個新學科的形成，都很有成績。因有關北京史料浩瀚無比，故擇明清時期的城垣與正式宮殿撰寫本書，蓋因城垣與宮殿爲帝室皇都不可或缺的兩樣建築物。都城的中軸係與主要宮殿連貫。

本書除注重北京城址之演進外，對於現存宮闕規制特加以詳述，略於明而詳於清。園囿因不在《周禮》的範圍內，因此從略，而皇室的正式壇廟中，亦僅論及與宮城有關的天壇、堂子、太廟、社稷壇、地壇，以符合本書的題目。並從都市的文化地位、制度淵源、規建思想加以探究，尤以後兩項爲他著所未研討。

《明史》謂北京宮殿「名號繁多，不能盡列，所謂千門萬戶也。」因此本著特附以圖表，以便查核複雜的宮殿位置，使能一目瞭然。

本書共分七章，大要如下：

第一章「緒論」：略言中國地略重心東移北京的經過及北京在中國及世界的文化地位，並說明研究北京古城的價值與意義。

第二章「北京的地理形勢及沿革」：下分二節。第一節就北京附近的地理形勢加以闡述，以瞭解迭爲歷代建都的原因；第二節，說明北京的營建，非一朝一夕，乃歷代加以擴建累積，才形成元代以來的偉大城市。

第三章「明代北京的營建與城市的佈局」：下分四節。第一節談明代肇建今城的經過；第二節談明代以來城市的佈局與城垣狀況；第三節爲城垣內外的皇附屬建築；第四節略述明清北京的城坊。

第四章「紫禁城之沿革」：下分二節。第一節談及南京明故宮及鳳陽紫禁城的興廢及其對北京宮闕制度之影響；第二節爲北京紫禁城各宮殿的修建史。

第五章「宮闕規制」：下分五節。第一節述及宮前各門；第二節談太廟及社稷壇的建置；第三節爲紫禁城的城垣與護城河；第四節敘述外朝及兩翼；第五節敘故宮內廷中路的情形；第六節詳談內外東西路複雜的皇宮內苑。

第六章「北京城垣與大內的制度淵源」：下分四節。第一節，追溯北京城垣制度的由來；第二節敘述歷代御道與宮廷廣場對北京規建的影響；第三節談海中三神山設置之源始；第四節詳北京宮禁制度之淵源。

第七章「結論」：綜合上述各章節，演繹歸納北京始建的哲學思想，宮殿佈置與建物排列的教化意義，並以北京爲中華文化的中心作本書的總結。

本書承蒙吾師李守孔教授（台灣大學名譽教授）指導，謹此申謝。

目　次

第十六冊　明人的山居生活

作者簡介

朱倩如，臺灣苗栗人，一九七四年出生，淡江大學歷史系學士、中國文化大學史學系碩士、博士。目前爲長庚技術學院、新生醫護管理專科學校兼任教師。研究領域以明代生活史爲主。

提　要

文人對於「山」的意象，從早期仰之彌高、望之彌遠的崇拜心態，逐漸成爲浮世寄託、依戀的對象。明代文人對於自然山水，有強烈地想望與依託感，與山水爲伍，隱然成爲生活樂趣所在。因爲喜好山水，自然也就選擇了依山傍水之地爲居所。卜居於溪山中，遠離俗人俗事，與自然爲鄰，生活頗具愜意。尤其在政治環境的氛圍下，處世爲官不得人意之時，造成了辭官歸隱的居山風氣，選擇滯跡山野、寄情山景，在山水蟲魚、琴棋書畫中尋求山林野居的閒情逸致。並且明代儒、釋、道三教盛行，受到老莊、禪學的影響甚深，隱居成了一部分失意士人逃避人生的選擇，山中的靜謐與自然景致的佳美，成爲最佳的選擇處所。所以因藉政治進程的演變，連動著經濟的繁榮發展、學術思想的催化等大環境的影響，明人營造出山居生活的品味，沈浸於閒適的生活中。

本文著重山居生活環境與格局的特色，居家氛圍與山家內部的陳設；以及隱居心境的調適，山居生活的體驗，與獨居以自娛、結友以共娛的生活寫照；和山居生活中感觀意識與自然關係的探究，與山居生活的苦與樂。

山居的目的、山居的人物、山居的狀態、山居的特色等，皆是本文探討的主題。山居生活使得文人欣慕的山水，成爲「可行」、「可望」、「可遊」、「可居」的生活境地。

本文力求建構明人山居生活的整體面貌，藉由山居生活的論述來突顯當時的社會狀態，與明代文人的生活樣式、文化意識，並從山居生活方式中，

反思現今的生活抉擇、生活環境，與物質的欲求或性靈的閒適，應具有一定的學術參考價值。

目 次

第十七冊　明代兵備道制度：以文馭武的國策與文人知兵的實練

作者簡介

　　謝忠志，臺灣嘉義人，中國文化大學史學研究所博士，現爲國立高雄應用科技大學通識教育中心兼任助理教授，研究領域爲明代軍事史、社會文化史等，曾發表〈明代的五行都司〉等文章。

提　要

　　整飭兵備道爲明代獨創，它是地方行政制度，用以溝通省、府二級；它也是軍事制度，是平靖動盪的最佳利器，因而被清朝沿用。

　　整飭兵備道爲按察分司，其主要職掌在穩定地方，平時操練兵馬、修葺城池、教化興學與審理詞訟等；戰時則協同文武官員帶兵出擊，敉平亂事，實爲明代以文馭武國策中基本典型之一。

　　本書首先說明整飭兵備道的創設緣由及其設置背景，釐清兵備道的創設時間與兵備道官的各種稱謂，深入探究其地方控制的實例，兼及整飭文教、興修水利等相關職掌，最後探討兵備道在地方制度的位階與各級文官領導體系間的協調，企圖勾勒整飭兵備道在明代運作的實際概況。

目　次

第十八冊　晚明黃河水患與潘季馴之治河

作者簡介

蔡泰彬，臺灣臺東縣人，民國四十三年生。

中國文化大學史學研究所博士。

曾任靜宜、海洋等大學副教授，現任國立彰化師範大學歷史學研究所教授。

著有《明代夏原吉研究》、《明代漕河之整治與管理》等書，及發表〈明代江南地區水利事業之研究〉、〈明代漕河之守護神──金龍四大王〉、〈明代練湖之功能與鎮江運河之航運〉、〈中國傳統詩文之黃河觀〉、〈論黃河之河清現象〉、〈明代貢鮮船的管理與運輸〉、〈論證明代御製黃河萬里圖應繪製於清康熙時期〉、〈元明時期海運的海險與膠萊運河的開鑿〉、〈明清泰山與太和山的香稅徵收、管理與運用〉等論文。

提　要

　　明代是國史上黃河水患最爲嚴重時期，不僅沖阻漕河，並危害祖陵和沿岸各州縣之民命。爲整治黃河，於晚明潘季馴力倡「束水攻沙」之治河方策，其能洞悉治河即在治沙。

　　全文計六章，旨在探討晚明黃河水患發生原因、沿河州縣重罹水患、祖陵遭淮水逆浸之實況、淮南地區整建之水利工程、暨潘季馴治河方策之內容與實行等問題。

　　潘季馴之治河觀，雖能突破傳統治理黃河採行「分流」之舊鑿，但因水文知識認知不足，未能整治黃河上游地區，以降低河水中之含沙量，而專恃雙重堤防之構築，是無法清除清口、海口、河道諸淤沙，以致黃河仍爲拔地「懸河」，河水嚴重威脅及沿河各州縣。但其四度治河，鞠躬盡瘁於黃、淮、運三河，創行「合流」之治河觀，論其事功，業已不朽。

目　次

第十九冊　清代地方學官制度

作者簡介

    劉德美，1948 年生，台灣師範大學歷史系學士、歷史研究所碩士、博士。碩士論文為《清代地方學官制度》，博士論文為《阮元學術之研究》。曾任台灣台北市弘道國中、省立彰化高中、台灣師大附中歷史科教師、台灣師大歷史系助教、講師、副教授、教授，2007 年退休。任教期間，曾授中國通史、世界通史、西洋上古史、西洋藝術史、西洋古蹟與文物等課程。於清代地方教育、清代學術、西洋古代藝術與古蹟文物等方面，著有論文多篇。

提　要

    《清代地方學官制度》論述清代地方學官制度的由來，並分析清代地方學官的籍貫、出身、任期、升遷與年齡，探討其職務、活動、學行、生活與社會地位。清代府州縣儒學各學官的主要職責在監督教導生員，教學內容不出倫理道德與科舉考試的範圍；學校並有按期祭祀孔子與歷代大儒先賢的活動。清代官員名額有限，學官制度提供讀書人一個仕途的選擇，有紓解政治與社會壓力之效。學官出身以舉人與正貢為主；任期相當長，平均在一地任期三年以上者近三成；任地僅須迴避本府，不必遠赴他省；籍貫以各省首府居多；任職時年齡多偏高，雖有學識與經驗，然學官品低俸薄、升到高官的機會不多，除少數甘於淡泊或為事親便利者，多不願久居此職。學官之唯利是圖者難有盡心教導生員、化民成俗之功；然學行兼優者則能盡忠職守，熱心公益，受人尊重。雖被視為「冷官」、「微官」，然不乏立功、行善與發言之機會。學官隨著清季新式教育的興起而終被裁撤，生平有表現者已被載入方志或史冊，入祀名宦祠、鄉賢祠等，受人景仰。但是其主要工作場所之各地

文廟或學宮，有些已消失或僅存大成殿，倖存者被修復，成爲具有多重效益的古蹟，仍爲傳承儒家思想的載體與象徵，發揮歷史文化的價值與意義。

目　次

第二十冊　明鄭降清叛清官兵的研究（1646-1683）

作者簡介

葉其忠，先後獲新加坡南洋大學歷史系榮譽學士、國立台灣大學歷史所近代史組碩士、牛津大學中國研究系博士、Wolverhampton 大學榮譽法學士（遠距教學）及倫敦大學榮譽法學士（校外課程）學位。曾任中研院近史所約聘助研究員、中研院近史所助研究員。現職是中研院近史所副研究員。著有"*Western Wisdom in the Mind's Eye of a Westernized Chinese Lay Buddhist: The Thought of Chang Tung-sun, 1886~1962*"（博士論文）、〈1923 年「科玄論戰」評價之評價〉、〈「知識即生活」：從張東蓀與張君勱間的一場辯論看張東蓀早期認識論的核心〉、〈重探所謂「胡適博士學位問題」四種類型的論證〉、〈理解與選擇：胡適與康納脫（James Conant）的科學方法論比論〉以及〈無方之方：胡適一輩子談治學與科學方法平議〉等文。

提　要

　　鄭、清對抗，勢不兩立，明鄭官兵何去何從？明鄭官兵在什麼情況下降清？又在什麼情況下叛清？

　　本文從鄭成功的「移孝作忠」典型出發，用個案分析的方式來研究此歷史現象，從中可發現大批明鄭官兵降清、叛清的發生足以反映當時社會政治和軍事的大變動。在此大變動中，所有明鄭官兵都面臨了抉擇。大部分明鄭官兵自始至終效忠明鄭，而有相當數目的明鄭官兵則無法自始至終效忠明鄭，轉而投效清朝，成了降清的明鄭官兵，而降清的明鄭官兵中又有些在三藩叛清時起而響應，背叛清朝。

　　就明鄭三代的降清、叛清官兵個案的分析看來，諸多因素中如「勢蹙而降」、「懼東土初闢」、「水土不服」、「眾叛親離」、「響應三藩」等（至少在某一時期）顯係具有普遍的特色。這些具有普遍特色的因素相當足以反映降清、叛清此一歷史現象，而當降清成為明鄭的危機時，則明鄭的抗清顯露敗亡之徵。在鄭成功時代降清是個別現象，而到了鄭克塽時代降清已成趨勢，席捲了抗清的力量。

目　次

《御批歷代通鑑輯覽》之御批析述

作者簡介

邵學禹，男，民國 72 年生。90 年進入東吳大學攻讀歷史，大學畢業時應屆考取同校歷史研究所，後於 99 年以《御批歷代通鑑集覽》之御批析述獲得碩士學位，目前正積極展開人生新頁。本書爲作者首次以正式格式出版之學術著作，作者自言，內中或多有生澀錯謬之處，還望方家不吝指正。

提　要

就內容性質而言，《御批歷代通鑑輯覽》一書，其正文和簡端批語皆可看作高宗個人對其前半生統治經驗的具體反映。高宗展現了一種帶有濃厚儒家道德觀念的使命感，對於歷史上的人、事、物，提出了屬於個人的獨有論述。《通鑑輯覽》一書的歷史觀念是基於實用觀點而產生的。此種以傳統道德意涵爲敘事主軸的編纂方式，對於後繼之清廷君臣帶有何等影響，則仍有待進一步的考察。

全文共分五章，第一章以介紹研究動機和《輯覽》一書的內容形式爲主。主要目的在於說明本文所使用之主要史料及其價值。而在第二章中，藉由論述《輯覽》涉及史事考證、論述部分之御批，以期瞭解高宗如何對歷史記載進行再考證和再解釋，並進一步討論這些歷史論證和解釋，對於建立新的歷史體系有何助益。第三章和第四章，則是藉助論述《輯覽》中涉及人物評論，以及歷史人物評價的御批，進一步說明高宗如何建立一套專屬於清王朝的思考論述體系。最後，藉由回顧《輯覽》的編纂過程，和《輯覽》中的各類批示，瞭解《御批通鑑輯覽》在清代官方史學上，以及清高宗思想認知體系上的重要性。

目　次

第二一冊　晚清基督教政策之研究（1844～1911）

作者簡介

　　吳旭彬，1974 年出生於臺灣台北，國立中興大學歷史系碩士、博士班研究生，於朝陽科技大學、台中技術學院等大專院校擔任兼任講師工作。主要研究領域爲中國現代史、中外關係史。編著《世界文化史》、《歷史 A》、《歷史 B》等多部中學教科書。

提　要

　　本文「晚清基督教政策之研究（1844-1911）」，除緒論、結論外，共分爲三章。第一章爲北京條約前的基督教政策。「北京條約」是基督教傳入中國的關鍵點，在此之前，基督教基本上是處於寬禁的地位，政府有條件的開放民眾信仰基督教。本章的內容主要在敘述清代基督教禁教政策的形成及其崩潰的過程，以及晚清士紳對基督教的認識，和道咸時期清廷限教政策的具體內涵。第二章爲北京條約後的基督教政策。英法聯軍後，清廷因條約的規定確立宗教自由的原則，在這解禁的過程中清政府作了哪些因應的措施，而面對此一結構性的轉變對基督教有何重要的政策宣示，重點在闡述清廷處理教案的基本原則、以及採取了哪些步驟來抑制教案的發生，以及清廷將教案地方化的努力。第三章爲庚子拳亂後的影響。義和團可以說是一次大規模的教案，此時距基督教正式解禁也有將近 40 年的時間，在這漫長的歲月裡，基督教不僅沒有消除中國百姓的疑慮，反而激發出這一場驚天動地的反教事件，面對這樣的結果教中人士有何反省呢？而一般中國百姓在經歷了這樣一場災難，雖然抒發了平日對基督教的不滿，但也爲國家帶來巨大的傷害，相形之下可謂得不償失，因此對這種暴力攻教的手段，中國士紳作了哪些反省呢？清政府面對這樣的結果其政策面又作了哪些調整？此爲本章所欲討論的內容。

目　次

清代靳輔治理黃、淮、運三河研究

作者簡介

　　郭子琦，男，民國 73 年 6 月 30 日生，95 年 6 月畢業於中國文化大學史學系，獲得文學學士學位；99 年 1 月畢業於國立彰化師範大學歷史學研究所，獲得文學碩士學位。在攻讀碩士學位期間，蒙蔡院長泰彬指導碩士論文，研究方向為明、清時代水利史，題目為《清代靳輔治理黃、淮、運三河研究》，此文結合歷史與地理的見解，冀後人對清初靳輔的水利措施有更進一步的瞭解。

提　要

　　靳輔（1633～1692）一生中最大的功績可謂是整治黃、淮、運三河，讓漕運暢通，穩定國力，為「康乾盛世」創造必要的條件。

　　本文總計五章，內容論述除了緒論與結論外，主論內容分為三章，分別為第二章「生平與治河思想」，除了對靳輔的生平做一概略的簡介外，本章的重點放在靳輔治河思想的起源與潘季馴和靳輔兩人間對於「束水攻沙論」的比較與分析。第三章「治河計畫與執行」，把靳輔的治河計畫與工程分別以黃、淮、運三節作介紹，最後再說明靳輔治河後對漕運人事與制度上的調整。第四章「治河爭議與靳輔去職」，敘述靳輔治河之後，時人對靳輔的批評與打擊，並對靳輔去職的原因做一描述與評論。

　　透過史料的整理，除了比較靳輔與潘季馴對於「束水攻沙論」的差異外，同時對於靳輔治河計畫與工程執行上的不同詳加描述，並分析工程改變的原因與影響。經過對靳輔治理黃、淮、運三河的探討後，冀望本文對於明末清初的水文與歷史研究能有所幫助。

目 次

第二二、二三冊　清季袁世凱外交策略之研究

作者簡介

　　呂慎華，1974 年出生，台中人，國立中興大學歷史研究所博士，目前擔任國立中央大學歷史研究所兼任助理教授、國立聯合大學通識教育中心兼任助理教授，主要研究領與為近代中外關係史與中國近現代史，致力於清末民初外交、重心則為袁世凱相關研究。

提　要

　　海峽兩岸均透過高中歷史教育，將袁世凱塑造成竊國大盜、亂世奸雄，幾乎未提及其在清末除編練新軍以外的事蹟，一般民眾對此也深信不疑。

　　筆者認為，袁世凱於清季中國國勢衰弱已極之時，繼李鴻章之後擔任北洋大臣，逐漸成為中國外交的主要領導人物，以當時中國受條約束縛之深、利權侵蝕之劇，一旦舉措失當，將不免立見危亡。目前中外學界研究袁世凱的外交活動時，所著重者多在民國大總統時期，對於其晚清時代所經辦之對外交涉則較缺乏系統化論述，但袁世凱於民初所採行之外交策略，與其任官清廷時之外交經驗必然存在相當關係，只研究民國時期的外交表現，將無法對袁世凱外交有足夠且正確的認識。本文乃以個案研究為基礎，以「清季袁世凱外交策略之研究」為題，起於 1894 年袁世凱自朝鮮返國後，終於 1909

年初袁世凱開缺回籍止，探討此一長期不受正視的問題。

袁世凱的外交策略終極目標可以歸納爲「權自我操、利不外溢」兩項，重視主動權與控制權，策略內容可歸納爲「用新人、行新政」、「富國強兵」、「遵守法律」、「自求改善」、「事後補救」等五項，除富國強兵一項在小站練兵時期因國際情勢變遷而不再強調之外，其餘四項均成爲袁世凱終晚清之世始終探行的外交策略，而四者又息息相關、缺一不可。唯有運用熟習洋務運作的官員經辦外交，才能使中國不至於因違反條約、公法而招致外國干涉；唯有自求改善，方能在遇事時開創有利於中國的外在條件，使外國的干涉降至最低；唯有中外盡皆遵守法律，才能以法律保護中國利益，更進一步藉法律爭回中國可爭、或應爭的權利，限制外國應享有的條約利益，爲失去的權益進行事後補救。

研究清末民初中國外交時，李鴻章時代的以夷制夷外交與民初的修約外交爲兩大主軸，而袁世凱實居於承先啓後的地位。身爲李鴻章的下屬官員，袁世凱曾親身執行以夷制夷策略，也親眼見證以夷制夷的失敗。做爲李鴻章的繼任者，袁世凱採取「權自我操、利不外溢」的方式處理對外交涉，但在時勢遷移中發展出與以夷制夷迥然不同的積極務實外交策略，在中國國勢極度衰弱的時代，放棄以結盟、均勢等方式自保的守勢外交，以取得主動權與控制權爲主軸，但同時又能尊重、甚至運用約章成案以保護中國利益。做爲北洋派的鼻祖，袁世凱主動積極的外交策略透過其保舉、羅致之洋務人才，於民國肇造後仍繼續傳承，對民初北京政府修約外交造成深遠的影響。

目　次

第二四冊　袁世凱政府與中日二十一條交涉

作者簡介

　　呂愼華，1974 年出生，台中人，國立中興大學歷史研究所博士，目前擔

任國立中央大學歷史研究所兼任助理教授、國立聯合大學通識教育中心兼任助理教授，主要研究領與爲近代中外關係史與中國近現代史，致力於清末民初外交、重心則爲袁世凱相關研究。

提　要

　　中日二十一條交涉爲民初袁世凱政府時期最受人注目的外交活動，也是「五九國恥」一詞的由來，日本是此爲解決中日懸案的方法，中國則視此爲晚清以來喪權辱國之最，以及袁世凱藉以交換日本支持實施帝制的條件。

　　然而，在袁世凱主導之下，中國政府以拖延戰術爲主要談判策略，以選擇適當談判代表與日本交涉、與英美俄等重要關係國密切聯繫、運用中外輿論力量對日本形成壓力、鼓動中國民眾反日風潮、甚至利用日本內部不合等爲輔助策略，採取多頭並進方式，以加強中國政府抗拒二十一條要求之立場。

　　由談判過程來看，袁世凱的交涉策略執行得相當成功，縱然談判結果於第一號山東問題、第二號關於南滿問題部分等，事實上已爲日本勢力範圍地區之權利讓步較多，然對於第三號漢冶萍公司條款涉及長江中游利益及第四號、第五號等涉及中國主權獨立之條款則始終不允讓步，爲中國爭取到足夠的時間以引起列強同情與介入，也使日本內部意見產生分歧，成功促使加藤態度軟化，撤回第五號中除福建問題外其餘條款，並迫使日本不得不以最後通牒形式要求中國接受要求，而最後通牒較日本所提原案內容而言，已爭回甚多權利，又以種種方式限制日本新獲權利的行使，迫使日本以發動九一八事件爲中日懸案的解決方案。並非如過去所宣傳一般，對第五號除福建一款以外的二十一條要求全盤接受，也並無證據支持交換日本支持稱帝條件之說。

目　次

第二五、二六冊　中國現代化的推手──以留美實科女生為主的研究（1881-1927）

作者簡介

　　王惠姬，台灣省彰化縣人，出生於台北市。國立政治大學歷史系學士及碩士。2007 年國立中正大學歷史學博士。曾任專任教職於台灣省訓練團，又曾兼任教職於淡江大學歷史系、東海大學歷史系與逢甲大學及勤益科技大學等校。現任亞洲大學通識教育中心專任副教授。對中外文化交流史事頗有興趣，長期鑽研近代史、婦女史、華人留學及華僑史、宗教及藝術史等，發表多篇專文。

提　要

　　本研究發現清末自 1881 年金雅妹留學美國以來，至 1927 年爲止，留美實科女生至少有 124 位。實科主要指理工農醫等學科，其中攻讀醫科的人數最多，有 41 人，主要是婦產科；其次是化學科，有 15 人；再次依序是數學（11 人）、生物（10 人）、護理（9 人）、心理（8 人）、營養（7 人）、物理（6 人）、衛生（4 人）、植物（4 人）、動物（3 人）、農業（2 人）、牙醫（1 人）、兒科（1 人）、化工（1 人）、美術與建築（1 人）、航空（1 人）、園藝（1 人）等。她們當中已就讀密西根大學與哥倫比亞大學爲最多。另外自費者也有多位獲得教會資助或是美國大學的獎學金，以及清華的津貼。她們在國內大多就讀教會女校，少數就讀中國政府公立或國人私立女校。在國內預備階段的教育程度，清末時期多爲中學程度；1920 年開始出現大學程度者，顯示教育素質逐漸提升，直到 1937 抗日戰前她們的人數雖不若留美男生，也比不上留日女生，但獲得高級學位者不少，初步統計有博士 15 位，碩士 29 位、學士 37 位。

　　她們除了用功讀書，學習當時的各類科學新知以外，也把握機會體驗美國文化與生活，參與課外活動，包括假期訪友、郊遊旅行，打工以及談戀愛等等，生活多采多姿；甚且藉此機會，觀察美國女子的言行舉止，效尤她們的獨立自主，勇敢自信等優點，反省比較中國女姓文化的缺失，作爲攻錯的參考。

　　她們返國後，以行醫濟世最具有貢獻，如金雅妹、許金訇、石美玉、康成、李碧珠、林惠貞、王淑貞、酈翠娥、倪徵琮、葛成慧、丁懋英、方連珍。陶善敏與楊崇瑞從事公共衛生。前者鑽研防疫科學，後者還在助產士學校主持訓練培育新式助產士，先後在衛生所開班、學校授徒。還有伍哲英、潘景之等，以專業護理知識，協助醫師與醫院的護理工作，並且參與護士的培育訓練。其次，如吳貽芳、王世靜、王季玉、余寶笙等是擔任中上學校的實科教師，甚至出掌校長。

　　若當教師是知識的傳遞者；做科學研究工作，則是知識的生產者。她們從事專精的科學研究的人數雖少，貢獻卻是頗具開創性。尤其沈驪英改良麥類等農作物品種，鄧雲鶴對麻織品的改良，以及嚴彩韻、龔蘭眞的營養學研究等，使抗戰期間棉糧的生產，維繫中國軍民衣食的基本需求。在獨當一面之餘，還能與丈夫或其他男性協同合作，進行更大規模的科學研究，產生更多的影響與貢獻。許多留美實科女生，無法更上一層樓的從事科學研究，或者說科學研究的成就不高，歸咎其因，恐怕主因還是爲結婚進入家庭，難以

擺脫家務的牽絆；加上性別文化的偏見，包括女性的身心結構與性情，不適合學習科學，遑論研究科學。

　　近代西方，雖先後出現居里夫人等少數幾位得諾貝爾獎女科學家，但鳳毛麟角，且性別歧視仍存，不下於東方社會。本文證明中國留美實科女生，以往在留學教育史的研究上被埋沒；在婦女史上，也長期受到忽略。其實，在攻讀實科的諸領域中，女性不但未曾缺席，且有頂尖的表現與獨特的貢獻。她們具有先進的女科學家角色，對中國現代化的推動，儼然另一群不可或缺的推手。

目　次

第二七冊　一位近代女性啓蒙者的身影──單士釐（1858～1945）作品研究

作者簡介

劉又瑄，高雄市美濃區人，中正大學中研所專班畢業，碩論指導老師爲毛文芳教授。

提　要

單士釐是清末第一位由閨房步向世界的女性代表，並成爲近代女遊作品流傳於後世的第一人。作品有《癸卯旅行記》、《家之宜育兒簡談》、《正始再續集》、《歸潛記》、《清閨秀藝文略》、《受茲室詩鈔》、《發難遭逢記》、《懿範聞見錄》，並翻譯日文專書《家政學》等，達十一種之多，豐贍且多樣化。

本文試圖從單士釐在書香世家、開放教育環境的薰陶之下，奠下深厚的才學基礎出發；推及與錢恂鶼鰈情深、志趣相投的婚姻生活；才學暢達、成就豐富創作的原因；並從單士釐治國理念、女性旅遊書寫、女性自主意識等層面的見解，討論中國知識女性在面對民主新時代來臨的時候，該做哪些改變？以及單士釐如何在未親自參與清末婦女運動，不用激進手段提倡女權的同時，反而能以舒緩平和的方式漸進地提升女性地位、啓發女性自覺。並且兼顧中國傳統婦德之美，堪稱是中國近代女性啓蒙的先聲？

目　次

第二八冊　美國參謀首長聯席會議對華主張之分析（1947～1950）

作者簡介

　　吳昆財

　　學歷：淡江大學歷史系、台灣師範大學三民主義研究所碩士、中正大學歷史所博士。

　　經歷：雲林科技大學、嘉義師範學院兼任講師，南台科技大學通識中心專任助理教授。

　　現職：嘉義大學史地系專任副教授。主要研究領域：中美關係、國共關係、美國外交史、中國現代史。

提 要

1947 至 1950 年是美國與中國外交關係最爲關鍵的年代,如何面對瞬息萬變的中國政局發展,一直是美國思索的外交主要議題之一。基於共同的反共理念,美國當然希望國民政府能穩定中國政情,以便對抗蘇聯在東亞的擴張。但事與願違,國共在戰後的對抗過程中,國民黨由最初的勝券在握,其後是敵長我消,平分秋色,結局則是風雲變色,中共席捲中國,接著中國赤化,國府不得不撤退來台,以台灣作爲維繫政權的最後據點。

面對這種詭譎多端,甚至始料未及的中國政局,的確深深困擾著杜魯門政府的對華外交政策。姑且不論中國內戰的結果爲何,如何探究這個時期杜魯門政府對華政策的制定,以面對風雲莫測的中國政局,就是一項頗具意義的課題。質言之,美國對華政策的制定,存在著外交與軍事上的考量,前者以國務院爲主導,後者則以國防部與其所屬的參謀首長聯會議爲諮詢對象。

本文主要的研究目的集中在探究美國軍方,尤其是參謀首長聯會議,無論國府是在中國大陸,或是在台灣,究竟以何種角度協助杜魯門政府制定對華政策。總之,探究軍事單位在美國政府對華政策上所扮演的角色,和傳統上以國務院的角度爲切入點,是有所分別的,這也是本文主要的企圖心。

目 次

第二九冊　王國維之商周古史研究

作者簡介

　　林翠鳳，臺灣省彰化縣人。國立中山大學文學博士、國立臺中技術學院應用中文系教授。彰化縣詩學研究協會理事、登瀛詩社學術顧問等。曾榮獲：中華民國傳統詩學會「詩運獎」、中國詩人文化會「文化貢獻獎」等。學術編著：《陳肇興及其陶村詩稿之研究》、《鄭坤五研究》、《鄭坤五及其文學研究》、《洪寶昆詩文集》、《詩韻清音曲譜集粹》、《施梅樵及其漢詩研究》、《中華歷代巾幗詩人名作選》等。

提　要

　　本論文旨在通盤縱觀王國維對商周史之研究，以其承前啓後爲經，學術研發爲緯，共分七章加以探討。

　　第一章「緒論」，簡述關於論文之研究動機與目的、研究方法。

　　第二章「前王國維時期商周史研究回顧」，分從研究材料與研究成果兩方面著手鳥瞰，知商周史的不發達，關鍵在於材料的缺乏與僞雜；研究成果的呈現，又與《史記》與《資治通鑑》的缺略有密切關係。

　　第三章「王國維研究商周史之憑藉」，從外在與內在，雙向探索王國維所以能成就商周史研究大業的憑藉。知其時代遭際與交遊提供優越環境，自身治學的宏博精勵則奠定紮實的基礎。

　　第四章「王國維對商周史材料之處理」，材料的掌握和處理，是王國維治商周史優於前人的條件，因分從理念體認、實際考辨、融合會通三方向考察。知其開明的觀念、踏實的工作，是他成功處理材料的基因。

　　第五章「王國對商周文化之研究」，舉發王國維研究重點，以其對商周史實的開發成果，突顯其學術貢獻。知其以二重證據法多方開拓商周史的眞相，其結論或至今不易，或甚具啓發性，促使商周史的內涵逐一揭曉。

　　第六章「王國維對商周史研究之貢獻與影響」，以商周史研究發展至今的立場，回視王國維之貢獻與影響。知其在重建商周史眞貌與實踐新史學等方面，都產生巨大可見的影響力，並因此確立其在史學史上不可動搖的重要地位。

　　第七章「結語」，綜合論述本論文寫作心得。

目　次

第三十冊　唐代越窯青瓷研究

作者簡介

　　康才媛，任職銘傳大學通識教育中心，開授中國歷史文化、中國藝術與美感等相關課程。研究中國古陶瓷是一件偶然的事，大學時代在圖書館看到藝術家出版社刊印的《陶瓷路》一書，開啓對古陶瓷的興趣，也種下對於古陶瓷難以忘懷的情感。

　　博士班時解除戒嚴、兩岸開放，國家圖書館開放一些大陸的考古報告，在環境允許下，重拾對古陶瓷的關注，計劃撰寫博士論文，所幸獲得指導老師王師吉林的支持。由於宋瓷爲中國瓷藝的巔峰，然而宋瓷的美學理念源自於唐代越窯，遂決定以越窯爲認識的起點。然而，撰寫論文期間感到最困擾的事便是難以理解陶瓷考古報告的描述，決定於民國84年暑假前往越窯所在的上林湖窯址及周邊窯址進行考察，獲得當時浙江省考古所副所長任世龍老師的協助，不僅幫忙安排行程、聯繫考古單位，並給予我許多個別的考古學指導，在浙江各窯址的一個多期間，眞是人生中可貴、愉快的經驗。

　　距離博士論文完成已十五年，能夠正式出版，感到十二萬分的高興，但恐懼的是內容疏漏、不足處甚多，尤其隨著考古不斷調查發現，新增不少考古資料，但此次修改不僅受限結構，又有時間壓力，無法完全補足新資料；故衡量

論文結構與論點均未與新資料有矛盾衝突的前題下，遂採原始結構呈現。

提　要

　　唐代「越窯」指唐代越州窯，窯場所在地分布於越州和明州一帶，其中心的窯址在今浙江省慈溪縣上林湖，此地生產的瓷器以青瓷爲主要品種，是唐代南方瓷品的代表。

　　唐代越窯，遠承東漢、南北朝的燒窯傳統，隋代、初唐時期再度興起，在唐高宗至玄宗時期成爲聞名全國的新興瓷業，生產的瓷品主要提供兩京與北方權貴使用，屬於上層階級使用的高級產品。然而，八世紀中葉安史之亂以後，北方市場逐漸消退，南方市場興起，並在九世紀以後，大量流通於邗溝、江南運河，及寧紹平原之間。此外，海外的貿易更拓展它的銷售網路，成爲知名世界的第一大瓷品。

　　越窯的瓷業發展，除受社會變動影響外，瓷藝創作更是成功的因素，不論自然純青的釉色、溫潤不刺眼的釉質，以及刻劃荷葉、荷花的紋飾，或如花、葉、瓜般的自然植物造形，均符合使用者追求自然樸素的美感趣味，以及學佛、求仙的宗教情境，因此越窯青瓷器在其主要使用者——士大夫、僧侶、道士的飲茶活動中，不僅是形象美的茶器，更是傳達意境美的藝術品。

　　綜合而論，唐代越窯青瓷是浙江瓷業以及時代審美風尚的總合，它所創造的瓷藝風格影響當時其他窯場，也刺激五代、宋代瓷藝創作；它的瓷業成就與銷售策略，也成爲中國瓷業發展的典範。

目　次

第三一冊　朝鮮白瓷研究

作者簡介

成耆仁

學歷

1. 韓國首都女子大學美術系畢業（1965），B.A.
2. 國立臺灣師範大學美術系畢業（1970），B.A.
3. 國立東京教育大學藝術教育研究所畢業（1976），M.A.
4. 國立臺灣大學歷史研究所中國藝術史組畢業（1986），M.A.
5. 私立文化大學史學研究所博士班畢業（1997），Ph.D
6. 國立歷史博物館退休（2010 年 1 月 16 日）／國立臺灣藝術大學造形所兼任副教授

經歷

1. 臺灣彰化陽明國中美術教師（1970～1973）
2. 韓國江陵關東大學美術系講師（1976～1978）
3. 國立歷史博物館副研究員（臺北）（1984～2010 年 1 月 16 日）
4. 國立臺灣大學醫學院、國立臺灣師範大學美術研究所授藝術史課程（代本館 黃館長光男授課）
5. 利用「遠距教學」授課於國立雲林科技大學、新竹清華大學、大葉大學、高雄中山大學
6. 義工培訓教育，對外演講（本館推廣教育之一）
7. 擔任國立臺灣師範大學美術研究所研究生論文指導老師（2000～2002）、多次擔任各大學研究所研究生畢業論文口試委員（1998～至今）
8. 韓國駐臺北文化大使（2000～2002）
9. 鶯歌陶瓷博物館、財政部海關博物館籌備委員（1998～2002）
10. 國立歷史博物館學術委員暨文物鑑定委員（1995～至今）
11. 教育部聘請文化資產鑑定委員（2000～至今）
12. 季刊雜誌《陶藝》和《普洱茶》顧問暨特約（1998～至今）
13. 多次策劃國際研討會、特展及撰寫圖錄和特刊
14. 著作及發表論文數十篇
15. 多次應邀出席國際研討會並發表論文

提　要

　　十四、十五世紀初是中國和高麗陶瓷史上非常重要的大時代，也是青瓷式微和白瓷的大盛之轉換點。

　　中國在明洪武年（1392）設立官窯廠於江西景德鎮，陶政與窯廠結構完

善，加上分工十分詳細，產品以白瓷和青白瓷為主流，在嚴格的品質管理之下燒製精品專供宮廷使用，特別是在永樂、宣德、成化年間所燒官窯瓷器，在陶瓷史上獲得極高藝術評價。

朝鮮官窯尚未設立以前，由各地方政府遴選精緻瓷器做為貢物進中央。

至十五世紀六十年代設立第一座官窯於韓國京畿道廣州以來，改由官窯廠所燒白瓷供宮廷使用，從此導致地方窯廠的數量急速減少，產品也變得十分粗率。朝鮮白瓷在明永樂、宣德朝所燒白瓷和青花瓷的刺激與影響之下歷經：（1）仿效中國瓷器期、（2）發展期、（3）朝鮮化時期並在紋飾和器形方面逐漸呈顯出朝鮮本位的趣味，尤其朝鮮世宗王愛好白瓷，於一四二九年下令以白瓷為宮廷用「內用器」，並替代傳統已久的金銀器。明代發展迅速的五彩、鬥彩等瓷器外觀十分華麗、奢侈，而紋飾出現圖像化趨勢。然而，這一點較不合於朝鮮人所追求的審美觀，倒是白瓷依舊受到青睞，青花瓷佔取次位。

朝鮮白瓷是以儒教思想為政治理念。追求清廉、重道德並愛好自然的朝鮮社會的產物。朝鮮白瓷釉色不同於明代白瓷，也不同於日本白瓷。以青花瓷而言，朝鮮青花瓷和明清官窯青花瓷之間存在著相當的差異；即器形單純、紋飾樸素、釉色典雅的朝鮮青花瓷與濃豔華貴的明清官窯青花瓷成為強烈的對比感觀；論器型，朝鮮青花瓷追求樸素、單純之果，器型少有完全對層、均衡，卻由此產生無限「自然」和「親和」之美；論裝飾，朝鮮瓷器的虛實相應、疏密鬆繁以及善以誇張的繪畫性，賦予前所未有的充滿活力與永恆的生命力，而與傳統、格式化趣響的明清官窯青花瓷迥然不同，倒是與明清民窯瓷的審美觀互通。

朝鮮社會實施嚴重階級制度，朝鮮五百年國祚未曾允許一般人使用白瓷。而在陶瓷史上朝鮮和明代均創出許多「相同」點；如十五世紀的朝鮮和明代人民喜愛白瓷勝過於青瓷和其他瓷器類、其時所燒瓷器在品質和數量上雙雙達到相當水準，並增添陶瓷史上的光采。

目　次

第三二冊　董其昌之逸品觀

作者簡介

　　毛文芳，祖籍江蘇常州，生於臺灣桃園。臺灣師範大學國文博士（1997）。曾任彰化師大國文系助理教授（1997-1999）、中正大學中文系助理教授（1999-2002）、副教授（2002-2008），現為中正大學中文系教授（2008-）。研究興趣為明清文學、題畫文學、女性文學。曾獲行政院國家科學委員會專題研究計畫多年補助。著有專書：《新讀百喻經》（漢藝色研，1993）、《晚明閒賞美學》（臺灣學生書局，2000）、《物‧性別‧觀看——明末清初文化書寫新探》（臺灣學生書局，2001）、《圖成行樂－明清文人畫像題詠析論》（臺灣學生書局，2008），以及學術論文四十餘篇。曾編寫廣播短劇、教學影帶腳本，至今偶有零星創作。目前定居於臺灣嘉義。

提　要

　　「文人畫」的理論與創作，充分展現了中國文化的超逸精神。欲明瞭中國「文人畫」興起與傳承之來龍去脈，晚明文人董其昌之「逸品觀」是一個十分值得關注的切點。本書正文共有四章，前二章探討「逸品」在歷代繪畫品目之變衍史，及其攸關南北宗畫史整建之畫學背景，後二章則考察董其昌「逸品觀」之畫學特性及其作品實踐，以及「逸品觀」所蘊含之晚明文化精神。本書爲董其昌之「逸品觀」鋪設了一個涵括繪畫史與觀念史兩大範疇的詮釋架構，一方面既要溯探「逸品」於繪畫品目理論形成與發展的意義脈絡，另一方面又要兼顧這個意義脈絡背後畫史演變的痕跡；一方面爲了具體理解「逸品觀」而嘗試對相關畫作進行形式分析以相印證，另一方面又要旁及文學理論而作融攝性闡釋。種種分析導向董其昌「逸品觀」所映射出來的時代特性，用以觸探晚明的文化氛圍，本書採取了一種具有歷史文化意識與聯貫文藝美學的文化史進路。「文人畫」隨著「逸品觀」的曲折發展，匯萃於晚明的董其昌，締建成爲畫史正統。支撐董其昌之「逸品觀」有兩大理論支柱——「離合說」與「主淡說」，前者呼應了晚明文人普遍參禪體驗的精神義蘊，後者強調追求創作主體與藝術作品平淡天眞的境界，則是晚明文人在雜揉的多元社會中據以對抗虛僞、鄙俗與混淆價值所堅執之終極理想。

目　次

秦漢以前「四方」觀念的演變及發展研究

楊濟襄　著

作者簡介

楊濟襄，1969 年生，臺灣師範大學國文研究所文學博士（2001）。現為國立中山大學中國文學系副教授（2006～）。主要研究方向為：春秋今文學、生命禮俗、清代學術。近年來投入臺灣生命禮俗之田野調查實務，獲得教育部補助設置「生命禮儀與文化詮釋」全球學術網：http://yangy.chinese.nsysu.edu.tw/lifetaboo/index.htm 學術著作有《龔自珍春秋學研究》，及〈「方法論」對莊存與《春秋》學研究之啟發〉、〈孔廣森《公羊通義》的解經路線與關鍵主張〉、〈王闓運「援莊入孔」的思想主張及學術史意義〉、〈康有為《春秋董氏學》的承繼與創新〉、〈海洋與土地的神聖對話：台灣的王爺信仰與五營認知〉、〈生生與制煞：民俗禮儀中的青龍白虎形象〉、〈台灣民間禮俗中的「孕母守護」圖像群與儀式〉等數十篇學術論文。

提 要

本論文以「秦漢以前四方觀念的演變及發展研究」為課題，從事文獻的整理及觀念起源的探索，所謂「秦漢以前」，是指蒐集四方關係之文獻資料，時代是以漢初《淮南子》為下限，目的在探討由卜辭到漢初的文獻資料中，「四方」方位觀的演變、發展、及附加意義，對於「四方」觀念的發展，從文獻中尋覓出其文化遞變的軌跡。

秦漢之際的方位理論，主要是受到五行與八卦兩種觀念的影響；五行說中，關於方位的種種配應由來是否有本源依據？（如：「東」何以獨與「春」、「青色」等配應，而非配應於其它季節或其它色彩）甲骨卜辭裏，「東、南、西、北」已是明確的「四方」觀念，至於「五方」的說法究竟起於何時？又為何獨標舉「五」之數，而非其它數字？由「四方」到「五方」的發展，顯然有探討的必要。至於「八方」的新詮釋，則由自於《易傳》講究陰陽變化的宇宙論，關於《易傳》中的「八方」卦位說，主要見於〈說卦傳〉，本論文所關切的是，由「四方」到「八方」，及所謂的「八卦方位」，是怎樣的背景促成這樣的發展歷程呢？因此，本論文除了探討「五方」體系的來源之外，也對八卦方位的背景因素作探究。

本論文總共分為六章：

第一章「緒論」：詳述本論文之「研究動機」、「研究取向」、「問題的提出」與「資料的運用」。

第二章「古文字中的方位追溯」：由上古方位觀念溯源，結合前人對方位字「東、南、西、北」的研究，進一步辨別甲骨文裏「中」只是單純的空間概念，與「左、右」並列，卻未與四方並列為「五方」。

第三章「傳世文獻中的四方概念」：以「四方」的考察與論脈絡，並進一步關心「四方」至「五方」、「八方」演變的脈絡，探討其發展過程中，由文獻資料所呈現的附加意涵。在文獻資料的運用上，本論文以十三經、先秦諸子、及《黃帝內經》為代表，蒐尋「東、南、西、北」四方同時出現之原文，加以探討四方關係及其附加意涵。

第四章「四方觀念的發展（一）──五行系統與方位配應」：由《左傳》、《國語》中所見的早期五行說，作五行方位起源的考察，並且由「五行系統」及「配應」，探討四方配應於系統五行說之可能由來有三，分別是「星宿位置與顏色」、「北斗位置與季節」、「地理氣候與土宜」。

第五章「四方觀念的發展（二）──易傳陰陽變化為方位圖說」：由《易傳》著作之時代考察，及思想之構成背景，探討在陰陽觀念盛行之下，沿襲春秋以來易學發展及儒學傳統的《易傳》中的宇宙觀，以及緣自《易傳》宇宙觀而來的「方位圖說」，並進一步談四方觀念的發展及八卦方位的開拓。

第六章「結論」：對秦漢以來，「四方」本身的文化意念及發展到五方、八方所牽涉的五行、八卦為脈絡，將文獻的整理及種種起源可能的釐清，加以總結歸納。

序　言

在西灣，凝聽潮汐來回，匆匆已過一千個日子。

向來以爲自己仰慕「山」，欽羨於仁者的寬厚而樂山，卻畏懼「海」，總覺得「海」詭譎多變，使人目眩；來到中山，研究室的窗外即可遠遠地望見海；看海，在歷覽典籍中先人的智慧而津津自得時，常常亦不自覺的揚眉，看海；看海，在尋思古籍的深奧義理不得解時，我看海，凝眸遠方；海依舊瞬息萬變的展露她不同的丰采，不變的，是潮起潮落，潮汐來回，撲打在岸間，日復一日的吟哦，伴隨著我出入於圖書館與研究室之間的腳步，久了，似乎也道出了這研究室一隅的心事。

遙望著海，論文主題的揀擇，曾令我沈思許久，總覺得「她」不是我全憑興趣或靈感便可擬定，更應該是擠身在故紙堆中，浮沈於當代思潮裏，或長久、或急切地，一個待解的問題。潮汐一次次的在沙灘上，進了又退，退而又進；我也在無涯的學海裏，鼓起了風帆，蓄勢待發，然而，哪兒才是我靠岸歸航之處呢？

負笈西灣，落足南部，家裏也買了房子，卻因爲風水師的「忠告」，而惶惶不知如何落戶，想置之不理，老一輩長者又再三的諄告：不可兒戲。這一類的「風水」疑惑，存在中國社會裏，想來我們並不是第一位迷惑的人。爲什麼不以自己所受的學術訓練爲鑰，去解開這個疑竇呢？中國風水流傳了幾千年，《古今圖書集成・藝術典・堪輿部》中上千種文獻資料，爲什麼要讓它自生自滅，以訛傳訛呢？沒有任何的傳統，是應該在認清以前，便被丟棄的。雖然認清可以是丟棄的前奏，卻也可能是新生的肇始。於是，在陣陣的海潮聲中，我聽見自己澎湃的熱血，也在經典中應和著。

有人以「食瓜」來譬擬寫論文，無論多大多甜的瓜，總要一口一口才能吃下它，鯨吞是行不得的。面對「風水」這樣龐雜的主題，該如何下手？批判與繼承又該如何分際？

我於是決定，擺脫後世風水術裏各種詭異的行門佈局，從各派風水術中歸納其一致的重點：「方位」講究，從方位觀念的演變及發展，去了解後世風水術裏，各種方位講究的來源。「食瓜」固然是個妙喻，我卻覺得，撰寫論文像是籌措一場盛宴，從菜單的敲定到材料的揀擇，同樣的素材，卻有不同的菜色，而火候是其中的關鍵，如何安排上菜的順序使人開胃？菜一道一道的上，猶如研究歷程一一的展開，山珍海味使人驚喜，家常小菜亦別有擅場；如何料理出一道道的好菜？拿捏恰到好處的火候，需要經驗的累積，而我不過是個初入道的新手，如何不急不徐地完成這一次的任務？

首先，我必須感謝這本論文的掌舵者：業師周一田先生；在論題的揀擇上，賦予我決定的權力，在論文寫作期間，耐心的指導，常常提示我下筆時必須謹慎，又容許我有極大發揮的空間，總在我為自己的立論洋洋得意時，提出嚴格的針砭，為學術把關；在我臨遇瓶頸而怯懦不前時，為我加油，示我以和煦春風，帶我走出團團迷霧。

還有引領我研究方針，教導我認識研究領域的學業導師：徐師漢昌，如果不是每一週的小組討論奠定了作學問的基石，一個菽麥不辨的毛頭小子，何日才能論及掌控火候呢？我還要謝謝王師金凌，研二時我在研究生學術研討會發表論文，會後老師特別叮嚀我：「研究方向應擴及當代思潮及社會層面的關照」，至今成為我論文寫作常反省的座右銘。

這本論文能夠順利的完成，我還要向北京大學哲學系的王守常先生致上由衷的謝意，使我得以在人生地不熟的北京城裏，有條不紊的完整蒐集彼岸學者的研究成果，那一年--九五年的暑假，只有滿載而歸的喜悅，絲毫不覺得旅次異鄉的苦楚。還有熱誠的清史研究所所長戴逸先生，及年過八旬卻依然充滿學術活力的楊向奎先生，前者簡介了近來此間學術界盛行的數術研究風潮，後者則點醒五行說與「方位」緊密繫連的關係，素昧平生，慷慨賜教，誠有助於日後對龐大資料之掌握，以及思維理路的釐清。

最後，我要感謝我的父母親，對我辭掉了工作，全心投入研究所的學業，他們始終支持我的決定，讓我每一次的揚帆，充滿自信。還有外子卜五，我要謝謝他容忍這些日子以來，我起伏多變的心緒，在我步伐零亂的時候，總

有他堅實的臂膀讓我依靠。

　　一千多個日子以來，我習慣看海，竟也愛上了多變的海；原來，能夠坦誠面對自己的渺小，便能夠無懼地看待那汪洋大海。我欣賞海潮勇敢撲向岸邊的堅毅，更訝異於不間斷的潮汐所展現的執著。

　　無垠的學海，或許也有那相同的潮來潮往，我願--諦聽那澎湃的生命樂章，奮力的揚帆，然後，迎風起航。

　　　　　　　　　一九九七年初夏　楊濟襄（素珍）謹識於
　　　　　　　　　高雄西子灣中山大學中文所

第一章 緒 論

第一節 研究動機

　　此論題的研究，不可諱言，實萌芽於家裏好不容易買了一間房子，卻爲了不知如何安神位而苦惱，老一輩長者一再諄告：此等大事，不可兒戲。秉著「寧可信其有」的心態，就教於坊間的「風水師」，竟發現各派師法有別，甚至相互抵觸；再者，所謂「風水師」的解說雖然口沫橫飛，精采已極，然而理路不清：震憾人心有餘，取信於人則不足。在茫然之際，我受命回到古籍中找尋線索，心想既然是古老中國的東西，就該有往昔應用的軌跡留下，在歷覽坊間可得之《地理全書》、《風水大全》、《中國方術全書》、《相宅相墓術》等書籍後，深深體會到文化研究者應釐清民俗學中，「演化過程」與「結果運用」二者有別，若從民間的運用去看，是「吉凶占測」的預卜，倘由學理的立場分析，則可追溯到《周易》象數中的先天八卦與後天八卦，以及五行觀念發展成系統學說時，相關屬性的若干配應。從這方面來看，的確值得進一步探討。

　　幾次的輾轉反側；論文的研究不該只是建築在自己的興味而已，特別是這一類向來被認爲「非正統」的論題，以及在學界堪稱「絕學」的堪輿諸說。在決定論題之前，應該得盱衡學界相關論題的研究情況，同時考量是否有研究之必要和價值；順此一念，便開始蒐羅兩岸相關之學術資料，而剔除比附無據者，完成初步工作後，求教於周師一田，獲得老師認同，以謂：若能以客觀之學術研究，重新審視堪輿諸說之源頭，或有益於傳統禮俗之了解。

　　然而，不容否認的，民俗文化中亦有超乎實驗、尚待印證（甚至無法以科學驗證）的部分，在科技日益發達，我們急於以貶斥來畫分自己與迷信的界限時，這伴隨著中國人生活了千年之久的堪輿諸說，除了迷信的斥責與神祕的面紗之外，確是眞眞實實的存在中國的社會裏，留下了文化的軌跡，《古今圖書集成・藝術典・堪輿部》裏上千種的文獻資料便是證明。

　　於是，在荒謬詭奇、琳琅滿目的文獻裏，如何批判性地篩揀資料，「有幾分證據，說幾分話」，不失學術研究的客觀立場；研究課題的選擇和取向，成了一項考驗。

第二節　研究取向

　　在民間，看風水作爲一種職業，風水師主要從事住宅地基的選擇和朝向的確定，修正原住宅的朝向與佈局，以及選定墳墓的位置。一般情況下，他們既扮演著術士的角色，又起著環境規劃師的作用；他們深諳天文地理諸學，具有一定的文化，閱讀有關的書籍，及觀察自然現象，研究人與宇宙的關係，掌握了關於人和大地的神祕而又世俗的知識。作爲術士，他們爲人占卜推算，以晦澀難懂的言詞與方術向人們闡述各種可見或不可見的現象和宇宙的神祕力量，以確定人在宇宙中應有的位置；作爲環境規劃師，他們善於觀察自然界環境的狀況，分析自然界的各種構成因素，如：山脈、河流、樹木、風向、氣流、和星象等。他們收集自然環境中的各種資料，研究掌握這些跡象的徵兆，例如：風流、月暈、雨水、植物種類和葉色、氣味、水流、昆蟲和動物習性，甚至石頭的潮溼等等，從這些專門的「經驗知識」中，他們可以推知出何處是適宜人的居住處；當然，也有一些冒充內行的人，僅僅靠玩弄陰陽數術把戲，利用人們趨吉避凶、招財進寶的心理，以花言巧語騙取人們的錢財，這些風水騙術也因此成爲人們的笑料。

　　關於風水說的流派，大抵不出於形勢、方位兩家。〔註1〕言形勢者，今謂之巒體；言方位者，今謂之理氣。形勢派，其主要理論在觀察、歸納土地、山脈、河流的走向、形狀、數量等，與自然環境有關。唐代以後，這個派別主要活動根據地在江西，形成後來的江西派，對此派的主要人物與主張，清

────────────

〔註1〕　參見程建軍、孔尚樸，《風水與建築》，江西：科學技術，1995年3月四刷，頁12。

人趙翼在《陔餘叢考》作了簡要的說明：〔註2〕

> 後世爲其術者分爲二宗。……一曰江西之法，肇于贛州楊筠松、曾
> 文迪、賴大有、謝子逸輩，其爲說主于形勢，原其所起，既其所止，
> 以定向位，專指龍、穴、砂、水之相配。

由「原其所起，既其所止，以定向位」可知，形勢派仍然是講究方位，只不
過是特重於自然地理形勢的觀察罷了。至於另一派，是源於漢代以來的圖宅
術，即後來興盛於福建的理氣派。這一派依靠羅盤、強調八卦干支、陰陽五
行的生克及方位的重要性。對此，《陔餘叢考》又說：

> 一曰屋宅之法，始於閩中，至宋王伋乃大行其說，生於星卦，陽山
> 陽向，陰山陰向，純取五星八卦，以定生克之理。

這說明福建派主張的是理氣宅法原理，側重於建築的方位理氣的推演，又稱
之爲「理法派」；江西派側重於建築山水形勢的觀察，所以又稱之爲「形法派」，
「形法派」與「理法派」如果進一步劃分，又各有注重房屋營建的「陽宅派」
和注重墳墓營造的「陰宅派」的區別。

　　由以上風水諸說的派別劃分，我們可以發現一個共同點，就是無論「形
法」或「理法」，陽宅或陰宅，它們都重視方位的佈局，也就是說，不管是那
一派，其實，風水說所講究的，是人在大環境（自然山水）、及小環境（居處
屋舍）中「立位定向」的問題，如何找到一個適以安身的立足處，這才是風
水說關心的重點。然而，風水說裏的種種方位拘忌、方位講究，這一套「方
位說」是如何得來的呢？我們不在意關於方位的種種吉凶悔吝，是否能得到
科學的徵驗；我們關切的是，這樣的一套「方位觀念」在演化過程中，如何
像滾球般的被增益以眾多的附加論釋？

　　在甲骨卜辭裏，「東、南、西、北」四方空間顯然已經具足，但是，相較
於漢代風水式（栻）盤中，區分四正、四隅，並結合天干地支、二十八星宿
及五行、八卦來演繹方位，卜辭中的四方觀念顯得單純多了，而這中間「方
位觀念」的演變、發展及種種的詮釋，又顯然是後世風水說裏，盤根錯節的
方位演繹的源頭。

　　《漢志‧數術略‧形法類》指出：

> 形法者，大舉九州之勢以立城廓室舍形，壬及六畜骨法之度數、器

――――――――――

〔註2〕〔清〕趙翼，《陔餘叢考》（據〔清〕乾隆湛貽堂刊本影印），台北：世界，1960，
　　　　卷二十一。

物之物容，以求其聲氣貴賤吉凶。

由此可見，漢代的形法類的特點是：相地、相人、相物、相畜之法兼而有之。尤其特別提到相九州之勢以立城廓、宮室、屋舍，表明漢代修建城廓都邑以及房舍，已充分考慮其周圍的地理形勢和自然環境；本文認為，這種種的「相術」應是緣自於「經驗知識」的觀察、歸納而來，其演化必有所本，非一朝一夕可得，再衡量漢代出土的占式方位的式（栻）盤規模：上、下兩盤，天盤圓，地盤方，象徵天圓地方。天盤正中是北斗七星，外圈圍繞著錯雜的干支，內圈是一至十二月月將。地盤內層是八干四維，第二層是十二支，第三層（即最外層）是二十八星宿名，這種用來占式方位的式（栻）盤，若將其規模與《漢志‧數術略‧形法類》所言相比照，即可透露出：漢朝的方位觀念已經有了複雜的詮釋與多方面的運用；這些詮釋與運用應是源自於秦漢以前，由來已久的四方觀念的演變與發展。因此，本論文以「秦漢以前『四方』觀念的演變及發展」為研究課題，從事文獻的整理及觀念起源的探索，所謂「秦漢以前」，是指蒐集四方關係之文獻資料，時代是以漢初《淮南子》為下限，目的在探討由卜辭到漢初的文獻資料中，「四方」方位觀的演變、發展、及附加意義，對於「四方」觀念的演變與發展，若能從文獻中尋覓出其文化遞變的軌跡，那麼，或許有助於理解後世風水諸說中，關於「方位」的種種比附及運用。

第三節　「問題的提出」與「資料的運用」

　　風水說中的方位理論，主要是受到五行與八卦兩種觀念的影響。在風水說中，五行不僅是代表東、南、西、北、中五個方位，更重要的是，受到漢代董仲舒等人所謂「天人感應」思想的影響，不同的元素授以不同的屬性，以德賦之，因而就有了不同的人文含義，風水中的許多內容就是以此而展開的。漢儒董仲舒在鄒衍「五德終始」思想的基礎上，對五行說作了更進一步的解釋：

> 木居左，金居右，火居前，水居後，土居中央……是故木居東方而主春氣，火居南方而主夏氣，金居西方而主秋氣，水居北方而主冬氣。是故木主生而金主殺，火主暑而水主寒，使人必以其序，官人必以其能，天之數也。（《春秋繁露‧五行之義》）

這種五行與方位、四時的劃分法及其生克理論為後世的風水所遵從，方位又與顏色、四象（四獸）相結合，便有了風水中所一貫遵循的「左青龍、右白虎、前朱雀、後玄武、中央后土」的模式。我們所好奇的是，這種「面南而立」，「左東右西，前南後北」的方位觀是古人講方位的一項通則，亦或只是偶然的一例？在先秦文獻中，我們是否可以透過文獻的歸納，找到其它「面南而立」的佐證？還有，五行說中，關於方位的種種配應由來是否有本源依據？（如：「東」何以獨與「春」、「青色」等配應，而非配應於其它季節或其它色彩），一派學者認為，五行觀念應起源於殷代的「五方說」，〔註3〕因為殷代卜辭中有「東土受年、南土受年、西土受年、北土受年」（《粹》907）等「四方」概念，有了東、南、西、北四方概念，人們便認識到自己在四方的中間，於是商代就稱自己為「中商」，胡厚宣在〈論五方觀念及「中國」稱謂之起源〉〔註4〕即認為殷代已有「五方」之說。然而，即使殷商時已有「中」的空間概念，也並不表示在眾多的空間概念裏（如：上、下、前、後、左、右、中、東、南、西、北……等），「中」已經單獨與「東、南、西、北」被列為所謂的「五方」；甲骨卜辭裏，「東、南、西、北」已是明確的「四方」觀念，至於「五方」的說法究竟起於何時？又為何獨標舉「五」之數，而非「六」或「七」？由「四方」到「五方」的發展，顯然有再探討的必要。

另外，在風水說中，八卦亦用來表示方位：八卦本身由陰陽派生而來，《周易·繫辭》曰：「易有太極，是生兩儀，兩儀生四象，四象生八卦」，這是關於陰陽衍八卦的程序，有了八卦的名稱，就得有八卦的物象，於是人們就用自然界中八種常見的事象作八卦的物象，它們是：天（乾）、地（坤）、雷（震）、火（離）、風（巽）、澤（兌）、水（坎）、山（艮）。其中，天和地最根本，其它各種事象均由此衍生而來；在八卦中，只有水和火是五行中具有的，因此與五行非一套體系，經過漢代「天人感應」思想的發揮，《周易》體系中的八卦，每一卦都有了特定的含義，例如：乾為天，還可為君、宗、門、首等；坤為地，還可為臣、城邑、田、宅等。《易·說卦傳》中指出：

〔註3〕　如楊向奎〈五行說的起源及演變〉（《文史哲》1955 年第 11 期）認為「五行說」來源於兩種因素，一為「五方說」，一為「五材說」。何新〈五方帝與五佐神〉（《諸神的起源》，台北：木鐸，1987 年 6 月初版）即主張五行觀念起源於殷代的五方、五祀。

〔註4〕　胡厚宣，〈論五方觀念及「中國」稱謂之起源〉，《甲骨學商史論叢初集》，台北：大通，1972 年 10 月初版。

　　萬物出乎震，震，東方也；齊乎巽，巽，東南也。……離也者，明
　　也，萬物皆相見，南方之卦也。聖人南面而聽天下，嚮明而治，蓋
　　取諸此也。坤也者，地也，萬物皆致養焉，故日致役乎坤。兌，正
　　秋也，萬物之所說也……乾，西北之卦也，言陰陽相薄也。坎者，
　　水也，正北方之卦也，萬物之所歸也……艮，東北之卦也，萬物之
　　所成終而所成始也。

依此方位，我們可以作出八卦方位圖，宋儒邵雍認爲這是西周初年文王所製，
故又稱之爲文王八卦或後天八卦；後天八卦是在先天八卦的基礎上變化而
成，相傳伏羲作有先天八卦，然而現今所見到的圖是宋儒根據〈說卦傳〉中
的一段文字推演出來的，原文是：

　　天地定位，山澤通氣，雷風相薄，水火不相射，八卦相錯，數往者
　　順，知來者逆，是故易逆數也。

故有乾、坤定上、下之位，離、坎列左右之門，艮對兌，巽對震。邵康節認
爲這是講伏羲八卦的相互關係，據此定出乾南、坤北、離東、坎西、兌居東
南、震居東北、巽居西南、艮居西北，並排出乾一、兌二、離三、震四、巽
五、坎六、艮七、坤八的順序，是爲先天八卦。

　　風水中表示方位的，有用先天八卦，也有用後天八卦，但以後者居多。
其方法是：將後天八卦中的乾、兌、艮、坤作爲西四宅，將離、震、巽、坎
作爲東四宅。在相宅時，根據位宅的朝向，若住宅處坐北朝南的子午向上，
那麼該宅就屬子，爲坎宅，坎宅又屬東四宅，東四宅是否吉，則要看宅主的
宅命，所謂宅命的算法則屬算命之列，八卦結合了祿命之學，對中國風水諸
說的影響始終存在，也使得風水說更蒙上了玄妙的面紗；在結合祿命之學以
前，八卦方位其實是源自於《周易·說卦傳》的記載，本文所關切的是，在
五行系統之外，由「四方」到「八方」，及所謂的「八卦方位」，是怎樣的背
景促成這樣的發展歷程呢？因此，本文除了探討「五方」體系的來源之外，
也擬對八卦方位的背景因素作探究。

　　爲了整理出「四方」觀念發展爲「五方」及「八方」的兩大脈絡，在文
獻的彙整上，本文以西漢前期淮南王劉安（179B.C～122B.C）組織門客所撰
寫的《淮南子》爲下限，蒐集《諸子集成》（上海：上海書店，1994.12七刷）
中，秦漢以前的諸子文獻，並以傳世文獻的十三經經文爲檢索對象，針對「東、
南、西、北」方位字作彙整，歸納其同列出現的若干觀念，爲了能夠進一步

觀察五行方位的運用，本文也對秦漢之際已經盛行的醫書：《黃帝內經》，加以作方位字的搜尋；文獻資料，浩如煙海，本文所列舉的，不過一隅之得，希望其中所呈現的「四方」觀念及其演變發展的軌跡，對後世風水說中枝節錯雜的方位理論，在來源上有一些廓清的作用。

第二章　古文字中的方位追溯

　　從現代人的角度來看，每天汲汲營營穿梭在〝都市叢林〞裏，對於四方四隅（東、南、西、北、東北、東南、西南、西北）的空間定位觀念，似乎早已是「天經地義」理所當然的，然而，當問起這喧囂在紅塵擾攘中的現代都市人：「北方在哪一邊？往南該朝哪兒走？」時，怔忡之際，恐怕也只能在一幢幢高樓大廈之下惘然失笑，自嘲爲「路痴」罷！既然都市的霓虹燈早已漫勝於諸天的星斗，要想學學古人「仰觀於天，俯察於地」，找得一處無光害之處，顯然可遇而不可求；然而，迷惘之際，少數的人們或許因爲住高樓的經驗，憶起：早晨太陽是從陽台那一頭昇上來的，而能約略指出哪兒爲東方；或者憶起傍晚時分，西天日暮所染繪的雲彩而略微得意地指出方位，身爲現代的都市人，在有需要明白所處的方位時，除了依靠羅盤、指南針之外，最直接的反應大概就是聯想到日出日落的位置吧！實際上，上古先民對大地方位的認識也是從觀測太陽的運動（視運動）而產生的。〔註1〕從無方向觀念，到有方向觀念，又逐漸發展出二維、四維、六維、八維以至全方位的觀念，古人對大地方位的認識是一步一步發展起來的，也許以現代人的立場覺得平平無奇，在考古學、人類學、文化史等研究角度看來卻擁有深切的探討價值。在尚未形成固定的天地四方觀念之前，上古先民必定只能靠視覺和感覺去追

〔註1〕　天體的位置有「視位置」和「眞位置」兩種。前者是我們從地球上所看到的位置，後者是天體在宇宙空間眞正分布的位置。天體的運動是天體位置的時間性變化，天體位置既有視位置和眞位置的區別，天體運動也就有「視運動」與「眞運動」兩種。見陳遵媯，《中國天文學史》第一冊，台北：明文，1984年2月初版，頁8。

蹤太陽的運動，即太陽「昇起的方位」以及「下落的方位」，甚至感受到太陽
所帶來的溫度變化，是與自然界萬物息息相關的。何新在〈神祕數字──八
卦與九宮〉便提到「上古這種二方位的大地觀念，是與在季節上的二分位相
對應」，〔註2〕他所指的季節二分法，是太陽在北迴歸線、赤道、南迴歸線之
間的移動，因太陽照射地球角度的不同而產生二分二至的變化，其中，最能
令人感受到季節移易、溫差變化的，當屬春、秋二季，在時令而言便是春分、
秋分。于省吾在《甲骨文字釋林》〔註3〕中說：

> 甲骨文和《山海經》均沒有四時的說法，《尚書·堯典》才把四方和
> 四時相配合。應該指出的是，商代的一年爲春秋兩季制，甲骨文只
> 以春和秋當作季名用，兩者有時對貞。西周前期仍然沿用商代的兩
> 季制，到了西周後期，才由春秋分化出夏冬，成爲四時。

甲骨文中究分爲二季或四季，學者盡管有不同的看法，但是中國上古時期的
空間觀念是顯然比季節觀念的發展要來得早，殷商甲骨文裏，已有東、南、
西、北、上、下等字，有了空間概念的表達。關於上古方位概念的追溯，以
及古文字中的方位字溯源，對於了解先民的方位觀念，顯然是一條線索。

第一節　方位觀念溯源

　　事實上，人類基本的空間方位概念，起源甚早。如：雲南、四川兩省的
少數民族普米族人，沒有文字，卻有表示數字、佔有、和方位（與空間識別
相關）的符號。〔註4〕顯然這些符號是因爲生活的實際需要而產生於該族的系
統文字之前。我們尤饒富興味的是：這些與空間識別相關的方位符號，其刻劃
結構是緣何而生呢？李景源在《史前認識研究》〔註5〕中便說明：

> 人類社會所有的方位觀念，在起初都是與自然現象和環境相聯繫而產
> 生的。以太陽的升落定方位，是各原始民族共有的特徵。在我國的裴

〔註2〕　何新，《諸神的起源》，台北：木鐸，1987 年 6 月初版。頁 257。

〔註3〕　于省吾，《甲骨文字釋林》，北京：中華，1993 年 4 月三刷。頁 124。但是李
　　　　學勤卻有不同的意見，他認爲：四方風名的解釋，總是和四時分不開，「實際
　　　　上，四方風刻辭的存在，正是商代有四時的最好證據。」（李學勤，〈商代的
　　　　四風與四時〉，《李學勤集》，哈爾濱：黑龍江出版社，1989。）

〔註4〕　嚴汝嫻，〈普米族的刻畫符號──兼談對仰韶文化刻劃符號的看法〉，《考古》，
　　　　1982 年 3 期。

〔註5〕　李景源，《史前認識研究》，長沙：湖南教育，1989 年。頁 293～294。

　　李崗、半坡等新石器時代早期文化遺址中，房屋的朝向是一定的；在氏族墓地上，墓穴和屍骨的頭部也都朝著一定的方向。這表明，當時的人們已經有了方位的概念，和確定方位的方法；這個方法首先是以太陽的出沒來定方向。因此，較早出現的方位概念是東方和西方。……南、北方位觀念的產生，卻和每個部族居住的自然地理環境直接相關。

直接和太陽出沒相關的方位是東、西二方。而南、北二方觀念的產生則是與居位的自然地理環境相關，最直接的因素便是氣侯、溫度的影響。以黃河流域而言，北邊是乾冷的蒙古高原，所吹來的是陣陣酷寒呼嘯的疾風，而南邊則是溼度適宜、暖意盎然的薰和氣息，先民的生活起居受氣候、環境的影響，是可想而知的。若追溯這種自然地理環境的背後因素，以今日天文學的觀點分析，氣候的變化實來自地球繞行太陽，太陽照射地球的角度位移所致。每年大約在三月二十一日（春分）正午時分，太陽位於地球赤道處的正上方，然後每日同時的位置不斷地向北移動，直至大約六月二十一日（夏至）正午，太陽照射在地球上的位置剛好位於赤道以北二十三度半處（即「北迴歸線」）的正上方，這時北半球正當夏季，是白晝最長的一日。然後，太陽重新向南移動，大約到九月二十三日（秋分）的正午，它又返回赤道的正上方，大約到十二月二十一日（冬至）的正午，太陽照射在地球上的位置，位於赤道以南二十三度半處（即「南迴歸線」）的正上方，這時南半球為夏季，北半球正陷入寒冷的冬季，這一天，是北半球日照最短（白晝最短）的一天。

　　在中國傳統的天文學裏，古人為決定一年的季節，乃觀察昏旦「中星」的位置、朝出東方和夕沒西方的星星以及日月交會所在的星宿，即以一定的星象作為標準，這種用來作為標準的星象，被稱為「辰」。上古先民曾用以作為「辰星」的，有參、大火、北斗、日月交會、太陽等等。我國古代雖然昏星、晨星並舉，而大體著重昏星。《夏小正》指明初昏時候斗柄（指北斗星）方向和時令的關係；〔註6〕《鶡冠子》更明顯地指出古人借著黃昏時候斗柄方向來決定四季。〔註7〕如果進一步觀察日出前和日落後的恆星，中國傳統天文

〔註6〕　《夏小正》是《大戴禮記》的篇名，記載每月的物候，詳明生物隨節候的變異。如草木的春生秋枯，昆蟲之冬蟄春發，候鳥之隨氣候而來往等，它載有「正月，初昏參中……斗柄縣在下，言斗柄者，所以著參之中也。……六月，初昏，斗柄正在上。」（〔清〕王聘珍，《大戴禮記解詁》，北京：中華，1992年1月三刷，頁29、40）。

〔註7〕　詳見陳遵媯，《中國天文學史》第一冊，台北：明文，1984年2月初版，頁

學便已發現：太陽相對於恒星的位置，每天都在緩慢地改變，事實上，太陽是沿著一條假想路徑，穿行於諸恆星之間，通過「黃道十二宮」，經過大約三百六十五天之後，再返回它原來的出發點。根據盧央、邵望平在〈考古遺存中所反映的史前天文知識〉〔註8〕所言：

> 人類最初的方位概念如何，成于何時，我們雖難于確切地回答，但卻可以有把握地說，東、西、南、北四方概念絕不會出現于人類的童年時代，即剛剛脫離動物界的時代，而是人類智能與社會發展達到一定階段上的產物……隨著人類社會的發展，勞動的複雜化及社會活動範圍的擴大，才出現了通用于廣大地域中確定空間位置標誌的社會要求。

而在較大地域內，觀測太陽、日影以定方位，「日出而作，日入而息」，太陽的升落與人們的生活是關係密切而又最容易觀察的。新石器時代中晚期，我國黃河流域、長江流域已經有了相當的原始農業，黃河流域種植了粟，長江流域栽培了稻（同註 8），對季節的掌握，是開發農業的要素；對太陽的觀察則是判別季節的重要依據之一，農業的出現，要求人們掌握季節，不誤農時，亦即掌握由地球公轉所引起的自然界周期性變化的規律，通過種種看得見的表象，如：物候的推移、太陽的升落、日影的短長以及斗轉星移等來逐漸掌握自然界變化的規律。〔註9〕中國仰韶文化彩陶〔註10〕、大汶口文化陶文所出現的太陽形象，反映了先民的太陽意識。陝西半坡〔註11〕、姜寨〔註12〕、山

32。「鶡冠子」是周代楚人，姓氏不詳，隱居幽山，以鶡羽爲冠，因以爲號，著書十九篇，名《鶡冠子》。姚際恒《僞書考》謂《漢書・藝文志》所載只有一篇，今本是後人所竄僞者，載有「斗柄指東，天下皆春；斗柄指南，天下皆夏；斗柄指西，天下皆秋；斗柄指北，天下皆冬。」

〔註8〕　盧央、邵望平，〈考古遺存中所反映的史前天文知識〉，《中國古代天文文物論集》，北京：文物，1989 年 12 月一版一刷。

〔註9〕　在盧央、邵望平，〈雲南四個少數民族天文曆法情況調查報告〉，（《中國天文學史文集》第二集，北京：科學，1981 年）曾指出在滇南民族的拉祜語、哈尼語、佤語、基諾語中，「東方」均爲「日出」，「西方」均指「日落」。在這些民族中，南北兩向的概念很淡薄，或者說尚未形成……沒有形成與東西向垂直的明確南北兩方的概念，也許是因爲這裏緯度低，僅管有些民族能以某些星辰的出沒來定季節，但卻缺乏以星辰定方位的知識。在王勝利、鄧文寬，〈鄂倫春族天文曆法調查報告〉中（《中國天文學史文集》第二集，北京：科學，1981）就指出在我國北方緯度較高地區的民族（如：鄂倫春人）就能以北斗星來定北方。

〔註10〕邵望平，〈遠古文明的火花〉，《文物》1978 年 9 期。

〔註11〕中國科學院考古研究所、陝西省西安半坡博物館，《西安半坡》，北京：文物，

東大汶口〔註 13〕、江蘇大墩子〔註 14〕等新石器時代墓地，都有頭向西或向東的葬俗，方位幅角皆與當地二至日日出或日落與正東、正西相差不超過 20 度角，江蘇劉林〔註 15〕、北陰陽營〔註 16〕新石器時代墓地頭向則偏北，方位幅度在當地二至日日出地平夾角與正北方的 90 度範圍內。何以墓葬的頭向會有一致朝某方向的情形產生呢？不同的部族基於其原始信仰、社會習俗也許會有不同的解釋，但是，我們所感興趣的並不在此，而在當時人們何以在數百年間能使墓葬方向沿襲不變，始終如一？盧央、邵望平在〈考古遺存中所反映的史前天文知識〉（同註 8）曾討論此問題，〔註 17〕認為墓地附近多無可見的高山，即使有山，也明顯與墓向無關，各墓地的頭向均不作扇形排列（可見非依單一標誌而立向），並且都有後期墓壓疊，打破前期墓的情況，如在大墩子等地墓葬壓疊竟達五層之多，說明早期墓並未留下顯示方向和位置的標記，因此，可以推測另一種可能，便是當時已有了方位概念和依天象定方位的辦法；再從古代建築和其它遺址來看，半坡遺址（同註 11）發掘出位於廣場北部的四十餘座建築遺址，絕大部份出入口偏向西南，半坡建築有門無窗，出入口兼作日照採光之用，為避免冬季東北風，門以西南向為宜，並且考慮了日照採光的最佳方位，因此，房屋選擇了冬季日氣溫最高時的太陽方位為門向。原始居民對建築方位並不是由科學計算出來的，而是通過生活經驗和營造實踐，所做出的較合理的設計，在他們的生活經驗之中，就包含了對太

1963。
〔註 12〕西安半坡博物館、臨潼縣文化館，〈1972 年春臨潼姜寨遺址發掘簡報〉，《考古》1973 年 3 期。〈陝西臨潼姜寨遺址第二、三次發掘的主要收穫〉，《考古》1975 年 5 期。
〔註 13〕山東省文物管理處、濟南市博物館，《大汶口》，北京：文物，1974 年。
〔註 14〕南京博物院，〈江蘇邳縣四戶鎮大墩子遺址探掘報告〉，《考古學報》1964 年 2 期。
〔註 15〕南京博物院，〈江蘇邳縣劉林新石器時代遺址第二次發掘〉，《考古學報》1965 年 2 期。
〔註 16〕南京博物院，〈南京市北陰陽營第一、二次的發掘〉，《考古學報》1958 年 1 期。
〔註 17〕同一墓地上墓葬排列有序，方向大體一致，可能有多種成因。如一些民族把墓地闢在山坡上，死者的頭向多朝向山頭，這可能與山的崇拜有關，或僅僅是地形所使然，有些墓地附近有固定的標誌，或有可見山峰，或有「神樹」，或有宗教建築，人們把死者的頭向對準這些崇拜的對象，這樣也可以在一片墓地上形成整齊的墓列，並形成向心的扇形排列；還有一種可能是早期墓葬在地表上留下了封土或其它紀念物之類的標誌，後死者的埋葬就依照前者的可見標識來定向挖穴。然而，本文所列的幾處墓地的情況，並非如此。

陽周年視運動規律的一定程度的了解，表明當時人們已具有在日影指示下的四方概念。

第二節　前人對方位字「東南西北」之研究

一、關於「東」

　　《說文》：「東，動也。從木。官溥說。從日在木中。」〔註18〕許慎顯然將「$\ominus$」釋爲日。以「日在木中」釋爲「東」，若以方位日出東方視之，日在木中實不限於東方，而許慎以「動」釋「東」，除了聲韻關係外，在意義上，恐怕是受了易傳以「動」釋震卦，並配應東方的影響。〔註19〕

　　丁山在《說文闕義箋》〔註20〕「東」字條下引徐中舒云：「東，古橐字……實物橐中括其兩端，𣠽形象之」「橐以貯物，『物』後世謂之『東西』，『東西』者，橐之轉音也。」李孝定在《甲骨文字集釋》〔註21〕也認爲：「東」之本義爲橐字，東、橐雙聲，遂假「橐」爲方名之「東」。並且反駁了《說文》的解釋，他說：「契文金文日作$\ominus$若$\odot$，而東字從𠤎、𠂎、𠂤諸形均非日字，足證許說之誣。」

　　唐蘭則在〈釋四方之名〉〔註22〕云：「謂東爲古橐字，猶爲未達……金文偏旁東束二字每通用，東即束之異文也。」僅管前列諸位學者已推翻許氏之說而另釋「東」爲「橐」或「束」字，而康殷又在其所著之《文字源流淺說》〔註23〕中由歸納以「東」爲偏旁的諸字含義，列出十種可能的「東」字本義，並且歸納爲：「東，似應是一種植物根莖，或是與紡織有關的某一種植物，然而也有反證……象鳥類的胴體形……」康氏之歸納不免失之於寬鬆繁蕪，他

〔註18〕〔清〕段玉裁，《說文解字注》，台北：天工，1987 年 9 月再版，頁 271。

〔註19〕〈說卦傳〉：「萬物出乎震，震，東方也。」、「震者，動也。」見《周易正義》（十三經注疏本，重刊宋本周易注疏附校勘記），台北：藝文，1982 年 8 月九版，頁 184。

〔註20〕丁山，《說文闕義箋》（中研院史語所善本書）1929 年清稿本，另李孝定《甲骨文字集釋》，（台北：中研院史語所，1974 年三版），曾引此段文字（頁 2029）。本文所參考者爲後者。

〔註21〕李孝定，《甲骨文字集釋》，台北：中研院史語所，1974 年 10 月三版。（中研院史語所專刊之五十）頁 2029。

〔註22〕唐蘭，〈釋四方之名〉，（考古社刊）《考古》，1936 年 4 期。

〔註23〕康殷，《文字源流淺說》，北京：國際文化，1992 年 1 月，一版一刷，頁 239。

也自己坦承：「還無能力由上舉的十種字形中肯定它（案：束字）畢竟象何形？……只好大家一同揣測、推勘……」（同註23，頁241）。

　　關於束字，若將相同的意見省略，那麼在一九九五年之前，大致有上列四說。

二、關於「南」

　　《說文》：「南，草木至南方有枝任也。」段玉裁引《漢書·律曆志》註曰：「大陽者，南方。南，任也，陽氣任養物於時為夏。」（同註18，頁274）《說文》對「南」的說明顯然語焉不詳，而且恐非其本義，而段注引《漢書》之說明，則受了陰陽家五行說的影響，已是另一套思維系統，與南字本義無關。

　　郭沫若在〈釋南〉〔註24〕一文，以「南」殆為鐘鎛之類樂器。「古人之鐘亦可謂之林，林與南一聲之轉……鐘鎛皆南陳，故孳乳為東南之南」，聲轉固然可作為訓詁之一法，但是若無其它證據相佐，就難免失之於附會牽強，更何況以鐘鎛陳於南而言南方，鐘鎛之名是否先於四方之名？仍需進一步斟酌，無怪乎郭氏在二版時，即自行刪除此文不再印行。

　　康殷則由南、南等字形推測「南概即為龜腹甲，甲端加Y或有以銳物鑽刺龜甲之意」（同註23，頁480）康氏之言有望形生義之嫌，並且由其用詞「概」、「或」，並自云「仍待探索」，可知不足以成為定論。

　　田倩君在《中國文字叢釋》〔註25〕另提出一說，云：「南，始為容器，盛酒漿或盛黍稷之用，後發現其音殼然，始作為樂器……南、暖二字雙聲疊韻，故此二字可以通假」田氏所言與郭沫若相近，同樣受臆測之累，此處不再贅言。

　　南在甲骨文中又有祭祀之用，如「止于祖辛八南」、「牢一牛南」、「一羊一南」等，所以唐蘭認為：「南必食品，與牛羊豕同用。」〔註26〕在此可聊備一說。

〔註24〕本文見於一九三一年在上海初版之《甲骨文字研究》，至一九五二年作者曾刪去其中九篇文章，由北京：人民出版。〈釋南〉亦因作者推翻己說而被安排在刪除之列。

〔註25〕田倩君，《中國文字叢釋》，台北：台灣商務印書館，1972三版。

〔註26〕唐蘭，《殷虛文字記》（北京：中華1981一版）中〈釋卣殷〉曾承襲孫詒讓在《契文舉例》（山東：齊魯書社，1993年12月一版）中「從卣或作卣者，卣之變。其義當為穀」之說，而認為「卜辭之卣字用途有二：一假為祭物，即後世之穀，一假為方向，即後世之卣……卣所以假為方向者，「卣者，穀也，善也；古人喜南而惡北，蓋緣日光之故也」。

關於南字，若將相同的意見省略，那麼在一九九五年之前，大致有以上諸說。

三、關於「西」

《說文》云：「西，鳥在巢上也，象形。日在西方而鳥棲，故因以爲東西之西。」（同註 18，頁 585）羅振玉、王國維也都認爲甲骨文「囪、囪二形「正象鳥巢」。〔註 27〕

丁山對於《說文》「鳥在巢上」「日在西方而鳥棲」認爲並不合理。「囪象巢形則鳥應棲其上，今鳥形退居其下，理不可解。如云象鳥由巢中捕出之形，捕鳥者固不必于巢也……知囪亦网形。」〔註 28〕丁氏之說其實仍拘限於《說文》，作與「鳥」相關之聯想而由字形望文推測，所以，只能聊備一說。

孫詒讓云：西乃「甾」字，〔註 29〕唐蘭從其說，在〈釋四方之名〉（同註 22）中認爲：「卜辭西方字每作囪、囪，實爲凶字」「西凶聲近，原只一字，又《說文》凶古文作囪，實即甾字異文，甾、凶亦聲近也」他們均主張「西」是凶的假借字。

康殷則在《文字源流淺說》中，推斷「西」的甲骨文字形都像一支翎毛形（同註 23，頁 169）。仍然是由《說文》與鳥相關的說法衍生而來，若眞以形似某物言字形，恐怕「相由心生」看什麼就像什麼了。至於楊樹達所主張的「西、先古音同，卜辭或言西宗，即今本《紀年》『馮辛名先』之宗」〔註 30〕李孝定則在《甲骨文字集釋》（同註 21，頁 3508）反駁他：「卜辭或言西宗即在西之宗廟，楊氏說非，契文自有先字，不煩假西爲之也。」

若將相同的說法省略，則在一九九五年以前，關於西字大致有以上諸說。

四、關於「北」

《說文》：「北，乖也，從二人相背（同註 18，頁 386）。」李孝定在《甲

〔註 27〕 羅振玉，《增訂殷虛書契考釋》，台北：藝文，1981 年 3 月四版中卷頁 14。王國維，《定本觀堂集林》（楊家駱主編之讀書箚記叢刊），台北：世界，1991 年 9 月六版。卷六，頁 286。

〔註 28〕 引文見朱芳圃，《甲骨學文字編》，台北：台灣商務，1983 年台四版，卷十二。

〔註 29〕 孫詒讓，《契文舉例》〈樓學禮校點本〉，山東：齊魯書社，1993 年 12 月一版一刷，頁 49～50。

〔註 30〕 楊樹達，《積微居甲文說：卜辭瑣記》，台北：台灣商務，1983 年四版。

骨文字集釋》也提到「北，契文亦從二人相背，此其本義，至方名之北，則後假借（同註21，頁2699）。」

唐蘭則認為：「北由二人相背，引申而有二義：一為人體之背，一為北方。蓋古代建屋多南鄉，則南方為前，北方為後，人恆向南而背北，北方之名以是起矣。依文字學之觀點言之，四方之名均無專字，僅就他字引申為或假借為之也（同註22）。」

關於「北」字，省略相同的說法而擇具有代表性者，可為以上二說。

綜合前人對方位字「東、南、西、北」的研究，我們可以發現：

1. 在構字上

研究者每有不同意見，究竟「東、南、西、北」之方位字有無專字，看法亦不相同。《說文》一系之學者認為方位字之本義在構字上皆有所呈現，郭沫若在〈釋南〉（參註24）一文也贊成「東西北字之構成，于許書皆有說」，但是他提出「惟“南”之一字則大相逕庭」，據他認為：「南為假借字」，但是〈釋南〉之說在後來的研究中，他自己也「承認錯誤」（參註24，「重印版弁言」），而把此文刪去，不再印行。

李孝定則說：「方名之字，皆假假借，與其本義無涉也（同註21，頁2699）。」李氏並反對唐蘭「四方之名」「僅就他字引申為或假借為之」之說；其實，唐氏的意見，在語源學來講，考慮到「東、南、西、北」作為方位，起源相當早的這個事實，其想法是值得注意而寶貴的；他說：

> 如於語源方面作冒險之推測，則「東、南、西、北」四字似與日光
> 有關。東西者，日所出入，日出而動東，日入而息西，南方受陽光，
> 而北方則背陽光也（同註22）。

姑且不論唐氏以「日出而動」釋「東」，以「日入而息」釋「西」是否有附會之嫌，他認為：方位之定向，是依太陽的視運動（詳註1）作為指標；這一點確是不易之論。

2. 在字義上

歸納前人對「東、南、西、北」四字字義的論述，我們可以發現，其實是莫衷一是，沒有結論的。如果再把這四個方位字的方位觀念所帶來的成見給拋去，扣除成見的左右，再來探討這四個字的字義，對於各家之說，可以稱得上望文比附、紛雜歧出。難怪康殷要自嘲：「只好請大家一同揣測、推勘，集思廣義（同註23，頁241）。」對於方位字本義的探求，之所以會有這種現

象，本文認爲，原因之一是方位字代表方位概念，由來很早，在甲骨文中，「東、南、西、北」被大量而普遍的使用，除個別出現外，在卜辭中當作方位詞，常常是連袂出現的。如：

> 癸卯卜，今日雨。其自西來雨？其自東來雨？其自北來雨？其自南來雨？（林一・二一・三）（前六・五七・七）（後上・二二・六）
> 〔註31〕

「東、南、西、北」四字，在甲骨文中已作爲方位字來使用，是毫無疑義的。因此，我們與其望文生義的推測來義，不如將甲骨文中已出現的方位意義作爲線索，在文化史的研究上作方位觀念的溯源，後者的研究價值必不遜於前者。

由前人對「東、南、西、北」方位字字義及構字說法的眾說紛紜情況看來，對於唐蘭所說的「如於語源方面作冒險推測，則『東、南、西、北』四字似乎與日光有關」（同註 22），以民族學及文化人類學的資料運用來印證，相較於望文生義的揣測而言，應是一種值得考慮的嘗試。西北大學博物館副教授周曉陸在 1996 年 3 期的《南京大學學報》（哲學人文社會科學版）中發表了一篇〈釋東、南、西、北與中〉，便是循著唐蘭「方位字與日影有關」的說法，去分析殷商甲骨文中「東、南、西、北、中」諸字，並指出這些方位字實際都與人們立表測日影以定方位的活動相關，茲將其說列成表格如下：（爲方便說明，已更動原文之前後位置）

方位字	甲骨文字形	說　解	備　註
東		中豎爲表，早年表爲木杆，故从木。又上部⩑，生也。○表影隱沒之範圍。「東」，日影始生之位，指事。	○或空缺爲一，乃＝或×之省略。可與西字對照。
南		爲早期圭表之象，上⩑兩側斜向表影，襯托以中立之表，表影之中，日在正南，指事。	「南」爲方位本字，祭祀之「南」當爲假借。「𤎩」爲測刻圭表之人，與「𤎩」貞人身分正合。「南」中有「一」、「＝」、「三」，參見「西」字條。

〔註31〕郭沫若，《卜辭通纂》，（《郭沫若全集・考古編2》），北京：科學，1983 年 6 月一版。頁 368，甲骨片第三七五片。

西	中直豎、或者偏斜的一豎為表影，$\cup$為甲骨文經見，釋陷入之沈埋，日西落而表影似陷，漸趨不見。豎的表影偏斜，因無論日由南而西，表影由正轉沒，人們觀察所見都為一條近斜線的軌跡。$\otimes$、$\oplus$、$\oplus$等恰與東相對，表示表影已全隱沒矣。	東、南、西字中有「——」、「＝」、「三」之橫劃，東、西字中還有「×」形，蓋二至日日影最長與最短之刻度表示。
北	人面南見日，自然背北，二人相背，指事或會意，北之本意。背、敗之意均後借。	《尚書‧堯典》：「申命和叔，宅朔方曰幽都。平在朔易，日短星昴，以正仲冬。」甲骨文之北字，恰為南方神名，抽去中間表形，合「平在朔易」，表示可以抽換取走計時表杆之義。
中	□或○表示一定的範圍，包括日影範圍。｜為表，測日影立表于中，指事。｜上系斿，可測風向，風有多向，故｜下亦現斿，亦指事。等又表示旌旗，為後起之意。	殷人常用「中日」一詞，謂「日在中天」，反映表影與東西向線成 90 度夾角。

　　《詩‧鄘風‧定之方中》：「定之方中，作于楚宮；揆之以日，作于楚室。」毛傳：「定，營室也。方中，昏正四方。……定星昏中而正，於是可以營製宮室。揆，度也，度日出日入以知東西，南視定，北準極，以正南北。〔註32〕」《周禮‧地官‧大司徒》職下云「土圭之法」亦有言：「以土圭之法測土深，正日景，以求地中；日南則景短多暑；日北則景長多寒；日東則景夕多風；日西則景朝多陰。」〔註33〕由《詩經‧定之方中》一詩及《周禮‧大司徒》職所云，我們可以發現，雖然二者時代有一些差異，《詩經》約為春秋中葉以前五六百年之作，而《周禮》則是戰國時的作品，但二者同樣提及以太陽之視運動揆度方位之事，由毛傳《詩‧定之方中》，我們可以確定這種測日影定

〔註32〕《毛詩正義》，（十三經注疏本，重刊宋本毛詩注疏附校勘記），台北：藝文，1982 年 8 月九版，頁 115。

〔註33〕《周禮正義》，（十三經注疏本，重刊宋本周禮注疏附校勘記），台北：藝文，1982 年 8 月九版，頁 153。

方位，應比「南視定，北準極以正南北」以星象定南北爲早；從這點看來，周曉陸以日影去解說方位字「東、南、西、北」之構字，其想法雖然是承襲自唐蘭「方位字之語源與日光有關」之說而繼續發揮，但仍值得我們肯定這樣的研究方向。只是，以構字系統附和於日影之說而來解釋字形的這種方法是否恰當呢？至少仍有如下幾點值得商榷：

（一）執日景說之成見以解釋字形，不夠客觀

雖然方位觀念是源自於對太陽一年內升落位置的觀察，最先產生東、西概念，然後產生南、北兩向，進而才有東南、東北、西南、西北等粗略的八方概念。但是，這是否能證明方位字「東、南、西、北」均是專用字而非假借之字？觀念的形成並不代表先民就「必須」依照此法去構字，也就是說，「東、南、西、北」的觀念雖然是源自對太陽出沒的觀察，但是卻未必是因日影圭表的建構而設字。如果秉持一個既定的模式，去解釋造字，難免會有各種望文生義的比附。

（二）將「｜」（直劃）均視爲日表，橫劃「－」、「×」均視爲日影，有失允當。

除了「北」字是依循唐蘭「二人相背，古代建屋多南向，人恒面南而背北」之說外，東、南、西三字之「｜」直劃，均被視爲日表，其中，「東」字條下又云：「表爲木杆，故從木」，既將「｜」視爲表，又將之視爲「木」的一部分，那麼難道「木」之成字，也是和日表有關？此說顯然不通，隨意附會之跡明白可識。如果先預設「｜」爲日表，「○」表日影範圍，「—」或「×」表日影，則中國字十之八九就會被附會解釋成與日影相關了，此種解釋構字之法太過寬鬆，不免有失允當。

（三）以「中日」一詞不足以證明「中」之本義表日影；認爲旌旗之「中」為後起之意，於事實有扦格。

殷人所用之「中日」一詞，義同於「日中」，即「日在中天」，也就是日午。〔註34〕而且，此「中」書寫爲「⬡」，與作爲「仲」字解釋之「中」不同（詳後文〈釋中〉一節），所以「中日」，在甲文中實作「⬡日」，如：

⬡日戋其雨。（《掇一·三九四》）

⬡日至郭兮啓。（《甲五四七》）

〔註34〕朱歧祥，《殷墟甲骨文字通釋稿》，台北：文史哲，1989年12月初版，頁391。

庚寅雨。🐾日既。（《人三一一四》）

莫。于日🐾迺往，不雨。（《粹六八二》）

如周氏所言：「『｜』上為㫃，可測風向，『｜』下亦現㫃，可見風有多向」，又言：「『🐾』表示旌旗，為後起之意。」為了使自己所主張的「｜」為表，而「中」是指測日影立表，周氏將○或□釋為日影範圍，並援「中日」一詞為例證，但是甲骨文「中」字之字形除了中之外，另有上下具㫃或徒上（下）㫃者（🐾），周氏既未提中、🐾之別，且將「㫃」視為測風儀，其實承認「㫃」，就表示「中」之本義與旗幟有關，不應將旗幟之「中」視為後起。更何況甲骨文裏「中日」之「中」，並非如周氏所講的表與日影範圍之「中」，而是帶有旌旗的「🐾」，因此，將「中」（中）作為日表或可聊備一說，但以「中日」證之，並認為「🐾」表示旌旗為晚出，則有待商榷。

周氏以日影來解釋「中」之本義，而認為作為「旌旗，為後起之意」，其立足點已是先將「中」視為方位字，再從方位觀念之起源與日出日入之關係去解釋「中」的字形，然而，倘使「中」一開始並不作為方位，而只是純然的空間觀念，如上下左右等，亦即只是「相對」於某物而生的一個位置、空間，並不是絕對的指某個方位專名；亦或甚至「中」一開始其實不必然即與空間觀念有關，那麼，強以日影釋「中」，難免有附會之嫌，更何況周氏認為○或□表示日影範圍，「｜」為日表，顯然由「中」字立說，並未考慮到「🐾」的字形，其說牴牾之處，昭然可知。

姑且不論方位字「東、南、西、北」是不是本字？或為假借而來？我們可以確定的是，在山東莒縣凌陽河等地的大汶口文化晚期遺址中，已發現了刻在陶器上的天象圖象（形似🌙、🏔，被古文字學家釋為旦、炅，同註13），如果沒有類似大汶口文化那種反映天象的原始意符文字，就不可能有商代甲骨文中關於天象的紀錄，甲骨文字已是頗具完整構字規模的文字體系，學界也公認甲骨文應非中國最早的文字；在甲骨文中，「東、南、西、北」已被用作方位字，而「方位」應非其字之本義，以已作為方位字的甲骨文諸字去探討其文字學上構字之本義，往往很難避免許慎《說文》欲解釋方位字之本義，卻又附會於其字「方位」之成見而強行解字的缺失。

本論文的主旨在探討方位觀念的演變，至於方位字本身的文字學意義，並非本書探討之目的，在資料的運用上，甲骨、金文是較早期的文獻，而甲骨文中，「東、南、西、北」之方位觀已然具備，在方位觀念的演變主軸上，

我們饒富興味的是：甲骨文中是否具備五方之觀念？亦即「中」在甲骨、金文中，其用法為何？是否具有方位字的意義？由日出日沒而發展出的東、西二方，以及其後演生出來與東西二方連線呈垂直關係的南、北，四方觀念的形成，我們相信必然歷經了一段長時間的文化進程，在現階段的出土資料及傳世文獻上，這段發展仍然是一團謎霧，但是，從「甲骨文中的四方」到後來的五方、六合、四方四隅（八方），乃至與二十四節氣相應和的二十四山（二十四方）與其發展相和而伴生的是天文星象之觀察、地理氣候之條件、五行系統之派生、易傳陰陽之變化……等一連串的「方位體系」、「方位講究」、「方位概念」、「方位圖說」，因此，在了解前人對方位字的研究之後，我們認為從民俗學，文化人類學結合考古出土為輔證資料，並援以傳世文獻相佐，去釐清中國古代方位概念的系統演變及發展，遠較兜繞於望文生義的構字比附來得有價值和意義。

第三節　釋「中」

本論文之所以在此另立一單元探討「中」字，而不在前文：「前人對方位字『東、南、西、北』之研究」中一併提出，是基於下列之考量：

(1)「中」字何時始列為方位字，與「東、南、西、北」同具有獨稱一方的地位？各家說法尚未論定。

(2)「東、南、西、北」其字之本義雖未論定，但在甲骨文中，明顯已作為四方方位的專名使用，而「中」字意義，在甲骨文中是否足以與四方並列為五方？文獻上並無直接資料。

而甲骨文又確確實實有「中商」、「卜中」、「立中」之詞，因此，甲骨文裏「中」字的用法，仍值得討論，此事關係到四方、五方之問題，亦即方位起源之問題，有必要從「中」字的追溯，另立單元來討論。

(3)「中國」一詞見於金文、及《詩經》、《尚書》等先秦典籍，然而「中國」一詞的出現，並不意味著「中」就是「中央之方」，「中國」也不見得就是「中央之國」。

「中國」一詞出現的時代雖早，並不代表「中」作為「方位」是同樣時代的事，「中國」一詞實有深厚的文化蘊含,在詮釋「中國」觀念與「中央方位」的關係之前，有必要先對「中」字作更詳盡的剖析。

因此，本單元將綜合前人對「中」字的字形、字義上的研究提出意見，作爲戰國晚期五行說之「五方」（東、南、西、北、中）觀念之溯源。

一、「中」字形義考

羅振玉在《增訂殷虛書契考釋》〔註35〕中指出：「卜辭凡中正字皆作⟨圖⟩，從口從⟨圖⟩；伯仲字作⟨圖⟩，無斿形，史字所從之中作⟨圖⟩，三形判然不混淆。惟『中丁』之『中』曾見作⟨圖⟩者，乃偶用假字也。」羅氏認爲卜辭裏「中」字的類似字形分別有⟨圖⟩、⟨圖⟩、⟨圖⟩、三種，各自代表不同的意思，沒有斿的是⟨圖⟩和⟨圖⟩，前者爲「伯仲之仲，古伯仲但作『白中』，與中正之中非一字，後人加『人』以示別（同註34，頁74）」，後者則爲「史」字條下所云：「吳中丞（吳大澂）曰：象手持簡形⋯⋯江先生永《周禮疑義舉要》曰：『凡官府簿書謂之中。故諸官言「治中」、「受中」，〈小司寇〉：「斷庶民獄訟之中」皆謂簿書，猶今之案卷也。此中之本，故掌文書者，謂之史，其字從又從中。』其言視吳猶詳密，可正許君中正之說之失（同註34，頁20）。」羅氏依吳大澂及江永的說法，認爲「史」字所從之「中」蓋即〈小司寇〉所云之與庶民獄訟相關之「中」，亦即簿書案卷之意。但是這樣的說法不免讓我們產生疑思：如果由「史」字的一部分字形：「⟨圖⟩」就可以爲「中」另別出一義，那麼「中」字所牽涉的含義又很豐富（如：中宗、中丁、中子、立中、中人、中日⋯⋯可詳參日人島邦男《殷墟卜辭綜類》〔註36〕「中」字條下），若以詞設義，恐怕將頻列條例，處處可見例外，而莫衷一是。但是羅氏所標列出的有斿無斿的中字差異，卻值得注意，因爲甲骨文裏「中」與「⟨圖⟩」是明顯區分的，字形不同，用法也不同，羅氏認爲伯仲之仲作中，中間之中作⟨圖⟩，後世以仲代中，以中代⟨圖⟩，中行而⟨圖⟩廢。于省吾在〈釋中宗祖丁和中宗祖乙〉〔註37〕裏便將甲骨文和商代金文有關中和⟨圖⟩的詞例作了擇錄比較如下：

甲：中

1. 大子，中子，小子（甲骨文編「合文」一一）。

2. 大父，中父，父（商器三戈之一，代十九・二十）。

〔註35〕羅振玉，《增訂殷虛書契考釋》，台北：藝文，1981年3月四版，中卷，頁十四。

〔註36〕〔日〕島邦男，《殷墟卜辭綜類》，台北：大通，1970年12月初版。

〔註37〕于省吾，〈釋中宗祖丁和中宗祖乙〉，《甲骨文字釋林》，北京：中華，1993年4月三刷。

乙：𣃚

3. 義京——右（續一・五二・二），義京——𣃚（前六・二・三），
   義京——左（前六・二・二）。
4. 戉馬：左、右、𣃚人三百（前三・三一・二）。
5. 王作三𠂤（師）：右、𣃚、左（粹五九七）。
6. 左、𣃚、右（商器三盉，青山莊清賞二・五・七）。

此文乃于氏反對陳夢家在《殷虛卜辭綜述》裏所說的：「先王廟號的區別，大小之間可以稱中」之說，但是在「中」與「仲」的分列上確有精闢的看法：

> 甲類的大中小即大仲小。第一條的大子、中子、小子和第二條的大
> 父、中父、父可以互證。至于第二條以大父、中父、父爲言，父上
> 沒有再加小字的必要。大中小是縱列的，大爲第一位，中爲第二位，
> 小爲第三位。這是對先輩排列的順序稱謂。大中小之中與後世伯仲
> 之仲同義，但與𣃚間之𣃚有別。大仲小猶記數字之有一二三，前後
> 是順序的。乙類的右𣃚左是橫列的，以中爲主，左右爲輔，與伯仲
> 之仲不同。第四條的戉馬，以左右𣃚人三百爲言，把中字列於左右
> 之下，而不列于左右之間，正是𣃚和左右有主輔之別的明徵。第五
> 條的三師而分稱右𣃚左，也顯然是以師爲主而左右師爲輔。第六條
> 的三盉銘文，以左𣃚右爲識別。盉爲盛酒之器，用以宴享或祭祀，
> 在陳設時自然是橫列——一盉在𣃚，兩盉分列左右。中與𣃚既然有
> 別，則中丁、中宗祖丁、中宗祖乙之中均應讀作伯仲之仲。甲骨文
> 中丁之中偶有作𠄌者（後下四〇・一一），羅振玉謂爲偶用假字（增
> 考中一四）。至于中宗祖丁和中宗祖乙之中則從無作𣃚者。

于氏這段文字特別值得注意的，是他指出：對先輩排列順序的稱謂上，古文字裏大中小之中同於後世伯仲之仲，也就是說，我們在辨別「中」是否作爲方位詞的同時，必須先剔除作爲伯仲之仲的「中」字。其次，于氏的另一個見解，是指出：中左右並列的時候，顯然有主輔之別，以三師及宴享的例子而言，古文字裡當中與左右同時出現，通當是以中爲尊，以中爲主，而此時的中字，均有斿，寫作𣃚，即𣃚或𣃚，令人不禁懷疑，三師以中師爲尊，左右師爲輔，此中字均作𣃚，是否和𣃚作爲斿旗有關，亦即以𣃚爲發號施令的所在，以旗幟之所居位置爲指標。

「中」在古文字裏，確實有一部份作爲「仲」，然而，其間的分別是否眞

的可以憑中與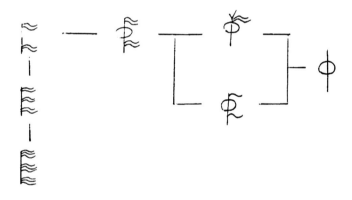來區分呢？甲骨文中的「中丁」，應是「仲丁」之意，卻寫作
「𠂤」，羅振玉也不得不承認是「偶用假字」，除此例之外，卜辭中尚有「中
人」其寫法是中與有斿之中「𠂤」互用的。

《後下八·六》貞：令□𠂤人□。

《人二六九》庚申卜，王侯其立朕朕中人。

卜辭又有言「𠓘𠂤」，亦隸作「立中」，也是中與有斿之𠂤互用：

《金六七七》□爭貞：翌丙子其立□風。丙子立𠂤□亡風。暘日。

《存二·八〇三》癸酉貞：方大出，立中于北土。

而卜辭裏，「中」字除作𠂤、中，亦有作「𢀩」者，唐蘭就認爲羅振玉是
「拘於一時之用法，未能細按卜辭而遽嚴分別」，唐氏指出：𢀩、𠂤、中三者
既爲一字，而其字形之演變如下（斿向左或右不拘）：〔註38〕

唐氏認爲：「中商之中，中俎之中，並不能讀爲仲，而卜辭皆作中，可見
𠂤、中之固不能確分也。」「中字之範圍甚廣，有上下之中，有左右或四方之
中，有大小之中，義殆難縷舉。」「中，本旌旗之類也……其字以𢀩爲最古，
而𠂤形盛行，由以省變遂爲中形矣。說文作中中𠂤三形，中即中形之小變，中
爲中之訛，𠂤爲𠂤之訛，許說「中」『從口丨上下通』近世學者多說爲象矢貫
的，此外，臆說者尚多有之，皆由不知古文本作𢀩也，中爲旌旗之屬，何由
得爲中間之義乎……余謂中者最初爲氏族社會之徽幟……此其徽幟，古時用
以集眾。」「古者有大事，聚眾於曠地，先建中爲群眾望見中而趨附，群眾來
自四方，則建中之地爲中央矣，列眾爲陳，建中之酋長或貴族恒居中央，而

〔註38〕唐蘭，《殷虛文字記》，北京：中華，1998 年 1 月，一版，頁 39～40。

群眾左之右之,望見中之所在即知爲中央矣,然則中本徽幟,而其所立之地恒爲中央,遂引申爲中央之義(同註 37,頁 37～41)。」歸納唐蘭的意見,我們可以得知:

  (甲)𣎴、𣎴、中本爲一字之演變,不能因其後假借爲其它用法而擅自嚴分爲不同。

  (乙)中之本義爲旌旗,乃氏族社會之族徽,用以集眾。擁有建中權力的是酋長或貴族,其建中之地爲中央,後世「中」遂由旌旗引申爲中央。

  (丙)「中」作中央,是以旌旗所立之地爲標竿,何處立旌,何處爲中,所以,早期的中作爲引申之中央義之後,仍只是相對於旌旗之外的一個空間位置,並非絕對地指稱某一方爲中,因此,「中」還不算是「方位」之專名,與後世陰陽家五行系統中的「五方」(東、南、西、北、中)之「中」,以及有關於「中」的若干配應(如顏色——黃,屬性——土等)有所不同。

以甲骨等出土資料來考證古文字,在尚未得到更充分的立論之前,唐蘭的說法是可以據爲立說的。至於王國維在《觀堂集林》〔註 39〕的〈釋史〉一文,根據《周禮·春官宗伯·大史》職「凡射事,飾中,舍算」及《儀禮·大射》「司射命釋獲者退中與算而俟」認爲「中者,盛算之器也」,從經文的確可看出「中」在此處是指某個具體的實物,或許是指以「中」來命名的器物(盛算之器),顯然的,「中」在此並不作爲「方位詞」使用。至於吳大澂、江永所提出的「簡冊之中」、「簿書之中」無非是要解釋「史」、「事」等字何以從中,「獄訟之中」、「司中星」之「中」,「治中之官」之「中」,若以「中」爲「標準、標的」之義解之,諸家之「中」,又均有建立標準、持之以據之意,因此,關於「中」字形義的考證,本單元有以下結論:

  (甲)「中」的本義爲旌旗,其本字爲𣎴,乃氏族社會聚眾的號誌、指揮,由酋長或貴族(統治者)行使召集建中之令,因此,「中」由旌旗之義伴隨著有中央權力指揮之義,從政治權力的運行而言,後世受陰陽家影響,以土居中,並認爲臣子應效法大地之土德,不與君爭功,「中」德的提倡與中央權力之集中,應該與「中」作爲發號施令旌旗之本義相關。

〔註39〕王國維,《定本觀堂集林》,台北:世界,1991 年 9 月六版,頁 263。

（乙）「中」字字形之演變，蓋由 🚩 至 🚩、中，後世所言「立中」、「治中」、「退中」皆由旌旗之義引申爲標的之義而來，在引申爲指標的過程中，與其它作爲指標之物亦產生關聯，「中」由旌旗之中，引申爲一日之內計算時辰的「日中」（卜辭中的計時單位），以及三師的「中師」爲主，左右師爲輔，其實統而言之，皆與旌旗的「標的」性質有關。

（丙）「中」字形變化爲「中」，期間的過渡階段，曾出現「中」與「🚩」互用的情形，如卜辭裏的「立中」、「中人」等「中」字，均同樣出現過「🚩」與「中」兩種不同的寫法。

（丁）中、中等字，均爲「中」之訛變，在甲骨、金文裏曾出現大量的「中」字形，均假借爲「仲」，「仲」是後世爲區分起見而加上「人」爲偏旁的後起字。

（戊）在剔除大量假借爲「仲」的「中」字之後，可以發現，🚩與「左」「右」一起出現時，有「以🚩爲主，左右爲輔」的關係，很明顯，是與🚩的指揮屬性有關。

二、甲骨文中五方觀念之辨別

戰國以後，因爲五行學說之盛行，五方（東、南、中、西、北）概念在五行系統中，分別與五行（木、火、土、金、水）、五帝（太皞、炎帝、黃帝、少昊、顓頊）、五時（春、夏、季夏、秋、冬）、五神（歲星、熒惑、鎮星、太白、辰星）……等以五爲一組的事物相配應，架構成五行系統，關於五行系統的方位，本論文另有專章討論，不在本節作爬梳。但是若干學者認爲由卜辭可證明：「殷代確有五方之觀念」，引起我們的注意。中國古代方位概念裏，以「中」並列於四方之觀念是否果眞在殷代即可由卜辭證明呢？胡厚宣在其著作《甲骨學商史論叢初集》中力主此說，其所列之證據，主要刊在〈論五方觀念及「中國」稱謂之起源〉〔註40〕一文，爲說明方便起見，此處先酌引該文之若干重要論證如下：

甲、帝乙、帝辛卜辭有曰：「己巳王卜貞今歲商受年。王（占）曰吉。東

〔註40〕胡厚宣，〈論五方觀念及「中國」稱謂之起源〉，《甲骨學商史論叢初集》（齊魯大學國學研究所專刊之一），齊魯大學國學研究所出版，1942 年 8 月付印，1944 年 3 月出版。本文所援引者，乃台北：大通書局出版，1972 年 10 月初版，頁 383～388。

土受年。南土受年。西土受年。北土受年。」（粹九○七）此卜商與東南西北四方受年之辭也。商者亦稱中商。如武丁時卜辭曰：「戊寅卜王貞受中商年十月。」（前八・一○・三）「□巳卜王貞于中商乎御方。」（佚三・四・八）中商即商也。中商而與東南西北並貞，則殷代已有中東南西北五方之觀念明矣。

乙、殷人已有先祖死後可以配天，在帝左右供其驅遣之觀念，此配天在帝左右之先祖，至稟辛、康丁時又稱「帝臣」，此帝臣者，亦稱「帝五臣」、「帝五工臣」、「帝五工」（此省略原文胡氏刊引甲骨卜辭原片説明帝五臣、帝五工臣、帝五工之部份，而僅擇錄胡氏之説明文字）帝臣之有五，當由五方而來，蓋上帝為人間中東南西北五方之主宰，為帝之臣者，遂亦有五數。

丙、「商」既可以稱「中商」，又可以稱「商方」，則必更可以稱「中商方」，既可以稱「中商方」，則必又可以省稱「中方」，而方即國，商稱方，周稱國……商之可稱中商、商方，又可稱中商方及中方，則其必為周代以來中國之義。

丁、商者亦稱天邑商，亦稱大邑商，亦稱大邑，既又可以稱中商，則必更可以稱中邑，說文：「邑，國也」，中邑亦即中國之稱也。

戊、商之一邑而可以謂「中國」者，蓋古者中國之義本指京師，並不指中原而言。

　　胡厚宣首先由「受年」卜辭之並貞文字，認為：中商即商，而中商與東南西北並貞，推論殷代已有中東南西北五方之觀念。但是我們<u>細審其所舉用之粹九○七號甲骨文辭所言，乃王占東、西、南、北四土與商之受年，與「中」是否為方位並無關係，胡氏以商又可稱為中商，而遽取「中」與四土並稱，並信言此乃「並貞」文字</u>，這樣的推論是有問題的：「中商」之「中」作何義解釋，尚未成定論，怎可遽言「中商」即是代表「中」央方位之「商」？又與東、南、西、北四土並貞的受年之辭是「商」而非「中商」，如果單單以並貞受年與四土同時出現，來推論殷人之方位觀，那麼就應該是「商東南西北」而非「中東南西北」，更何況，在佚六五三版卜辭中，尚出現卜大邑與四方之受禾，照胡氏之推論，「大邑」也變成與「東南西北」一起出現的方位了？其推論之不暢，自不待言。據陳夢家《殷虛卜辭綜述》〔註41〕指出：「卜辭又有

〔註41〕陳夢家，《殷虛卜辭綜述》（考古學專刊甲種第二號），北京：中華，1988 年 1

“我受年”“今歲受年”，後者只有“今歲商受年”而從無其它族、地言今歲受年的。似此“我”與“商”之受年或指商族商王國的受年。」陳氏羅列卜辭中之地名稱「商」者有：商、中商；大邑商、天邑商、丘商等，認爲這應該是最初商族作爲都邑的地名，國號因都邑地名而起。在粹九○七版之中，王占東、西、南、北四土與商之受年，佚六五三版之中，卜大邑與四方之受禾。凡此商、大邑和四土、四方相對，商與大邑在四土四方之中，此所謂商，可能指國族，此所謂大邑，可能指大邑商。

本節前一單元曾指出，「中」最早應是旂旗指揮之標誌，是權力中心的表徵。**陳夢家認爲**：「中商」亦爲最早商族都邑地名之一。在「商」之前加「中」字，與權力表徵之「中」，正有相合之處，因此，「中商」之「中」不應視爲方位專名，若言此都邑是在四土四方之中而言之，那麼，「中」也是相對於四土四方邊境而言的權力中心，是一個「相對」的空間概念，並非表示某一方位之專名。

此外，胡厚宣認爲：「帝臣之有五，當由五方而來，蓋上帝爲人間中東南西北五方之主宰，爲帝之臣者，遂亦有五數」顯然是受後來五行系統之影響，將「帝五臣」聯想於以五爲一組的五方之說，至於「帝五臣」和「五方」是否有關聯，從卜辭中絲毫看不出來，純粹是由數五而產生之聯想，不足爲據。

另外，在「中國」觀念的起源上，胡氏竟然秉持的是如下的推論：「商既可以稱中商，又可以稱商方，則必更可以稱中商方，既可以稱中商方，則必又可以省稱中方」而進一步再假設「中方」即「中國」之由來。我們不免對此類的推論啞然失笑，既然追溯的是後世「中國」觀念的起源，那麼「中國」便是指作爲「專名」的「中國」，既然是專有名詞，竟然可以如此想當然爾的「省稱」、「必稱」、「又稱」的推衍一番，而得出另一個截然不同的專名，倘依此作論證，則萬物之名類就率爾可以相通了！

在胡厚宣該文既言「中商」是與「東南西北」並稱之方位，又由「中商」推衍出後世「中國」觀念之起源，結果，在文末又自云：「『中國』不過是指京師，並非指中原。」顯然所言之「中國」既非與「東南西北」並列之方位，又非後世所言「中國」之「中國」，而該文篇名又作〈論五方觀念及「中國」稱謂之起源〉，**我們認爲：殷商時即有「中東南西北」五方觀念的這種想法，有重新審視的必要。**

月，一版。1992 年 7 月二刷。頁 255～258。

　　羅振玉作《殷虛書契考釋》其〈禮制〉第七〔註42〕云：殷代外祭有「五方帝」曰：「曰：『貞方帝卯一牛之南□』曰：『貞袞于東。』曰：『己巳卜，王袞于東。』曰：『貞袞于西。』曰：『癸酉卜中貞三牛。』曰方帝，曰東，曰西，曰中，疑即五方帝之祀矣。」

　　郭沫若則認爲「五行觀念爲金文所無」，而批評：「卜辭多假帝爲禘，『貞方帝』者，『貞方禘』也。又卜辭云『卜□貞』之例至多，卜貞間之一字，或爲賓，或爲旅，或爲敵，或爲㠱，或爲由，或爲𢆷，義均不明，此『卜中貞』亦其一例，中字非必中央土德王之黃帝也。」〔註43〕

　　「袞」是祭祀之名，由「貞袞」來推測「貞方帝」之「帝」應當爲「禘」，亦爲祭祀之名，郭氏之說蓋可取也。羅振玉以「卜中貞」出現「中」字，即懷疑卜辭裏已有「五方帝」之祀，其實是需要再斟酌的；郭沫若指出卜辭「卜□貞」之例甚多，雖然他未指出卜下貞上之字代表何義？然而也已看出「卜中貞」之「中」未必爲五行說中央土德之「中」。董作賓在〈大龜四版考釋〉〔註44〕中，發明「貞人」之說，指出卜下貞上之字爲貞人之名。所謂的「貞人」，實際上就是當時足以左右王政的一群貴族，他們只是代替時王提出問題，無需有關占卜的專門知識與技術，所以也不必像太卜和史官那樣地世居其職。他們在占卜過程中所處的地位，至少應該相當於《周禮》的大宗伯，小宗伯之類的職司。不過在周代，大小宗伯只管大事，不問小事，而殷代的貞人，則無論大小事情都要過問；〔註45〕由此來看，「卜中貞」之「中」或爲貞人之名 。〔註46〕無論如何，不能因爲卜辭出現「中」字，即妄歸爲卜辭已出現「五方」之概念。

　　殷商卜辭關於空間概念的指示詞，已包括上下、內外、左右、中、東南西北四方等。但是，與上下、內外、左右相同的，「中」也頂多作爲一空間概念的指示詞，用來指稱具有權力指揮調度性質的地區（都邑），如：與大邑商

〔註42〕羅振玉，《增訂殷虛書契考釋》，台北：藝文。1981年3月四版。下卷，頁六十。

〔註43〕郭沫若，〈金文所無考〉，《金文叢考》（《郭沫若全集・考古編4》），北京：科學，1983年6月一版。

〔註44〕董作賓，〈大龜四版考釋〉，《安陽發掘報告第三期》，台北：中央研究院歷史語言研究所，1931年6月初版。

〔註45〕參見張秉權，《甲骨文與甲骨學》，台北：國立編譯館，1988年9月，頁58。

〔註46〕饒宗頤也認爲卜下貞上之字，應爲「貞人」之名，並加以舉證論述。詳見其所著之《殷代貞卜人物通考》，香港：香港大學，1959年。

並稱的「中商」，並不是與「東南西北」並列為「方」，在現今所見的卜辭裏，「中」從來沒有與「東南西北」同列於一條卜辭，但是，值得注意的是，卜辭裏「中」字常與「左右」並列出現，用來指軍隊中發號施令的所在。如：

王作三師：右、中、左。（《粹編》五九七）

戎馬，左、右、中人三百。（《前編》三·三一·二）

可見當時已慣於畫分左右兩軍，以為中軍的輔翼，來要求行軍佈陣的種種變化。

殷人已有東、南、西、北的觀念。陳夢家雖然指出：四方的觀念有兩種，一種是方向，一種是以某地為中心的不同方向的地面，指方向的如：「于西方東鄉」「于東方西鄉」（粹一二五二）「其東鄉」「其北鄉」（鄴三·四二·八）「其自東來雨，其自南來雨，其自西來雨，其自北來雨」（卜通三七五）⋯⋯卜辭四方向的順序是東、南、西、北，甲六二二「東、南、西、北」戈和粹九○七「東、南、西、北」四土可以為證。指不同方向的地面者·如卜辭云「東受禾」「東土受年」「東方受禾」可證東、東土、東方之為一（同註40，頁584～585）。

綜合陳氏的說法，我們可以確定的是，殷人已有東、南、西、北四方的觀念，至於「中」雖然出現在卜辭的不同條文句上，但是藉著文例的比對和分析，可以發現，「中」在卜辭裏尚未列入「東南西北」而為「五方」，「中」雖然出現了，但是，作為「五方」的「中」卻是後起的資料。

三、「中國」一詞之起源不代表「五方」觀念之形成

西元 1976 年於㝬尊（西元 1963 年於陝西省寶雞縣賈村地方出土的青銅彝器）器底因清除鏽屑之故，意外發現銘文十二行，共 122 字，其中一句刻辭為「隹珷王既克大邑商，剮（則）廷告珷天曰：余其宅茲中或（國），自之辥（乂）民」，這是迄今第一件出現「中國」一詞的青銅器，這裏所指的「中國」，很明顯是指權力的指揮中心，「中國」之「中」並非指方位之「中」，而是繼承「中」之本義：集眾之旗幟、權力之象徵，所以指稱的一個區域。這裏不禁使人想到，「中國」一詞起源雖早，但是否就代表著「五方」觀念之同時興起呢？如果把先秦載籍裏的「中國」一詞加以彙集比對，我們就可以發現，「中國」在典籍裏有不同的意涵，而五方之「中」是晚期才出現的詞義。

關於先秦典籍裏的「中國」，王爾敏氏曾利用語言統計學中的計字法

（word-count），以五十三種先秦載籍爲基本資料加以統計過，結果其中全無「中國」一詞之著錄者二十八種，有其記錄者二十五種，歸納諸書所載「中國」詞稱之總數爲一百七十八次，據王氏之歸納，先秦文獻裏的「中國」所含之意旨約有五類：

其一，謂京師之意，凡九次。如《詩・大雅・民勞》：「民亦勞止，汔可小康，惠此中國，以綏四方。」

其二，謂國境之內之意，即所謂國中，凡十七次。如《詩・大雅・蕩》：「文王曰咨，咨女殷商，女炰烋于中國，斂怨以爲德。不明爾德，時無背無側。爾德不明，以無陪無卿。」

其三，謂諸夏之領域，凡一百四十五次。如《墨子・節葬》：「今執厚葬久喪者言曰：厚葬久喪果非聖王之道，夫胡說中國之君子爲而不已，操而不擇哉。」又如《孟子・梁惠王》：「然則王之所欲可知已。欲辟土地，朝秦楚，莅中國而撫四夷也。」又如《莊子・秋水》：「計四海之在天地之閒也，不似礨空之在大澤乎？計中國之在海內，不似稊米之在大倉乎？」

其四，中等之國之意，凡六次。如《管子・霸言》：「夫國小大有謀，強弱有形。服近而強遠，王國之形也。合小以攻大，敵國之形也。以負海攻負海，中國之形也。折節事強以避罪，小國之形也。」

其五，中央之國之意，凡一次。如《列子・湯問》：「南國之人，祝髮而裸，北國之人，鞨巾而裘，中國之人，冠冕而裳。」

王氏並根據這五種意義的「中國」之統計，而得出一項結論：〔註47〕
　　據以上所列之五項意義，其中佔最大多數者，則爲第三種以諸夏領域爲範圍者，佔全部數量百分之八十三，其次指爲國境之內者佔百分之十，再次指爲京師者佔百分之五。可知在**秦漢統一以前，「中國」一詞所共喻之定義已十分明確。那就是主要在指稱諸夏之列邦，並包括其所活動之全部領域**。……就時代觀念而言，以「中國」表一定領域者，古籍文字所載，實早在周初……以中國表同一血緣同一文化族類所居之領域者，當不至晚過春秋時代，其詞稱在墨子、孟子、莊子均已成爲習慣語氣，即已可知。是以**「中國」之名稱，在秦漢統一前，**

〔註47〕王爾敏，〈「中國」名稱溯源及其近代詮釋〉，《中國近代思想史論》，台北：華世，1982年三版。

實早已代表地球上一定之界域，為同血緣同文化之諸夏民族所居，其族類與文化之統一觀念，並同時自然的充分顯示出來。

王氏整理「先秦典籍所見『中國』詞稱彙錄附表」而列出的一百七十八次的「中國」詞稱，我們可以發現，在資料來源上，王氏雖然名之為「先秦典籍」，事實上，卻已囊括了部份秦漢之際以後成書的晚出資料，如：《禮記》、《爾雅》等，對於王氏之附表，本論文重新加以戡誤，校正原文出處，省略王氏原表之次數統計及全無「中國」一詞著錄之典籍，並補正加錄《管子》書及長沙馬王堆出土帛書、銀雀山漢墓出土竹簡之資料，重新加註釐清「中國」詞義，更改部分王氏對「中國」所解釋的詞義，而成「秦漢以前所見『中國』詞稱一覽表」，如下文表列。

在表列中，我們將「中國」一詞對照前後文義及諸家注疏，而發現王氏將「中國」之意細分為五類：（1）京師。（2）國境之內（即「國中」）。（3）諸夏之區域。（4）中等之國。（5）中央之國。其中（1）（2）（3）類往往因歷代注疏家注解不同，而在區分之類別上有所歧異，雖然如此，但是在與「四方」、「四夷」、「四境」同時對比出現的「中國」詞條上，我們卻看到（1）（2）（3）三類實際上可以視之為一大類，也就是姑且不論「中國」是指「京師」或是「國境之內」，亦或是指「諸夏之區域」，當「中國」一詞與「四方」、「四夷」、「四境」等詞彙一起並列出現時，「中國」這個詞稱總是在強調一點：即與四方蠻夷不同，文化發展、禮樂文明高過四方蠻夷的某個特定區域，猶如王爾敏氏所言：「中國之名稱，在秦漢統一前，實已代表地球上一定之界域，為同血緣、同文化之諸夏民族所居。」那麼，「中國」一詞，不管是指「京師」、「國境之內」或「諸夏之區域」，在「四方」與「四夷」、「四境」之義結合之後，「中國」被突顯為相對於四方蠻夷的某個高文化、同血緣的特定區域，至於這個區域雖然名為「中國」，我們認為，「中」不是由於「中央」方位而得名，古文字溯源裏，「中」本是作為權力旗幟的表徵，是聚眾的號令，因此，「中國」詞稱雖然早在文獻典籍中已出現，卻是沿襲「權力中心」之意而來，由「京師」而「國境之內」及至「夷夏之辨」指的「諸夏之區域」，乃至<u>與四方蠻夷相對之「中國」，「中」指的並不是方位之「中」，而是從「權力中心」的區域來著眼而談，所以，「中國」一詞的起源並不代表「五方」</u>觀念的形念。

此外，「中國」若釋為「中等之國」，往往前後文是與強國、弱國或大國、小國相對照，可見「中」為中等之意，與方位之「中」無關。至於《列子‧

湯問》:「南國之人,祝髮而裸,北國之人,鞨巾而裘,中國之人,冠冕而裳。」王氏認爲,所列之一百七十八次「中國」詞彙,只有此次爲「中央之國」,依王氏的看法,蓋由南國、北國之稱,而認爲「中國」乃「居中央」之意,但是我們觀察《列子》原文,乃指南國、北國皆爲蠻夷,只有中國是「冠冕而裳」的開化地區,此處的「中國」仍應是指相對於蠻夷的文明區域而言,「中國」是一個專稱,不應被增字訓爲「中央之國」。

　　以「中」作爲「中央」地理方位者,可見於《周禮・地官・司徒》職云:

> 以土圭之法測土深、正日景,以求地『中』。日南則景短多暑,日北則景長多寒,日東則景夕多風,日西則景朝多陰。日至之景,尺有五寸,謂之地中:天地之所合也,四時之所交也,風雨之所會也,陰陽之所和也。然則百物阜安,乃建王國,制其畿,方千里而封樹之。

此處言以「地中」建王國,制其畿,而「地中」之所得,乃原自於土圭觀測日景的結果;值得注意的是,原文認爲「地中」乃「天地之所合、四時之所交、風雨之所會、陰陽之所和」百物阜安之地,顯見此文乃陰陽觀念盛行以後的產物;事實上,**戰國中晚期陰陽家將方位納入系統五行說以後,「中」始與「東、南、西、北」並言爲「五方」,「中國」作爲「中央之國」意來解釋,亦爲戰國中晚期以後的事**。《禮記・王制》云:「中國戎夷,五方之民,皆有其性也,不可推移……中國、夷、蠻、戎、狄……五方之民,言語不通,嗜欲不同。」即是將「中國」不僅是視爲與四方蠻夷相對的高文化地區,同時,亦將「中國」視爲「中央之國」,而明白地與**「東夷、南蠻、西戎、北狄」並稱爲「五方」,這是在系統五行說有「五方」之稱後,「中國」詞義的轉變始至此,我們不可因「中國」一詞的早出,即等同「中國」爲「中央之國」,而妄定五方觀念爲早出,「中國」一詞的起源,並不代表五方觀念之形成**。上古時代,「中國」原指國之政治中心,即都城,是統治四方即全國的王權所在地,並把周圍其它地區稱爲「四方」,其它部族稱爲「四夷」,經過春秋戰國幾百年間各地的頻繁交往和兼并戰爭,眾多諸侯國逐步走向統一,而建立起中央集權的大一統秦、漢帝國。這樣一來,「中國」表示都城的意義消失,表示天下的中央大帝國的意義因爲政治上的需要而空前地強化,另一方面,上古表示金、木、水、火、土五種物質元素的樸素的五行觀念,在戰國晚期經過鄒衍等人的改造,變成了說明世界一切事物的系統圖式,按照五行學說構造體

系的要求，方位之數也必須是五，於是，四方加上中央成為五方，便應運而生。《禮記・王制》云：「五方之民，言語不通，嗜欲不同。」明確地將東、南、西、北、中合稱為「五方」，「中國」除了代表政治、文化意義的王權中心之外，始被視為「中央之國」，而躋身於方位之列。

秦漢以前所見「中國」詞稱一覽表

書名	篇名	原文摘引	「中國」意涵
尚書	梓材	皇天付中國民，雩厥疆土于先王，肆王維德用。	國中
詩經	大雅民勞	民亦勞止，汔可小康，惠此中國，以綏四方。	京師
	大雅民勞	民亦勞止，汔可小休，惠此中國，以為民逑。	京師
	大雅民勞	民亦勞止，汔可小愒，惠此中國，俾民憂泄。	京師
	大雅民勞	民亦勞止，汔可小安，惠此中國，國無有殘。	京師
	大雅蕩	文王曰咨，咨女殷商，女炰烋于中國，斂怨以為德。	國中
	大雅蕩	小大近喪，人尚乎由行，內奰于中國，覃及鬼方。	國中
	大雅桑柔	天降喪亂，滅我立王，降此蟊賊，稼穡卒痒，哀恫中國，具贅卒荒，靡有旅力，以念穹蒼。	國中
春秋左氏傳	莊公三一年	凡諸侯有四夷之功則獻于王。王以警于夷，中國則否，諸侯不相遺俘。	諸夏之地
	僖公二五年	德以柔中國，刑以威四夷。	諸夏之地
	僖公二八年	詩云，惠此中國，以綏四方。	京師
	昭公二十年	詩曰，民亦勞止，汔可小康，惠此中國，以綏四方。	京師
	成公七年	吳伐郯，季文子曰，中國不振旅，蠻夷入伐而莫之或恤。	諸夏之地
	昭公九年	先王居檮杌于四裔以禦魑魅，故允姓之姦居于瓜州。伯父惠公歸自秦而誘以來，使偪我諸姬，入我郊甸，則戎焉取之。戎有中國，誰之咎也。后稷封殖天下，今戎制之，不亦難乎。	諸夏之地
春秋公羊傳	隱公七年	不與夷狄之執中國也。	諸夏之地
	僖公二年	江人、黃人者何？遠國之辭也。遠國至矣，則中國曷為獨言齊宋至爾？大國言齊宋，遠國言江黃。	國中
	僖公四年	夷狄也而亟病中國，南夷與北狄交，中國不絕若線。桓公救中國而攘夷狄，卒怗荊，以此為王者之事也。	諸夏之地

僖公九年	桓公有憂中國之心，不召而至者，江人、黃人也。	諸夏之地
僖公二一年	孰執之？楚子執之。曷爲不言楚子執之？不與夷狄之執中國也。	諸夏之地
莊公十年	蔡侯獻爲何以名？絕。曷爲絕之？獲也。曷爲不言其獲？不與夷狄之獲中國也。	諸夏之地
莊公十八年	此未有言伐者，其言追何？大其爲中國追也。此未有伐中國者，則其言爲中國追何？大其未至而豫禦之也。	諸夏之地
宣公十五年	離于夷狄，而未能合于中國。晉師伐之，中國不救，狄人不有，是以亡也。	諸夏之地
襄公二年	虎牢者何？鄭之邑也。其言城之何？取之也。取之則曷爲不言取？爲中國諱也。曷爲中國諱？諱伐喪也。曷爲不繫乎鄭？爲中國諱也。	諸夏之地
襄公七年	曷爲不言其大夫弒之？爲中國諱也。曷爲中國諱？鄭伯將會諸侯于鄙，其大夫諫曰，中國不足歸也，則不若與楚。鄭伯曰，不可。其大夫曰，以中國爲義，則伐我喪。以中國爲疆，則不若楚。於是弒之。	諸夏之地
襄公八年	賊未討，何以書葬？爲中國諱也。	諸夏之地
昭公元年	曷爲謂之大原？地物從中國，邑人名從主人。	諸夏之地
昭公二三年	曷爲以詐戰之辭言之？不與夷狄之主中國也。然則曷爲不使中國主之？中國亦新夷狄也。其言滅獲何？別君臣也。君死于位曰滅，生得曰獲，大夫生死皆曰獲。不獲夷狄之主中國。則其言獲陳夏齧何？吳少進也。	諸夏之地
昭公二五年	何以書？記異也。何異爾？非中國之禽也。	諸夏之地
定公四年	吳何以稱子？夷狄也而憂中國。其憂中國奈何？伍子胥父誅乎楚，挾弓而去楚，以干闔廬。闔廬曰，士之甚，勇之甚，將爲之興師而復讎于楚。伍子胥復曰，諸侯不爲匹夫興師。且臣聞之，事君猶事父也。爲匹夫興師。且臣聞之，事君猶事父也。虧君之義，復父之讎，臣不爲也，於是止。	諸夏之地
定公四年	蔡請救于吳，伍子胥復曰，蔡非有罪也。楚人爲無道，君如有憂中國之心，則若時可矣。	諸夏之地
哀公十三年	吳主會則曷爲先言晉侯？不與夷狄之主中國也。其言及吳子何？會兩伯之辭也。不與夷狄之主中國，則曷爲以會兩伯之辭言之？重吳也。曷爲重吳？吳在是，則天下諸侯莫敢不至也。	諸夏之地

春秋穀梁傳	桓公二年	孔子曰，名從主人，物從中國。	諸夏之地
	莊公十年	荊者楚也，何爲謂之荊？狄之也。何爲狄之？聖人立，必後至，天子弱，必先叛。故曰荊，狄之也。蔡侯何以名也？絕之也。何爲絕之？獲也。中國不言敗，此其言敗，何也？中國不言敗，蔡侯其見獲乎，其言敗，何也？釋蔡侯之獲也。以歸，猶愈乎執也。	諸夏之地
	僖公二七年	楚人者，楚子也。其曰人何也？人楚子所以人諸侯也。其人諸侯何也？不正其信夷狄而伐中國也。	諸夏之地
	僖公二八年	復者，復中國也。歸者，歸其所也。	國中
	僖公二八年	復者，復中國也。天子免之，因與之會，其曰復，通王命也。	國中
	文公十一年	傳曰，長狄也，弟兄三年，佚宕中國，瓦石不能害。	國中
	宣公十一年	何用弗受也？不使夷狄爲中國也。	諸夏之地
	宣公十五年	滅國有三術。中國，謹日。卑國，月。夷狄，不日。	諸夏之地
	成公九年	莒雖夷狄，猶中國也。	諸夏之地
	成公十二年	中國與夷狄不言戰，皆曰敗之，夷狄不日。	諸夏之地
	襄公二年	若言中國焉，內鄭也。	諸夏之地
	襄公五年	號從中國，名從主人。	諸夏之地
	襄公六年	非滅也。中國，日。卑國，月。夷狄，時。繪，中國也。而時，非滅也。	諸夏之地
	襄公七年	鄭伯將會中國，甚臣欲從楚，不勝，其臣弒而死。其不言弒何也？不使夷狄之民加乎中國之君也。	諸夏之地
	襄公十年	遂。直遂也。其曰遂何？不以中國從夷狄也。	諸夏之地
	襄公十年	會夷狄不致，惡事不致，此其致，何也？存中國也。中國有善事則并焉，無善事則異之存之也。汲鄭伯，逃歸陳侯，致梘之會，存中國也。	諸夏之地
	襄公三十年	澶淵之會，中國不侵伐夷狄，九狄不入中國，無侵伐八年，善之也。	諸夏之地
	昭公元年	傳曰，中國曰大原，夷狄曰大鹵。號從中國，名從主人。	諸夏之地
	昭公五年	號從中國，名從主人。	諸夏之地
	昭公十一年	何爲名之也？夷狄之君誘中國之君而殺之，故謹而名之也。	諸夏之地
	昭公十二年	不正其與夷狄交伐中國，故狄稱之也。	諸夏之地
	昭公十七年	兩夷狄曰敗，中國與夷狄亦曰敗。	諸夏之地

	昭公二三年	中國不言敗,此其言敗,何也?中國不敗,胡子髡、沈子盈,其滅乎。其言敗,釋其滅也。	諸夏之地
	昭公二五年	來者,來中國也。	諸夏之地
	昭公三十年	中國不存公。存公,故也。	諸夏之地
	定公四年	吳信中國而攘夷狄,吳進矣。其信中國而攘夷狄奈何,子胥父誅于楚也。	諸夏之地
	定公四年	蔡請救于吳。子胥曰,蔡非有罪,楚無道也。君若有憂中國之心,則若此時可矣。	諸夏之地
	哀公四年	春秋有三盜。微殺大夫謂之盜。非所取而取之謂之盜。辟中國之正道以襲利謂之盜。	諸夏之地
	哀公十三年	吳,東方之大國也。累累致小國以會諸侯,以合乎中國,吳能為之,則不臣乎,吳進矣。	諸夏之地
	哀公十四年	其不言來,不外麟於中國也。其不言有,不使麟不恆於中國也。	諸夏之地
國語	齊語	築五鹿、中矣、蓋與牡丘,以衛諸夏之地,所以示權於中國也。	諸夏之地
	楚語上	蠻夷戎狄,其不賓也久矣,中國所不能用也。	諸夏之地
	吳語	夫吳之邊鄙,遠者罷而未至。吳王將恥不戰,必不須至之會也,而以中國之師與我戰。	諸夏之地
管子	小匡	故東夷、西戎、南蠻、北狄、中國諸侯,莫不賓服。	諸夏之地 中央之國
	小匡	余乘車之會三,兵車之會六,九合諸侯,一匡天下,……而中國卑我。	諸夏之地
	小匡	築五鹿、中牟、鄴、蓋與牡丘,以衛諸夏之地,所以示勸於中國也。	諸夏之地
	霸言	合小以攻大,敵國之形也。以負海攻負海,中國之形也。折節事彊以避罪,小國之形也。	中等之國
	小稱	賞試往之中國、諸夏、蠻夷之國,以及禽獸昆蟲之地,皆待比而為治亂。	國中
	侈靡	夫事左中國之人,觀危國過君而弋其能者,豈不幾於危社主哉。	諸夏之地
	侈靡	則中國之草木有移於不通之野者。	諸夏之地
墨子	親士	昔者文公出走而正天下,桓公去國而霸諸侯,越王句踐遇吳王之醜而尚攝中國之賢君,三子之能達名成功於天下也。	諸夏之地
	節葬下	今執厚葬久喪者言曰,厚葬久喪果非聖王之道,夫胡說中國之君子為而不已,操而不擇哉。	諸夏之地

	節葬下	若以此若三國者觀之，則亦猶薄矣。若以中國之君子觀之，則亦猶厚矣。如彼則大厚，如此則大薄，然則葬埋之有節矣。	中等之國
	魯問	子墨子曰，雖中國之俗亦猶是也。殺其父而賞其子，何以異食其子而賞其父者哉。	諸夏之地
	魯問	我以義糶也，鈞之糶，亦於中國耳，何必於越哉。	諸夏之地
莊子	秋水	計四海之在天地之間也，不似礨空之在大澤乎。計中國之在海內，不似稊米之在大倉乎。	諸夏之地
	田子方	溫伯雪子適齊，舍於魯，魯人有請見之者，溫伯雪子曰，不可，吾聞中國之君子，明乎禮義而陋於知人心，吾不欲見也。	諸夏之地
	田子方	中國之民，明乎禮義而陋乎知人心。	諸夏之地
	知北遊	中國有人焉，非陰非陽，處於天地之間。	國中
	天下	其數散於天下而設於中國者，百家之學，時或稱而道之。	諸夏之地
孟子	梁惠王	然則王之所大欲可知已，欲辟土地，朝秦楚，蒞中國，而撫四夷也。	諸夏之地
	公孫丑	他日王謂時子曰，我欲中國而授孟子室。養弟子以萬鍾。使諸大夫國人皆有所矜式。子盍為我言之。	中等之國
	滕文公	當堯之時，天下猶未平。洪水橫流，氾濫於天下，草木暢茂，禽獸繁殖，五穀不登，禽獸偪人，獸蹄鳥跡之道交於中國。	諸夏之地
	滕文公	禹疏九河，瀹濟漯而注諸海，決汝漢、排淮泗而注之江。然然中國可得而食也。	諸夏之地
	滕文公	陳良，楚產也。悅周公仲尼之道，北學於中國。	諸夏之地
	滕文公	當堯之時。水逆行氾濫於中國，蛇龍居之，民無所定，下者為巢，上者為營窟。	諸夏之地
	離婁	舜⋯⋯東夷之人也。文王⋯⋯西夷之人也。地之相去也千有餘里，世之相後也千有餘歲，得志行乎中國，若合符節，先聖後聖，其揆一也。	諸夏之地
	萬章	天下諸侯朝覲者，不之堯之子而之舜。訟獄者，不之堯之子而之舜。謳歌者，不謳歌堯之子而謳歌舜。故曰，天也，夫然後之中國，踐天子位焉。	國中
	告子	今居中國，去人倫，無君子，如之何其可也。	諸夏之地
荀子	王制	北海則有走馬吠犬焉，然而中國得而畜使之。	諸夏之地
	王制	南海則有羽翮齒革曾青丹干焉，然而中國得而財之。	諸夏之地

	王制	東海則有紫紶魚鹽焉，然而中國得而衣食之。	諸夏之地
	王制	西海則有皮革文旄焉，然而中國得而用之。	諸夏之地
	王霸	故齊桓、晉文、楚莊、吳闔閭、越句踐，是皆僻陋之國也。威動天下，彊殆中國，無它故焉，略信也，是所謂信立而霸也。	諸夏之地
	致士	詩曰，惠此中國，以綏四方，此之謂也。	京師
	彊國	威動海內，彊殆中國，然而憂患不可勝校也，諰諰然常恐天下之一合而軋己也。	諸夏之地
韓非子	存韓	韓居中國，地不能滿千里，而所以得與諸侯班位於天下，君臣相保者，以世世相教事秦之力也。	中等之國
	存韓	韓則居中國，展轉不可知，天下共割韓上地十城以謝秦，解其兵。	中等之國
	十過	內史廖曰：臣聞戎王之居，僻陋而道遠，未聞中國之聲。君其遺之女樂，以亂其政。	諸夏之地
	孤憤	夫越雖富，兵彊。中國之主，皆知無益於己也。曰非吾所得制也。	諸夏之地
	用人	當今之世，爲人主忠計者，必無燕王說魯人，無使近世慕賢於古，無思越人以救中國溺者。	諸夏之地
	難	故伊尹以中國爲亂道，爲宰于湯。	諸夏之地
	難勢	夫待越人之善海游者，以救中國之溺人，越人喜遊矣，而溺者不濟矣。	國中
楚辭	惜誓	臨中國之眾人兮，託回飆乎尚羊。	諸夏之地
	九懷	歷廣漠兮馳騖，覽中國兮朕冥冥。	諸夏之地
	九思	迫中國兮方惬，吾欲之兮九夷。	諸夏之地
穆天子傳	卷二	天子於是取嘉禾以歸，樹于中國。	國中
周禮	秋官大司寇	其能改者，反于中國，不歲三年；其不能改而出圜土者殺。	國中
禮記	檀弓	今之大夫交政於中國，雖欲勿哭，焉得而弗哭。	國中
	中庸	是以聲名洋溢乎中國。施及蠻貊。	諸夏之地
	王制	中國戎夷，五方之民，皆有性也，不可推移。	諸夏之地 中央之國
	王制	中國夷蠻戎狄，皆有安居、和味、宜服、利用、備器。	諸夏之地 中央之國
	樂記	天子夾振之而駟伐，盛威於中國也。	諸夏之地
	大學	惟人人放流之，迸諸四夷不與同中國。	諸夏之地
爾雅	釋地	此四方中國之異氣也。	諸夏之地

戰國策	秦策二	對日：中國無事於秦，則秦且燒爇，獲君之國。中國爲有事於秦，則秦且輕使重幣而事君之國也。	諸夏之地
	秦策三	今韓魏中國之處而天下之樞也。王若欲霸，必親中國而以爲天下樞，以威楚趙。	諸夏之地
	秦策四	王破楚，於以肥韓魏於中國而勁齊韓魏之強，足以校於秦矣。	諸夏之地
	齊策三	故秦得齊，則權重於中國；趙魏楚得齊，則足以敵秦。	諸夏之地
	楚策三	楚王日，楚僻陋之國也，未嘗見中國之女如此其美也。	諸夏之地
	楚策三	今君相萬乘之楚，禦中國之難，所欲者不成，所求者不得，臣得少也。	諸夏之地
	趙策二	臣聞之：中國者，聰明睿知之所居也，萬物財用之所聚也，賢聖之所教也，仁義之所施也，詩書禮樂之所用也，異敏技藝之所試也，遠方之服，變古之教，易古之道，逆人之心，畔學者，離中國，臣願大王圖之。	諸夏之地
	趙策二	儒者一師而禮異，中國同俗而教離。	諸夏之地
	趙策二	順中國之俗，以逆簡襄之意；惡變服之名，而忘國事之恥。	諸夏之地
	趙策二	中國不近蠻夷之行，非所以教民而成禮者也。	諸夏之地
	趙策四	天下爭秦，秦王受負，海內之國合，負親之交以據中國，而求利於三晉，是秦之一舉也。	諸夏之地
	燕策二	且夫宋，中國膏腴之地，鄰民之所處也。與其得百里於燕，不如得十里於宋。	諸夏之地
呂氏春秋	仲秋紀·簡選	東征至於庳廬、西戎至於巴蜀，北迫齊晉，令行中國。	諸夏之地
	有始覽·聽言	夫流於海者，行之旬月，見似人者而喜矣。及其期年，見其所嘗見物於中國者而喜矣。夫去人滋久，而思人滋深歟。	國中
	離俗覽·高義	義翟何必越，雖於中國亦可。	諸夏之地
黃帝四經	經法·六分	在強國削，在中國破，在小國亡。謀臣（在）外立（位）者，命日逆成，國將不寧；在強國危，在中國削，在小國破。主失立（位），臣不失處，命日外根，將與禍閵（鄰）；在強國憂，在中國危，在小國削。主失立（位），臣失處，命日无本，上下无根，國將大損；在強國破，在中國亡，在小國咸（滅）。主暴臣亂，命日大芒（荒），外戎內戎，天將降央（殃）；國无小大，又（有）者（滅）亡。主，男女分威，命日大麋（迷），國中有師；在強國破，在中國亡，在小國咸（滅）。	中等之國

孫臏兵法	見威王	堯有天下之時，黜王命而弗行者七，夷有二，中國四。	諸夏之地
列子	湯問	南國之人祝髮而裸，北國之人鞨巾而裘，中國之人冠冕而裳。	諸夏之地
	湯問	周穆王西巡狩，越崑崙不（丘）至弇山反，還未及中國，道有獻工人名偃師，穆王薦之。	國中
吳子	料敵	三晉者，中國也。其性和，其政平，其民疲於戰，習於兵，輕其將，薄其祿，士無死志，故治而不用。	諸夏之地
尸子	卷上	夫吳越之國，以臣妾爲殉，中國聞而非之。	諸夏之地
	卷下	程，中國謂之豹，越人謂之貘。	諸夏之地
	卷下	至中國，覆十萬之師，解三千之圍。	國中
鶡冠子	王鈇	方若所言，未有離中國之正也。	諸夏之地

第三章　傳世文獻中的四方概念

　　所謂「四方」，是指「東、南、西、北」四個方向，地球的自轉運動反映在人們的知覺中，成爲日月星辰的視運動，於是確定日出之方爲東，日落之方爲西，面向東方左爲北，右爲南，面向西方則左爲南，右爲北，在天體的觀察及地理的分野上，大範圍的方向定位是從觀察太陽的視運動而得來（其實是地球繞太陽運動），日出爲東，日落爲西，乃至後來的「黃道十二宮」（太陽在天空中視運動的軌跡分爲十二等次），「日出而作，日入而息」架構出先民生活的規律，方位定準由天體而來，緣繫著四時農作而鋪排成空間與時間的佈局，這是宏觀的方向概念；至於較小範圍的方向，往往帶有較大的相對性和變動性，難以說清楚某個方向一定是在哪兒，這就需要先確定「參照點」，有了「參照點」，上下四方、前後左右才是相對於作爲「參照點」的某人或某物而言的具體方向。「中國」一詞起源自青銅器銘文，在殷商卜辭中亦有「中商」、「大邑商」之詞，在《詩經》的詩篇裏，「中國」常常與四方所相對出現，基於文獻的考察，我們認爲，這些地方出現的「中國」，事實上是一個「參照點」，「中國」指的是權力中心所在的京師，那麼與其相對出現的「四方」往往就是指王權所達的國境及人民；「中國」若是指王權所達的國境之內區域，那麼，與其相對出現的「四方」則是指更遠地區的疆土；「中國」一詞若是帶有「夷夏之辨」的文化意味，指稱諸夏所居的中原之地，那麼，與其相對出現的「四方」往往就是指「蠻貊之邦」；所以，我們認爲，「中國」在這些文獻裏，是一個「參照點」的地位，至於「四方」，則隨著參照點，引申出表示各個地方、全國各地、各地的人，各諸侯國的意思，有時這些意思還交混爲一體。《詩·小雅·何草不黃》：「何草不黃，何日不行，何人不將，經營四方。」這個「四方」大體上是指除都城以外的地方。《詩·大雅·皇矣》中出現四次「四方」：「皇矣上帝，臨下有赫。監臨四方，求民之

莫」，「四方以無侮」，「四方以無拂」，「受祿無喪，奄有四方」，這些「四方」所指不盡相同，有的兼指四方之地、四方之人，或四方之國，四方表示全國或天下各地之意一直沿用到近代。

　　本章所要探討的「四方概念」，不在於「四方」的引申義，而是回到方位「東、南、西、北」之用法上去探討傳世文獻中的「四方」方位觀，以及由方位觀演生出來的方位概念，希望能藉由文獻上所記載的「東、南、西、北」四方方位，得窺中國方位觀念演變初期的脈絡。

第一節　經典中的四方概念——十三經經文中的「四方」關係

　　為了能夠直接探求「東、南、西、北」四方在文獻上的對應情況和關係，本文以十三經為對象，統籌先秦以來，至秦漢之際及漢代初期，「東、南、西、北」方位並列出現的情形而制作〈十三經「東、南、西、北」四方關係原文一覽表〉。原文中，四方同時出現者方為援引的目標，至於「東、南、西、北」作個別方向出現時，如：《儀禮》中大量的「西嚮」「北嚮」及某物在某物之東等，類似的方向詞則不在援引之列。

　　表一：十三經「東、南、西、北」四方關係原文一覽表（頁碼出處以台北：藝文印書館【十三經注疏本】為主）

出處	原文	頁碼
周易	坤：元亨，利牝馬之貞。君子有攸往，先迷後得主，利。西南得朋，東北喪朋。安貞吉。〔卦辭〕	16
周易	蹇：利西南，不利東北。利見大人，貞吉。〔卦辭〕〈象〉曰：蹇，難也，險在前也。見險而能止，知矣哉！蹇利西南，往得中也；不利東北，其道窮也。	90
周易	帝出乎震，齊乎巽，相見乎離，致役乎坤，說言乎兌，戰乎乾，勞乎坎，成言乎艮。萬物出乎震，震，東方也。「齊乎巽」，巽，東南也。齊也者，言萬物之絜齊也。離也者，明也，萬物皆相見，南方之卦也；聖人南面而聽天下，嚮明而治，蓋取諸此也。坤也者，地也，萬物皆致養焉，故曰「致役乎坤」。兌，正秋也，萬物之所說也，故曰「說言乎兌」。「戰乎乾」，乾，西北之卦也，言陰陽相薄也。坎者，水也，正北方之卦也；勞卦也，萬物之所歸也，故曰「勞乎坎」。艮，東北之卦也，萬物之所成終而所成始也，故曰「成言乎艮」。〈說卦〉	183

尚書	歲二月，東巡守，至于岱宗，……五月，南巡守，至于南岳，如岱禮。八月，西巡守，至于西岳，如初。十有一月，朔巡守，至于北岳，如西禮。歸，格于藝祖，用特。〈舜典〉	34
尚書	乃葛伯仇餉，初征自葛，東征西夷怨，南征北狄怨。〈仲虺之誥〉	101
詩經	東有啓明，西有長庚。有捄天畢，載施之行。維南有箕，不可以簸揚；維北有斗，不可以挹酒漿。維南有箕，載翕其舌；維北有斗，西柄之揭。〈小雅、大東〉	437
詩經	王公伊濯，維豐之垣。四方攸同，王后維翰。王后烝哉！豐水東注，維禹之績。四方攸同，皇王維辟。皇王烝哉！鎬京辟廱，自西自東，自南自北，無思不服。皇王烝哉！〈大雅、文王有聲〉	581
周禮	以土圭之法測土深、正日景，以求地中。日南則景短多暑，日北則景長多寒，日東則景夕多風，日西則景朝多陰。日至之景，尺有五寸，謂之地中：天地之所合也，四時之所交也，風雨之所會也，陰陽之所和也。然則百物阜安，乃建王國焉，制其畿，方千里而封樹之。〈地官司徒職〉	152
周禮	以玉作六器，以禮天地四方：以蒼璧禮天，以黃琮禮地，以青圭禮東方，以赤璋禮南方，以白琥禮西方，以玄璜禮北方。皆有牲幣，各放其器之色。以天產作陰德，以中禮防之。以地產作陽德，以和樂防之。以禮樂合天地之化、百物之產，以事鬼神，以諧萬民，以致百物。〈春官大宗伯職〉	278
周禮	龜人：掌六龜之屬，各有名物。天龜曰靈屬，地龜曰繹屬，東龜曰果屬，西龜曰雷屬，南龜曰獵屬，北龜曰若屬。各以其方之色與其體辨之。〈春官宗伯第三〉	373
周禮	職方氏：……乃辨九州之國，使同貫利：東南曰揚州，其山鎮曰會稽，其澤藪曰具區，……正南曰荊州，其山鎮曰衡山，其澤藪曰雲瞢，……河南曰豫州，其山鎮曰華山，其澤藪曰圃田，……正東曰青州，其山鎮曰沂山，其澤藪曰望諸，……河東曰兗州，其山鎮曰岱山，其澤藪曰大野，……正西曰雍州，其山鎮曰嶽山，其澤藪曰弦蒲，……東北曰幽州，其山鎮曰醫無閭，其澤藪曰貕養，……河內曰冀州，其山鎮曰霍山，其澤藪曰楊紆，……正北曰并州，其山鎮曰恒山，其澤藪曰昭餘祁，……〈夏官司馬第四〉	498
周禮	韋氏。裘氏。畫繢之事：雜五色。東方謂之青，南方謂之赤，西方謂之白，北方謂之黑，天謂之玄，地謂之黃。〈冬官考工記第六〉	621
周禮	匠人：……周人明堂，度九尺之筵，東西九筵，南北七筵，堂崇一筵。〈冬官考工記第六〉	642
儀禮	諸侯覲于天子，為宮方三百步，四門，壇十有尋，深四尺，加方明于其上。方明者木也。方四尺，設六色：東方青，南方赤，西方白，北方黑，上玄，下黃。設六玉：上圭，下璧，南方璋，西方琥，北方璜，東方圭。……出，拜日於東門之外，反祀方明。禮日於南門外，禮月與四瀆於北門外，禮山川丘陵於西門外。〈覲禮第十〉	327

儀禮	子不私其父,則不成為子,故有東宮,有西宮,有南宮,有北宮,異居而同財,有餘則歸之宗,不足則資之宗。〈喪服第十一〉	355
禮記	席:南鄉北鄉,以西方為上;東鄉西鄉,以南方為上。〈曲禮上第一〉	33
禮記	其在東夷、北狄、西戎、南蠻,雖大,曰子。於內自稱曰不穀,於外自稱曰王老。〈曲禮下第二〉	81
禮記	孔子既得合葬於防,曰:「吾聞之:古也墓而不墳;今丘也,東西南北人也,不可以弗識也。」〈檀弓上第三〉	111
禮記	歲二月,東巡守至于岱宗,柴而望祀山川;……南巡守至于南嶽,如東巡守之禮。八月,西巡守至于西嶽,如南巡守之禮。十有一月,北巡守至于北嶽,如西巡守之禮。歸,假于祖禰,用特。〈王制第五〉	222
禮記	中國戎夷,五方之民,皆有其性也,不可推移。東方曰夷,被髮文身,有不火食者矣。南方曰蠻,雕題交趾,有不火食者矣。西方曰戎,被髮衣皮,有不粒食者矣。北方曰狄,衣羽毛穴居,有不粒食者矣。中國、夷、蠻、戎、狄,皆有安居、和味、宜服、利用、備器,五方之民,言語不通,嗜欲不同。達其志,通其欲:東方曰寄,南方曰象,西方曰狄鞮,北方曰譯。〈王制第五〉	247
禮記	自恆山至於南河,千里而近;自南河至於江,千里而近。自江至於衡山,千里而遙;自東河至於東海,千里而遙。自東河至於西河,千里而近;自西河至於流沙,千里而遙。西不盡流沙,南不盡衡山,東不近東海,北不盡恆山,凡四海之內,斷長補短,方三千里,為田八十萬億一萬億畝。〈王制第五〉	267
禮記	曾子曰:「夫孝,置之而塞乎天地,溥之而橫乎四海,施諸後世而無朝夕,推而放諸東海而準,推而放諸西海而準,推而放諸南海而準,推而放諸北海而準。《詩》云:『自西自東,自南自北,無思不服。』此之謂也。」〈祭義第二四〉	621
禮記	天地嚴凝之氣,始於西南,而盛於西北,此天地之尊嚴氣也,此天地之義氣也。天地溫厚之氣,始於東北,而盛於東南,此天地之盛德氣也,此天地之仁氣也。主人者尊賓,故坐賓於西北,而坐介於西南以輔賓,賓者接人以義者也,故坐於西北。主人者,接人以德厚者也,故坐於東南。而坐僎於東北,以輔主人也。〈鄉飲酒義第四五〉	1005
禮記	賓必南鄉。東方者春,春之為言蠢也,產萬物者聖也。南方者夏,夏之為言假也,養之、長之、假之,仁也。西方者秋,秋之為言愁也,愁之以時察,守義者也。北方者冬,冬之言中也,中者藏也。是以天子之立也,左聖鄉仁,右義偝藏也。介必東鄉,介賓主也。主人必居東方,東方者春,春之為言蠢也,產萬物者也;主人者造之,產萬物者也。〈鄉飲酒義第四五〉	1008
左傳	管仲對曰:「昔召康公命我先君大公曰:『五侯九伯,女實征之,以夾輔周室!』賜我先君履,東至于海,西至于河,南至于穆陵,北至于無棣。爾貢苞茅不入,王祭不共,無以縮酒,寡人是徵。昭王南征而不復,寡人是問。」〈僖公四年〉	201

左傳	子展曰：「與其莫往，弱，不猶愈乎？《詩》云：『王事靡盬，不遑啓處。』東西南北，誰敢寧處？堅事晉、楚，以蕃王室也。王事無曠，何常之有？」遂使印段如周。〈襄公二九年〉	666
左傳	王使詹桓伯辭於晉曰：「我自夏以后稷，魏、駘、芮、岐、畢，吾西土也。及武王克商，蒲姑、商奄，吾東土也；巴、濮、楚、鄧，吾南土也；肅愼、燕、亳，吾北土也。吾何邇封之有？」〈昭公九年〉	778
公羊傳	公子鱄辭曰：「夫負羈縶，執鈇鑕，從君東西南北，則是臣僕庶孽之事也。若夫約言爲信，則非臣僕庶孽之所敢與也。」〈襄公三年〉	264
孝經	孝悌之至，通於神明，光于四海，無所不通。《詩》云：『自西自東，自南自北，無思不服。』〈感應章・第十六〉	48
爾雅	宮謂之室，室謂之宮。牖戶之間謂之扆，其內謂之家，東西牆謂之序，西南隅謂之奧，西北隅謂之屋漏，東北隅謂之宦，東南隅謂之窔。〈釋宮第五〉	72
爾雅	南風謂之凱風，東風謂之谷風，北風謂之涼風，西風謂之泰風。〈釋天第八〉	96
爾雅	東陵阠，南陵息愼，西陵威夷，中陵朱滕，北陵西隃。〈釋地第九〉	110
爾雅	東方之美者，有醫無閭之珣玗琪焉。東南之美者，有會稽之竹箭焉。南方之美者，有梁山之犀象焉。西南之美者，有華山之金石焉。西方之美者，有霍山之多珠玉焉。西北之美者，有崑崙虛之璆琳琅玕焉。北方之美者，有幽都之筋角焉。東北之美者，有斥山之文皮焉。〈釋地第九〉	111
爾雅	東方有比目魚焉，不比不行，其名謂之鰈。南方有比翼鳥焉，不比不飛，其名謂之鶼鶼。西方有比肩獸焉，與邛邛岠虛比，爲邛邛岠虛，齧甘草，即有難；邛邛岠虛負而走，其名謂之蹷。北方有比肩民焉，迭食而迭望，中有枳首蛇焉。此四方中國之異氣也。五方。〈釋地第九〉	111
爾雅	東至於泰遠，西至於邠國，南至於濮鈆，北至於祝栗，謂之四極。觚竹、北戶、西王母、日下，謂之四荒。九夷、八狄、七戎、六蠻，謂之四海。岠齊州以南，戴日爲丹穴，北戴斗極爲空桐，東至日所出爲大平，西至日所入爲大蒙。大平之人仁、丹穴之人智、大蒙之人信、空桐之人武。四極。〈釋地第九〉	112
爾雅	河南，華。河西，嶽。河東，岱。河北，恆。江南，衡。〈釋山第十一〉	116
爾雅	山西曰夕陽，山東曰朝陽。泰山爲東嶽，華山爲西嶽，霍山爲南嶽，恆山爲北嶽，嵩高爲中嶽。〈釋山第十一〉	117
爾雅	伊、洛而南素質，五采皆備成章曰翬；江、淮而南青質，五采皆備成章曰鷂。南方曰焉，東方曰鶝，北方曰鶒，西方曰鶝。〈釋鳥第十七〉	186

孟子	孟子對曰：「臣聞七十里爲政於天下者，湯是也。未聞以千里畏人者也。《書》曰：『湯一征，自葛始。』天下信之。『東面而征，西夷怨；南面而征，北狄怨。曰：奚爲後我？』民望之，若大旱之望雲霓也。」〈梁惠王下〉	43
孟子	孟子曰：「以力假仁者霸，霸必有大國；以德行仁者王，王不待大，湯以七十里，文王以百里。以力服人者，非心服也，力不贍也；以德服人者，中心悅而誠服也，如七十子之服孔子。《詩》云：『自西自東，自南自北，無思不服』，此之謂也。」〈公孫丑上〉	55
孟子	湯始征，自葛載。十一征而無敵於天下。東面而征，西夷怨；南面而征，北狄怨，曰：『奚爲後我？』民之望之若大旱之望雨也。〈滕文公下〉	110
孟子	有人曰：『我善爲陳，我善爲戰』，大罪也。國君好仁，天下無敵焉，南面而征北夷怨，東面而征西夷怨，曰：『奚爲後我？』〈盡心下〉	249

一、「四方」運用於疆域土地

四方與四土的意義本來是有差別的，「四土」指東、南、西、北四個方面的土地，四方指東、南、西、北四個方向，但是在卜辭中，「四方」與「四土」的意念已經相結合。陳夢家氏在《殷虛卜辭綜述》（頁319）指出：「與四方或四土相對待的大邑或商，可以設想爲處於四方或四土之中的商之都邑。大邑或商實指一個範圍的土地，即都邑所在的土地，故與之相對的四方或四土亦實指一個範圍更爲廣大的土地區域。」四方與四土的結合，在十三經經文中亦有所體現：

《詩經・大雅・文王有聲》：「四方攸同……鎬京辟廱，自西自東，自南自北，無思不服。」

《禮記・祭義》：「曾子曰：『夫孝，置之而塞乎天地，溥之而橫乎四海……推而放諸東海而準，推而放諸西海而準，推而放諸南海而準，推而放諸北海而準。』」

《左傳・襄公二九年》：「子展曰：『與其莫往，弱，不猶愈乎？……東西南北，誰敢寧處？』」

《左傳・昭公九年》：「王使詹桓伯辭於晉曰：『我自夏以后稷，魏、駘、芮、歧、畢，吾西土也。及武王克商，薄姑、商奄，吾東土也；巴、濮、楚、鄧，吾南土也；肅慎、燕、亳，吾北土也。吾何邇封之有？』」

《公羊傳・襄公三年》：「公子轉辭曰：『夫負羈縶，執鈇鑕，從君東

西南北，則是臣僕庶孽之事也。……』」

四方也被用來列舉說明疆域之極限，如：「東至于海，西至于河，南至於穆陵，北至于無棣。」（《左傳‧僖公四年》）、「東至於泰遠，西至於邠國，南至於濮鉛，北至於祝栗，謂之四極。」（《爾雅‧釋地第九》），「四方」既與「四土」相結合，我們由文獻上也可看到，巡守之禮亦是依「四方」來進行，如《尚書‧舜典》：

> 歲二月，東巡守，至于岱宗……五月，南巡守，至于南岳……八月，
> 西巡守，至于西岳……十有一月，朔巡守，至于北岳。

類似的文字，亦見於《禮記‧王制》，我們似乎還可注意到：每隔三月一巡守，二月、五月、八月、十一月的巡守次序是按照「東、南、西、北」的次序進行，雖然從《尚書》及《禮記》的原文仍看不出與「五行說」的直接關係，但是卻可以發現，每隔三月一巡守的時令，是配合著春、夏、秋、冬的季節，而「東、南、西、北」的方位次序，其與季節的配應，正好與五行系統中的五方配應相合。

本文也注意到，《周禮‧夏官‧職方氏》職下提出「九州之國」，其云：

> 乃辨九州之國，使同貫利：東南曰揚州……正南曰荊州……河南曰
> 豫州……正東曰青州……河東曰兗州……正西曰雍州……東北曰幽
> 州……河內曰冀州……正北曰并州……。

和《尚書‧禹貢》相較，除了〈禹貢〉九州之州名略有差異外，似乎還應注意到，〈禹貢〉九州並未言明方位，而只是指出地理位置及各地土宜：

> 禹別九州，隨山濬川，任土作貢……冀州既載，壺口治梁及支，既
> 修太原至于岳陽，覃懷底績至于衡漳，厥土惟白壤……濟、河惟兗
> 州，九河既道，雷夏既澤，灉沮會同，桑土既蠶，是降丘宅土，厥
> 土黑墳……海岱及淮惟徐州，淮沂其乂，蒙羽其藝，大野既豬，東
> 原底平，厥土赤埴……淮海惟揚州，彭蠡既豬，陽鳥攸居，三江既
> 入，震澤底定……荊及衡陽惟荊州，江漢朝宗于海，九江孔殷，沱
> 潛既道，雲夢作乂，厥土惟塗泥……荊河惟豫州，伊洛瀍澗既入于
> 河，滎波既豬，導菏澤被孟豬，厥土惟壤下土墳壚……浮于洛，達
> 于河，華陽、黑水惟梁州，岷嶓既藝，沱潛既道，蔡蒙旅平，和夷
> 底績，厥土青黎……黑水、西河惟雍州，弱水既西，涇屬渭汭，漆
> 沮既從，灃水攸同，荊岐既旅，終南惇物至于鳥鼠……。《尚書‧禹
> 貢》（十三經注疏本‧頁77～86。）

〈禹貢〉鉅細靡遺地說明九州的地理位置及各地的土宜物產,《周禮‧夏官‧職方氏》則指出來「九州」的方位,除了「正東、正南、正西、正北」之外,並且以大自然的山川為方位的參照點,言「河南、河東、河內」,雖然只有言「東南、東北」而未言「西南、西北」,但是,可以看出來《周禮》職方氏的資料是在八方概念興起後的產物,並以「正東、正南、正西、正北、河南、河東、河內、東南、東北」為九州之畫分,其間並未指明何者為「中央」,顯然地,《周禮》的九州方位裏,並未納入「中」為方位,其資料之時代應在《尚書‧禹貢》九州之後,已有八方概念,「中央」方位運用於地理分野之前。

《爾雅‧釋地》云:

> 岠齊州以南,戴日為丹穴,北戴斗極為空桐,東至日所出為大平,西至日所入為大蒙。大平之人仁、丹穴之人智、大蒙之人信、空桐之人武。

以「東、南、西、北」言四方之極為「大平、丹穴、大蒙、空桐」,並與道德相配合言四方之人的特性。董仲舒《春秋繁露‧五行相生》說:

> 東方,木,司農,尚仁。
>
> 南方,火,司馬,尚智。
>
> 中央,土,司營,尚信。
>
> 西方,金,司徒,尚義。
>
> 北方,水,司寇,尚禮。

《爾雅》「東至日所出為大平」、「大平之人仁」正與東方木尚仁一致。「丹穴之人智」亦與南方火,司馬尚智一致。「大蒙之人信,空桐之人武」雖與《春秋繁露》不同,但是以方位與道德相配合這一點卻是一致的。《爾雅》的資料只言四方,《春秋繁露》則增以「中央」而為五方,因此,從以道德言方位這個角度看來,《爾雅‧釋地》的這一段資料,應較《春秋繁露》來得早,而《春秋繁露》「五行相生」之說顯然本諸於「往舊造說」。

二、「四方」運用於天體觀察

「四方」概念不只是與「四土」結合,作地理的分野而已,觀乎文獻,我們可以知道「東、南、西、北」的方向定位也運用在天文星象的觀察。

《詩經‧小雅‧大東》云:「東有啟明,西有長庚……維南有箕,不可以簸揚;維北有斗,不可以挹酒漿。」啟明、長庚是太白星(金星)視運動軌

跡的不同稱呼，〈大東〉所言是太白星在東方、及西方天空出現時有不同的名
稱，分別是啟明與長庚，至於箕星，在二十八星宿中是屬於東方七星之一，
斗星則是北方七星之一，〈大東〉分別根據它們的名稱而賦予文學聯想的趣
味：雖名為「箕」，實為天上星宿，故不可以簸揚，雖名為「斗」，實質上「不
可以挹酒漿」，我們可以注意到，此處的「東、西、南、北」指的不是地上的
疆域，而是天體在星空中所出現的位置。

　　此外，《周禮・地官・司徒》職提到「土圭之法」以測日景，云：「日南
則景短多暑，日北則景長多寒，日東則景夕多風，日西則景朝多陰。」立土
圭，正日景，其實是觀察太陽視運動對日景的影響，太陽出現在天空中「東、
南、西、北」的不同位置，代表不同的時令，投射到置於不同地點的土圭之
上，所造成的日景便長短有異，根據日景的長度可以預測各地氣候的變化，
因此，藉著太陽的視運動及各地所立的土圭景長的關係，可以找出「百物阜
安」適合營建王城的「地中」；這裏的「東、南、西、北」是指太陽視運動劃
過天空的軌跡而言。

三、「四方」的新詮釋

　　「東、南、西、北」四方被貼上「吉凶悔吝」的詮釋標籤，是見於《周
易》，《周易・坤卦》卦辭云：「西、南得朋，東、北喪朋，安貞吉。」〈蹇卦〉
卦辭亦云：「蹇利西、南，往得中也；不利東、北，其道窮也。」兩處經文都
是利於西、南，而不利於東、北，我們雖看不出方位與休咎的配合，這其中
有什麼必要的因素，但是可以確定的是，作為占卜問筮用的《易經》已經把
方位列入吉凶悔吝的考慮要件。

　　值得一提的是，這裏的「西南」與「東北」，本文主張應將其逗開，也就
是指的是「西方」與「南方」，「東方」與「北方」，而不是「西南方」、「東北
方」（四隅），因為，從傳世文獻來看，「八方」的出現皆在較晚期的資料上，
以十三經為例，「八方」觀念的出現是在《易傳》、《爾雅》、《禮記》的經文上，
至於其它處的經文所見，如《詩經》、《左傳》、《尚書》等，皆只見「四方」
觀念之列舉，所以，我們有必要正視《易經》的「經」、「傳」在時代上早晚
區隔的問題，卦辭所言屬於經文，應是八方概念尚未成形的時代，因此，本
文主張「西、南得朋」、「利西、南」，應是指「西方」與「南方」，而不是指
「西南方」一隅，「東、北喪朋」、「不利東、北」，應是指「東方」與「北方」，

而不是指「東北方」。

　　以哲學的論點來詮釋「八卦」方位，則見於《易傳‧說卦》，〈說卦傳〉以宇宙萬物演化的方式來說明八卦的特性是「帝出乎震，齊乎巽，相見乎離，致役乎坤，說言乎兌，戰乎乾，勞乎坎，成言乎艮」，而認為：「萬物出乎震，震，東方也」、「巽，東南也，齊也者，言萬物之絜齊也」、「離也者，明也，萬物皆相見，南方之卦也」、「坤也者，地也，萬物皆致養焉」、「兌，正秋也，萬物之所說也」、「乾、西北之卦也，言陰陽相薄也」、「坎者，水也，正北方之卦也……萬物之所歸也」、「艮，東北之卦也，萬物之所成終而所成始也」，〈說卦傳〉從萬物生成現象，結合方位去解釋八卦，方位與萬物生成的配應雖然看不出有什麼必然條件存在，但是我們可以知道，〈說卦傳〉從宇宙論的觀點賦予方位新的意義。

四、五方之民、天地六合、與八方土宜

　　「四方」與「四土」結合，指四邊的蠻貊之邦，而與指稱諸夏所居之地的「中國」相對，其淵源由來已久，但是在十三經的經文中，明言「東夷、北狄、西戎、南蠻」，將四方與蠻夷民族的稱號結合，卻始見於《禮記‧曲禮》，而在《禮記‧王制》中並進一步將「中國」與四方戎夷並稱為「五方」：

> 中國戎夷，五方之民，皆有其性也，不可推移。東方曰夷……南方曰蠻……西方曰戎……北方曰狄……中國、夷、蠻、戎、狄皆有安居……五方之民，言語不通，嗜欲不同。

將「中」列為方位而與「東、南、西、北」並稱的說法亦見於《爾雅》，在〈釋地〉有云：

> 東陵阢，南陵息慎，西陵威夷，中陵朱滕，北陵西隃。

〈釋山〉中亦曰：

> 泰山為東嶽，華山為西嶽，霍山為南嶽，恆山為北嶽，嵩高為中嶽。

標列「五方」的做法，我們認為是戰國中晚期以後，秦漢之際陰陽五行說盛行以後的產物，這一點從十三經經文中，只有《禮記》、《爾雅》明列「五方」為專名，可以得到若干印證。值得一提的是，在「五方」專名出現之前，也就是四方在與「中」並列為方位之前，似乎有一段時間，四方是與「天、地」（上、下）並稱的，也就是所謂的「六合」（天、地、東、南、西、北），〔註1〕《儀

〔註1〕「六合」之名，見於《莊子‧齊物論》：「六合之外，聖人存而不論。」《淮南

禮・覲禮》中，諸侯覲于天子，爲宮方三百步，並設「方明之木」，有六色曰：
「東方青，南方赤、西方白、北方黑，上玄，下黃。」並設六玉：「上圭、下璧、
南方璋、西方琥、北方璜、東方圭。」我們覺得好奇的是，所謂的「六色」，其
與方位的配應：「東青、南赤、西白、北黑」與後來的系統五行說裏方位與顏色
的配應一致，但是並沒有五行說裏的「中央黃」，《儀禮》中所言是「上玄、下
黃」，從前後文來判定其「上、下」，應是指「天、地」而言，《儀禮》中的這項
資料顯然是五行說納入顏色配應之前的文獻（因爲尚未有「中央黃」納入），本
文因此懷疑，在「中」被納入爲「五方」專名之前，「四方」是先與「天、地」
（上、下）並稱爲「六合」的。「天、地」與「四方」並稱的資料，除了《儀禮》
之外，亦見於《周禮》。

　　《周禮・春官・大宗伯》職下云：

　　　　以玉作六器，以禮天地四方：以蒼璧禮天，以黃琮禮地，以青圭禮

　　　　東方，以赤璋禮南方，以白琥禮西方，以玄璜禮北方。

玉的品類與《儀禮》略有差異，但是顏色配應卻一致，同樣與五行說相合，
只是方位不是「東、南、西、北、中」，而是「天、地、四方」。

　　在《春官・龜人》職下，有「六龜」之名目，並談到「各以其方之色與其
體辨之」，「六龜」分別是「天龜曰靈屬，地龜曰繹屬，東龜曰果屬，西龜曰雷
屬，南龜曰獵屬，北龜曰若屬」，一樣是「天、地」與「東、西、南、北」合稱。

　　《冬官・考工記》言韋氏、裘氏之職，掌「畫繢之事：雜五色。東方謂
之青，南方謂之赤，西方謂之白，北方謂之黑，天謂之玄，地謂之黃。」顏
色的配應與《儀禮・覲禮》一致，方位也同樣是「天、地」與「四方」合稱。

　　「五方」應是方位被納入系統五行說之後才產生的名稱，由顏色的配應
來看，我們相信系統五行說是按照往昔舊說改造而成，在先秦的文獻裏常常
可以看到五行說系統配應之前資料淵源的痕跡，由這些痕跡，我們亦可以看
出在方位被納入五行說之前，也就是「五方」名稱起源之前，「東、南、西、
北」四方有和「天、地」（上、下）並稱的習慣。

　　至於「八方」概念，在十三經經文中，除了出現在《易傳・說卦》之外，
也見於《禮記》及《爾雅》。《禮記・鄉飲酒義》指出：

　　　　天地嚴凝之氣，始於西南，而盛於西北，此天地之尊嚴氣也，此天

───────────────────────────────

　　子・地形》亦有言：「地之所載，六合之間、四極之內，照之以日月，經之以
　　星辰，紀之以四時，要之以太歲。」

地之義氣也。天地溫厚之氣，始於東北，而盛於東南，此天地之盛
德氣也，此天地之仁氣也。主人者尊賓，故坐賓於西北，而坐介於
西南以輔賓，賓者接人以義者也，故坐於西北。主人者，接人以德
厚者也，故坐於東南，而坐僎於東北，以輔主人也。

《禮記・鄉飲酒義》以道德配合氣化論，來闡釋方位的意義，認爲：「天地嚴
凝之氣，始於西南，而盛於西北」、「天地溫厚之氣，始於東北，而盛於東南」
並以「嚴凝之氣」配「義」，「溫厚之氣」配「仁」，而由此引申出鄉飲酒禮中，
賓、主、介、僎的位置分別是西北、東南、西南、東北。這裏我們可以看出，
以氣化論來解釋方位，同時也是結合了道德的配應，這裏的「方位」講究已
經應用於人事的應對進退，作爲舉止得宜的尺寸標準；而氣之所生的「西南、
西北、東南、東北」是所謂的「四隅」，合之以「東、南、西、北」四方，即
是「八方」（四方、四隅）。

《爾雅》中所出現的「八方」概念，則是用以列舉各地的物產之宜。《爾
雅・釋地》云：

東方之美者，有醫無閭之珣玗琪焉；東南之美者，有會稽之竹箭
焉；南方之美者，有梁山之犀象焉；西南之美者，有華山之金石
焉；西方之美者，有霍山之多珠玉焉；西北之美者，有崑崙虛之
璆琳琅玕焉；北方之美者，有幽都之筋角焉；東北之美者，有斥
山之文皮焉。

《爾雅・釋宮》亦云：

東西牆謂之序，西南隅謂之奧，西北隅謂之屋漏，東北隅謂之宧，
東南隅謂之窔。

《爾雅》提出宮室四隅之名稱，可見當時方位觀念已普遍運用在生活之中；
十三經經文中，「八方」（東、南、西、北、東南、東北、西南、西北）只出
現在《易傳》、《禮記》、《爾雅》，〔註2〕這些戰國中晚期以後才成書的文獻上。

〔註2〕 歐陽修《詩本義》云：「《爾雅》非聖人之書，不能無失。考其文理，乃是秦
漢之間，學《詩》者纂集詩博士解詁」。朱熹《朱子語錄》云：「《爾雅》是取
傳注以作，後人卻以《爾雅》證傳注」。
歐陽修、朱熹，他們認爲《爾雅》這部書，是秦漢年間的學者，纂集前人的
解詁和傳注，編集而成的。主編《四庫全書》的紀昀很贊同這個說法，在《四
庫全書總目提要》中，列舉了《爾雅》中的文字，與《楚辭》、《莊子》、《列
子》、《穆天子傳》、《管子》、《呂氏春秋》、《山海經》、《尸子》、《國語》中相
同的文字，用來證明《爾雅》是採取諸書訓詁所編成的。

五、結　語

由十三經經文中，「東、南、西、北」方位字的整理，我們可以歸納十三經經文中，「方位」的相關概念如下：

（一）沿襲由卜辭以來，「四方」與「四土」意念的結合，「四方」常被用來列舉說明疆域之極限，如：《左傳·僖公四年》：「東至于海，西至于河，南至於穆陵，北至于無棣」。

（二）由《尚書·舜典》、《禮記·王制》所載，每隔三個月一次的巡守之禮，是按照「東、南、西、北」四方的次序，配合春、夏、秋、冬的季節而進行。

（三）《尚書·禹貢》記載了九州的地理位置及土宜，但未言及方位，《周禮·夏官·職方氏》則指出「九州」的方位，以「正東、正南、正西、正北、河南、河東、河內、東南、東北」為九州之畫分，其間並未納入「中」為方位，可見《周禮》九州其資料之時代應在《尚書·禹貢》九州之後，已有八方概念，然而「中央」方位尚未運用於地理分野之前。

（四）《爾雅·釋地》以「東、南、西、北」言四方之極，並與道德相配合，言四方之人的特性；漢儒董仲舒倡言「天人感應」，亦以方位與道德相配合，然而《爾雅》以道德言方位，只云四方，《春秋繁露》則增以「中央」而為五方，因此，《春秋繁露》以道德言方位並非創始，蓋亦有所本。

（五）《詩經·小雅·大東》分別根據星宿名稱而賦予文學聯想的趣味，所言的「東、西、南、北」指的不是地上的疆域，而是天體在星空中出現的位置。《周禮·地官·司徒》職提到「土圭之法」以測日景，立土圭，正日景，其實是觀察太陽視運動對日景的影響，經文中的「東、南、西、北」是指太陽視運動劃過天空的軌跡而言，觀乎文獻，我們可以知道「東、南、西、北」的方向定位也運用在天文星象的觀察。

（六）《周易》以吉凶悔吝重新詮釋「東、南、西、北」四方，而《易傳·說卦》則以宇宙萬物演化的方式來說明八卦的特性；從萬物生成的現象，結合方位去解釋八卦，〈說卦傳〉從宇宙論的觀點賦予方位新的意義。

（七）十三經經文中，明言「東夷、北狄、西戎、南蠻」，將四方與蠻夷

《爾雅》的名稱，出現在典籍之中，最早見於《大戴禮記》；趙岐《孟子注·孟子題辭》云：「孝文皇帝欲廣游學之路，《論語》、《孝經》、《孟子》、《爾雅》，皆置博士」。可見漢文帝時期，《爾雅》已列於學官之中。

民族的稱號結合，見於《禮記‧曲禮》；在《禮記‧王制》中才始見「中國」與四方戎夷並稱為「五方」。

（八）從《儀禮‧覲禮》、《周禮‧春官》等文獻發現，在「中」與四方並列為「五方」之前，文獻資料中，「東、南、西、北」四方有和「天、地」（上、下）並稱的習慣；亦即：在「五方」專稱之前，「四方」先和「天地」並稱為「六合」。

（九）十三經經文中，「八方」（東、南、西、北、東南、東北、西南、西北）只出現在《易傳》、《禮記》、《爾雅》，這些戰國中晚期以後才成書的文獻上。《易傳》以宇宙論結合八卦來詮釋「八方」；《禮記》則在〈鄉飲酒義〉以道德配合氣化論，引申出鄉飲酒禮中，賓、主、介、僎的位置分別是西北、東南、西南、東北，不僅顯現了「八方」的方位觀，還可以看出，「方位」講究已經應用於人事的應對進退，作為舉止得宜的尺寸標準；《爾雅》中所出現的「八方」概念，則是用以列舉各地的物產之宜，以及宮室四隅之名稱，可見當時方位觀念已普遍運用在生活之中。

第二節　先秦諸子文獻中的「四方」概念

為了直接探討「東、南、西、北」四方在文獻上的出現情況和對應關係，本文除了以十三經經文作蒐察之外，也採用上海書店所印行的《諸子集成》為版本，擷取其中秦漢以前之文獻，作為蒐羅的對象，整理出〈先秦諸子「東、西、南、北」四方關係原文一覽表〉，原文中，四方同時出現者方為援引的目標，至於「東、南、西、北」作個別方向出現時，如「東向」、「門西」一類的方向詞則不在援引之列。

表二：先秦諸子「東、西、南、北」四方關係原文一覽表（頁碼出處以上海：上海書店【諸子集成】為主）

出　處	原　　文	頁碼
荀子	四海之內若一家，通達之屬莫不從服。夫是之謂人師。詩曰：『自西自東，自南自北，無思不服。』此之謂也。〈儒效篇第八〉	76
荀子	北海則有走馬吠犬焉，然而中國得而畜使之。南海則有羽翮、齒革、曾青、丹干焉，然而中國得而財之。東海則有紫紶、魚鹽焉，然而中國得而衣食之。西海則有皮革、文旄焉，然而中國得而用之。〈王制篇第九〉	102

荀子	詩曰：『自西自東，自南自北，無思不服。』此之謂也。王者有誅而無戰，城守不攻，兵格不擊，上下相喜則慶之，不屠城，不潛軍，不留眾，師不越時。〈議兵篇第十五〉	184
莊子	父母於子，東西南北，唯命之從。陰陽於人，不翅於父母；彼近吾死而我不聽，我則悍矣，彼何罪焉！夫大塊載我以形，勞我以生，佚我以老，息我以死。故善吾生者，乃所以善吾死也。〈大宗師第六〉	43
列子	殷湯曰：「然則上下八方有極盡乎？」革曰：「不知也。」湯固問。革曰：「無則無極，有則有盡，朕何以知之？然無極之外，復無無極，無盡之中，復無無盡。無極復無無極，無盡復無無盡。朕以是知其無極無盡也。而不知其有極有盡也。」湯又問曰：「四海之外奚有？」革曰：「猶齊州也。」湯曰：「汝奚以實之？」革曰：「朕東行至營，人民猶是也。問營之東，復猶營也。西行至豳，人民猶是也。問豳之西，復猶豳也。朕以是知四海四荒四極之不異是也。故大小相含，無窮極也。含萬物者，亦如含天地。含萬物也，故不窮。含天地也，故無極。朕亦焉知天地之表，不有大天地者乎？亦吾所不知也。然則天地亦物也，物有不足，故昔者女媧氏練五色石以補其闕，斷鼇之足以立四極。其後共工氏與顓頊爭爲帝，怒而觸不周之山，折天柱，絕地維；故天傾西北，日月星辰就焉；地不滿東南，故百川水潦歸焉。」〈湯問第五〉	51
列子	西極之南隅有國焉，不知境界之所接，名古莽之國。陰陽之氣所不交，故寒暑亡辨；日月之光所不照，故晝夜亡辨。其民不食不衣而多眠，五旬一覺，以夢中所爲者實，覺之所見者妄。四海之齊，謂中央之國，跨河南北，越岱東西，萬有餘里；其陰陽之審度，故一寒一暑；昏明之分察，故一晝一夜。〈周穆王第三〉	35
列子	南國之人祝髮而裸，北國之人鞨巾而裘，中國之人冠冕而裳。九土所資，或農或商，或田或漁；如冬裘夏葛，水舟陸車。默而得之，性而成之。越之東有輒木之國，其長子生，則鮮而食之，謂之宜弟。其大父死，負其大母而棄之，曰：「鬼妻，不可以同居處。」楚之南有啖人之國，其親戚死，剮其肉而棄之，然後埋其骨，迺成爲孝子。秦之西有儀渠之國者，其親戚死，聚柴積而焚之，燻則煙上，謂之登遐，然後成爲孝子。此上以爲政，下以爲俗，而未足爲異也。〈湯問第五〉	57
墨子	古者禹治天下，西爲西河漁竇，以泄渠孫皇之水；北爲防原泒，注后之邸，嘑池之竇，洒爲底柱鑿爲龍門，以利燕、代、胡、貉與西河之民；東方漏之陸防孟諸之澤，灑爲九澮，以楗東土之水，以利冀州之民；南爲江、漢、淮、汝，東流之，注五湖之處，以利荊、楚、干、越與南夷之民。此言禹之事，吾今行兼矣。〈兼愛中第十五〉	67

墨子	飾攻戰者言曰：「南則荊、吳之王，北則齊、晉之君，始封於天下之時，其土地之方，未至有數百里也；人徒之眾，未至有數十萬人也。以攻戰之故，土地之博至有數千里也；人徒之眾至有數百萬人。故當攻戰而不可爲也。」子墨子言曰：「雖四五國則得利焉，猶謂之非行道也。……古者封國於天下，尚者以耳之所聞，近者以目之所見，以攻戰亡者，不可勝數。何以知其然也？東方自莒之國者，其爲國甚小，閒於大國之閒，不敬事於大，大國亦弗之從而愛利。是以東者越人夾削其壞地，西者齊人兼而有之。計莒之所以亡於齊越之間者，以是攻戰也。雖南者陳、蔡，其所以亡於吳越之閒者，亦以攻戰。雖北者且不一箸何，其所以亡於燕、代、胡、貉之閒者，亦以攻戰也。」〈非攻中第十八〉	84
墨子	古者堯治天下，南撫交阯，北降幽都，東西至日出所出入，莫不賓服。〈節用中第二十一〉	102
墨子	昔者夏后開使蜚廉折金於山川，而陶鑄之於昆吾；是使翁難雉乙卜於白若之龜，曰：『鼎成三足而方，不炊而自烹，不舉而自臧，不遷而自行，以祭於昆吾之虛，上鄉』！乙又言兆之由曰：『饗矣！逢逢白雲，一南一北，一西一東，九鼎既成，遷於三國。』夏后氏失之，殷人受之；殷人失之，周人受之。夏后、殷、周之相受也，數百歲矣。〈耕柱第四十六〉	254
墨子	子墨子北之齊，遇日者。日者曰：「帝以今日殺黑龍於北方，而先生之色黑，不可以北。」子墨子不聽，遂北，至淄水，不遂而反焉。日者曰：「我謂先生不可以北。」子墨子曰：「南之人不得北，北之人不得南，其色有黑者有白者，何故皆不遂也？且帝以甲乙殺青龍於東方，以丙丁殺赤龍於南方，以庚辛殺白龍於西方，以壬癸殺黑龍於北方，若用子之言，則是禁天下之行者也。是圍心而虛天下也，子之言不可用也。」〈貴義第四十七〉	270
墨子	敵以東方來，迎之東壇，壇高八尺，堂密八。年八十者八人，主祭青旗。青神長八尺者八，弩八，八發而止。將服必青，其牲以雞。敵以南方來，迎之南壇，壇高七尺，堂密七，年七十者七人，主祭赤旗，赤神長七尺者七。弩七，七發而止。將服必赤，其牲以狗。敵以西方來，迎之西壇，壇高九尺，堂密九。年九十者九人，主祭白旗。素神長九尺者九，弩九，九發而止。將服必白，其牲以羊。敵以北方來，迎之北壇，壇高六尺，堂密六。年六十者六人主祭黑旗。黑神長六尺者六，弩六，六發而止。將服必黑，其牲以彘。從外宅諸名大祠，靈巫或禱焉，給禱牲。〈迎敵祠第六十八〉	339
管子	桓公曰：「甲兵大足矣，吾欲南伐，何主？」管子對曰：「以魯爲主，反其侵地常潛。……」桓公曰：「吾欲西伐，何主。」管子對曰：「以衛爲之，反其侵地吉臺原姑與柒里，……」桓公曰：「吾欲北伐，何主？」管子對曰：「以燕爲主，反其侵地柴夫吠狗，……」四鄰大親。既反其侵地，正其封疆，地南至於岱陰，西至於濟，	125

	北至於海，東至於隨，地方三百六十里，三歲治定，四歲教成，五歲兵出，有教士三萬人，革車八百乘，諸侯多沈亂不服於天子，於是乎桓公東救徐州，分吳半，存魯蔡陵，割越地，南據宋鄭，征伐楚。……北伐山戎，制泠友，斬孤竹，而九夷始聽，海濱諸侯，莫不來服。西征，攘白狄之地，遂至于西河。方舟投柎乘桴濟河，至于石沈。縣車束馬，踰大行與卑耳之貉，拘秦夏，西服流沙西虞而秦戎始從。故兵一出而大功十二。故東夷、西戎、南蠻、北狄、中國諸侯，莫不賓服，與諸侯飾牲爲載書以誓，要於上下薦神。然後率天下定周室，大朝諸侯於陽穀，故兵車之會六，乘車之會三，九合諸侯，一匡天下，甲不解壘，兵不解翳。受弢無弓，服無矢，寢武事，行文道，以朝天子。〈小匡第二十〉	
管子	昔者黃帝得蚩尤而明於天道，得大常而察於地利，得奢龍而辯於東方，得祝融而辯於南方，得大封而辯於西方，得后土而辯於北方，黃帝得六相而天地治，神明至，蚩尤明乎天道，故使爲當時。大常察乎地利，故使爲廩者。奢龍辯乎東方，故使爲土師。祝融辯乎南方，故使爲司徒，大封辯於西方，故使爲司馬。后土辯乎北方，故使爲李，是故春者土師也，夏者司徒也，秋者司馬也，多者李也。〈五行第四十一〉	241
管子	桓公曰：「寡人北伐山戎，過孤竹，西伐大夏，涉流沙，束馬懸車，上卑耳之山。南伐至召陵，登熊耳山，以望江漢。兵車之會三，而乘車之會六，九合諸侯，一匡天下，諸侯莫違我。昔三代受命，亦何以異乎？」〈封禪第五十〉	273
管子	桓公曰：「水可扼而使東西南北及高乎？」管仲對曰：「可。夫水之性，以高走下，則疾，至於漂石。……」〈度地第五十七〉	304
管子	玉起於禺氏，金起於汝漢，珠起於赤野，東西南北，距周七千八百里，水絕壤斷，舟車不能通，先王爲其途之遠，其至之難，故託用於其重，以珠玉爲上幣，以黃金爲中幣，以刀布爲下幣；三幣，握之則非有補於煖也，食之則非有補於飽也，先王以守財物，以御民事，而平天下也。〈國蓄第七十三〉	362
管子	桓公問管子曰：「今有海內，縣諸侯，則國勢不用已乎。」管子對曰：「今以諸侯爲千公州之飾，以乘四時，行捫牢之筴。以東西南北相彼，用平而准，……王者鄉州以時察之，故利不相傾，縣死其所，君守大奉一，謂之國簿。」〈山至數第七十六〉	372
管子	桓公曰：「地數可得聞乎？」管子對曰：「地之東西二萬八千里，南北二萬六千里，其出水者八千里，受水者八千里，出銅之山四百六十七山，出鐵之山三千六百九山，此之所以分壤樹穀也。戈矛之所發，刀幣之所起也，能者有餘，拙者不足。封於泰山，禪於梁父。封禪之王，七十二家，得失之數，皆在此內，是謂國用。」〈地數第七十七〉	382

管子	百乘之國，中而立市，東西南北度五十里，一日定慮，二日定載，三日出境，五日而反，百乘之制，輕重毋過五日。……千乘之國，中而立市，東西南北度百五十餘里，二日定慮，三日定載，五日出竟，十日而反。千乘之制，輕重毋過一旬，……萬乘之國，中而立市，東西南北度五百里，三日定慮，五日定載，十日出竟，二十日而反。〈揆度第七十八〉	387
管子	桓公曰：「皮幹角之徵甚重，重籍於民，而貴市之，皮幹角，非爲國之數也。」管子對曰：「請以令高杠柴池，使東西不相睹，南北不相見。」桓公曰：「諾。」行事期年，而皮幹角之徵去分，民之藉去分。桓公召管子而問曰：「此何故也？」管子對曰：「杠池平之時，夫妻服簟，輕至百里；今高杠柴池，東西南北不相睹，天酸然雨，十人之力不能上；廣澤遇雨，十人之力不可得而恃……。」〈輕重甲第八十〉	390
管子	桓公曰：「天下之朝夕可定乎？」管子對曰：「終身不定。」桓公曰：「其不定之說可得聞乎？」管子對曰：「地之東西二萬八千里，南北二萬六千里，天子中而立，國之四面，萬有餘里，民之入正籍者，亦萬有餘里，故有百倍之力而不至者，有十倍之力而不至者。……」〈輕重乙第八十一〉	403
管子	管子對曰：「請使賓胥無馳而南，隰朋馳而北，甯戚馳而東，鮑叔馳而西，四子之行定，夷吾請號令謂四子曰：『子皆爲我君視四方稱貸之閒，其受息之氓幾何千家，以報吾。』」鮑叔馳而西，反報曰：「西方之氓者，帶濟負河，菹澤之萌也，……」賓胥無馳而南，反報曰：「南方之萌者，山居谷處，登降之萌也，……」甯戚馳而東，反報曰：「東方之萌，帶山負海，若處，上斷福，漁獵之萌也，……」隰朋馳而北，反報曰：「北方之萌者，衍處負海，煮沛爲鹽，梁濟取魚之萌也。……」〈輕重丁第八十三〉	408
韓非子	往者齊南破荊，東破宋，西服秦，北破燕，中使韓、魏，土地廣而兵強，戰剋攻取，詔令天下。〈初見秦第一〉	2
韓非子	吳起爲魏武侯西河之守，秦有小亭臨境，吳起欲攻之。不去，則甚害田者；去之，則不足以徵甲兵。於是乃倚一車轅於北門之外而令之曰：「有能徙此南門之外者賜之上田上宅。」人莫之徙也，及有徙者，還，賜之如令。俄又置一石赤菽東門之外而令之曰：「有能徙此於西門之外者賜之如初。」人爭徙之。乃下令曰：「明日且攻亭，有能先登者，仕之國大夫，賜之上田宅。」人爭趨之，於是攻亭一朝而拔之。〈內儲說上七術第三十〉	171
吳子	武侯謂吳起曰：「今秦脅吾西，楚帶吾南，趙衝吾北，齊臨吾東，燕絕吾後，韓據吾前。六國兵四守，勢甚不便。憂此奈何？」起對曰：「夫安國家之道，先戒爲寶，今君已戒，禍其遠矣。臣請論六國之俗：夫齊陳重而不堅，秦陳散而自鬥，楚陳整而不久，燕陳守而不走，三晉陳治而不用。〈料敵第二〉	3

呂氏春秋	周文王立國八年，歲六月，文王寢疾，五日而地動，東西南北不出國郊。〈季夏紀第六〉	60
呂氏春秋	天有九野，地有九州，上有九山，山有九塞，澤有九藪，風有八等，水有六川。何謂九野？中央曰鈞天，其星角、亢、氐。東方曰蒼天，其星房、心、尾。東北曰變天，其星箕、斗、牽牛。北方曰玄天，其星婺女、虛、危、營室。西北曰幽天，其星東壁、奎、婁。西方曰顥天，其星胃、昴、畢。西南曰朱天，其星觜巂、參、東井。南方曰炎天，其星輿鬼、柳、七星。東南曰陽天，其星張、翼、軫。何謂九州？河、漢之閒為豫州，周也。兩河之閒為冀州，晉也。河、濟之閒為兗州，衛也。東方為青州，齊也。泗上為徐州，魯也。東南為揚州，越也。南方為荊州，楚也。西方為雍州，秦也。北方為幽州，燕也。〈有始覽第十三〉	124
呂氏春秋	何謂八風？東北曰炎風，東方曰滔風，東南曰熏風，南方曰巨風，西南曰凄風，西方曰飂風，西北曰厲風，北方曰寒風。〈有始覽第十三〉	125
呂氏春秋	凡四海之內，東西二萬八千里，南北二萬六千里，水道八千里，受水者亦八千里，通谷六，名川六百，陸注三千，小水萬數。凡四極之內，東西五億有九萬七千里，南北亦五億有九萬七千里。極星與天俱游，而天極不移。〈有始覽第十三〉	126
呂氏春秋	〈去尤〉三曰————世之聽者多有所尤，多有所尤，則聽必悖矣。所以尤者多故，其要必因人所喜與因人所惡，東面望者不見西牆，南鄉視者不睹北方，意有所在也。〈有始覽第十三〉	128
呂氏春秋	耳目心智其所以知識甚闕，其所以聞見甚淺，以淺闕博居天下、安殊俗、治萬民，其說固不行，十里之間而耳不能聞，帷牆之外而目不能見，三畝之宮而心不能知。其以東至開梧、南撫多鷃、西服壽麋、北懷儋耳，若之何哉？故君人者不可不察此言也。〈審分覽第十七〉	204
呂氏春秋	故古之王者，德迴乎天地，澹乎四海，東西南北，極日月之所燭，天覆地載，愛思不臧，虛素以公，小民皆其之敵而不知其所以然，此之謂順天。〈離俗覽第十九〉	241
呂氏春秋	天子至貴也，天下至富也，彭祖至壽也，誠無欲則是三者不足以勸。輿隸至賤也，無立錐之地至貧也，殤子至夭也，誠無欲則是三者不足以禁。會有一欲，則北至大夏，南至北戶，西至三危，東至扶木，不敢亂矣。〈離俗覽第十九〉	248
呂氏春秋	非濱之東，夷、穢之鄉，大解、陵魚、其、鹿野、搖山、揚島、大人之居，多無君；揚、漢之南，百越之際，敝凱諸、夫風、餘靡之地，縛婁、陽禺、驩兜之國，多無君；氐、羌、呼唐、離水之西，僰人、野人、篇笮之川，舟人、送龍、突人之鄉，多無君；鴈門之北，鷹隼、所鷙、須窺之國，饕餮、窮奇之地，叔逆之所，儋耳之居，多無君；此四方之無君者也。〈恃君覽第二十〉	255

| 呂氏春秋 | 禹東至榑木之地，日出九津、青羌之野，攢樹之所，揆天之山，鳥谷、青丘之鄉，黑齒之國；南至交阯、孫樸、續橫之國，丹粟、漆樹、沸水、漂漂、九陽之山，羽人、裸民之處，不死之鄉；西至三危之國，巫山之下，飲露、吸氣之民，積金之山，共肱、一臂、三面之鄉；北至人正之國，夏海之窮，衡山之上，大戎之國，夸父之野，禺彊之所，積水、積石之山。〈慎行論第二十二〉 | 292 |

一、明確四方疆土

在先秦諸子的文獻裏，除了《荀子》引用《詩》云：「自西自東，自南自北，無思不服。」的「四土」概念外，我們可以發現，或許是基於世局混亂，征戰不斷的影響，對於「四方」疆土的界說，往往是標舉出明確的地名作界限。如《墨子‧兼愛》中：

> 古者禹治天下，西爲西河漁竇，以泄渠孫皇之水；北爲防原泒……
> 以利燕、代、胡、貉與西河之民；東方漏之陸防孟諸之澤……以利
> 冀州之民；南爲江、漢、淮、汝……以利荊、楚、干、越與南夷之
> 民。

以大禹治水爲例，分別列舉西、北、東、南四方各有濬疏之利的地區。在〈耕柱〉亦提到：「古者堯治治天下，南撫交阯，北降幽都，東西至日所出入，莫不賓服。」也是明確地指出南方交阯，北方幽都。《管子‧小匡》亦有記載：

> 正其封疆，地南至於岱陰，西至於濟，北至於海，東至於隨，地方
> 三百六十里，三歲治定，四歲教成……。

可見當時對於疆域的界定，已不再是四方籠統的說法，對於地理山川的相關位置，亦有了一定程度的掌握。《韓非子》有云：

> 往者齊南破荊，東破宋，西服秦，北破燕，中使韓、魏，土地廣而
> 兵強，戰剋攻取，詔令天下。

對於四方，清楚地標舉各所在之國名，很明顯地，造成這樣趨勢的原因，是基於富國強兵的需要，東周以來，周文疲敝，周天子對各諸侯國不再有制衡的力量，各國之間爲了生存所需，必須知己知彼，方能百戰百勝，攻無不克，《墨子‧非攻》提到飾攻戰者與墨子的對話：

> 飾攻戰者言曰：「南則荊、吳之王，北則齊、晉之君，始封於天下之
> 時，其土地之方，未至有數百里也……。」子墨子言曰：「……以攻
> 戰亡者，不可勝數……東方自莒之國者，其爲國甚小，閒於大國之

　　　　閭，不敬事於大……是以東者越人夾削其壞地，西者齊人兼而有之。
　　　　計莒之所以亡於齊越之間者，以是攻戰也。雖南者陳、蔡，其所以
　　　　亡於吳越之間者，亦以攻戰。雖北者且不一著何，其所以亡於燕、
　　　　代、胡、貊之間者，亦以攻戰也。」

姑且不論主張攻戰者與墨子的對辯孰是孰非，我們由這段對話可以看出，因
為攻戰的關係，當時人對於四方位置究竟分布有哪些國家，顯然瞭若指掌，
四方被明確地指稱以列國之名，和各國攻戰之頻繁、來往之密切有不可分之
關係。在《管子》書中甚至明確地指出四方之「地數」，〈地數〉云：「桓公
曰：『地數可得聞乎？』管子對曰：『地之東西二萬八千里，南北二萬六千
里……。』」〈輕重乙〉也同樣說：「地之東西二萬八千里，南北二萬六千里，
天子中而立，國之四面，萬有餘里，民之入正籍者，亦萬有餘里……。」我
們當然不能以今日的度量單位去換算《管子》所云之「地數」，甚至對於「東
西二萬八千里」、「南北二萬六千里」的數據，我們也保持存疑，但是對於試
圖用具體數據去含概四方的土地，則反映出當時代「四方」結合「地理分野」
的概念已非常具體化。《管子‧揆度》甚至還計算出往返四方國境的日程：

　　　　百乘之國，中而立市，東西南北度五十里……五日出竟，十日而
　　　　反……萬乘之國，中而立市，東西南北度五百里……十日出竟，二
　　　　十日而反。

四方結合「地理疆土」而明確化，可見一斑。

　　《吳子‧料敵》還指出：

　　　　武侯謂吳起曰：『公秦脅吾西，楚帶吾南，趙衝吾北，齊臨吾東，燕
　　　　絕吾後，韓據吾前，六國兵四守，勢甚不便』。

除了以秦為西，楚為南，趙為北，齊為東外，值得令人注意的是，魏武侯以
在北方的燕為後，以居魏國南方的韓為前，正是面南背北的格局，與馬王堆
出土的漢墓帛書「駐軍圖」相合，在「駐軍圖」上面清楚書寫著「南」字，
由字的寫法可知其圖亦為面南背北（上南下北），〔註3〕這種「面南背北」
的格式，可以反映出秦漢之際行軍駐紮的方位指稱概念（詳見下頁圖一、圖
二）。

〔註3〕　見圖一，《文物》1976 年 1 期，「馬王堆帛書駐軍圖」。

圖一　馬王堆三號漢墓出土帛書《駐軍圖》（復原圖）

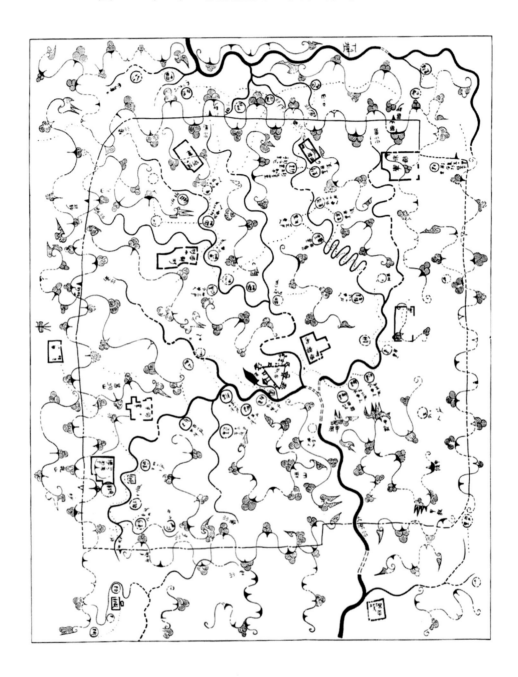

圖二　馬王堆三號漢墓出土帛書《駐軍圖》

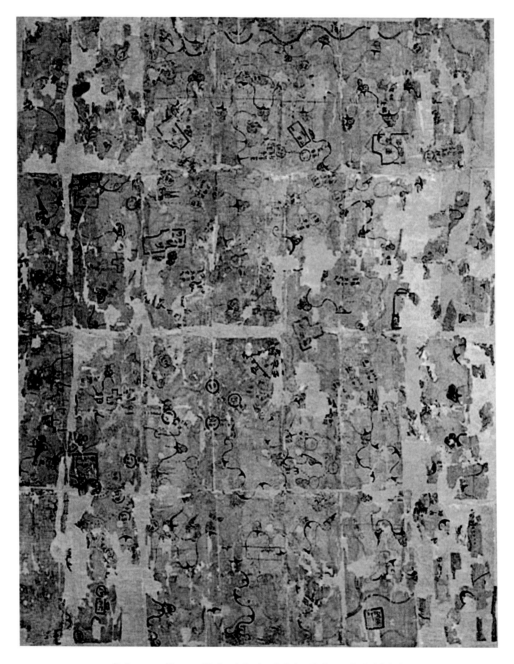

高九八、寬七八釐米（上南下北）圖中細線爲拼合縫

二、中國之文化高於四邦

《列子・周穆王》指出所謂的「中央之國」：

> 四海之齊，謂中央之國，跨河南北，越岱東西，萬有餘里；其陰陽
> 之審度，故一寒一暑；昏明之分際，故一晝一夜。

《管子・小匡》也將蠻、夷、戎、狄與四方合稱，並與「中國」一起出現：「兵
一出而大功十二，故東夷、西戎、南蠻、北狄、中國諸侯，莫不賓服。」觀
乎《列子》所言的「中央之國」位居「跨河南北，越岱東西，萬有餘里」之
地，正是《管子》所言的「中國諸侯」所居的中原地區，據《列子》所言，
中央之國已懂得陰陽寒暑之審度，晝夜昏明之分際，其文明程度顯然高過四
海地區，同樣之意，亦見於〈湯問〉：「南國之人祝髮而裸，北國之人鞨巾而
裘，中國之人冠冕而裳。」言下之意，中國的文化程度是高於南國、北國的；
《荀子・王制》云：

> 北海則有走馬吠犬焉，然而中國得而畜使之。南海則有羽翮、齒革、
> 曾青、丹干焉，然而中國得而財之。東海則有紫紶、魚鹽焉，然而
> 中國得而衣食之。西海則有皮革、文旄焉，然而中國得而用之。

回顧《列子》所云：「四海之齊，謂中央之國」，《荀子》則列出四海的物產而
標舉中國之民懂得畜使財用物產來豐厚衣食，此處的「中國」不僅有「中央
之國」的含義，更突顯了中國的文明進展的確高出四海之邦。

三、方位之拘忌

前文提到，在《爾雅》中曾經詳細地區分「東西牆謂之序，西南隅謂之奧，
西北隅謂之屋漏，東北隅謂之宧，東南隅謂之窔」，既然有宮室四隅的名目，可
見當時方位觀念已經普遍運用在生活之中。其實，在《墨子》就已經可以看到
方位的觀念在生活中的運用，甚至還有各種拘忌的產生。《墨子・貴義》：

> 子墨子北之齊，遇日者。日者曰：「帝以今日殺黑龍於北方，而先生
> 之色墨，不可以北。」子墨子不聽，遂北，至淄水，不遂而反焉。
> 日者曰：「我謂先生不可以北。」子墨子曰：「南之人不得北，北之
> 人不得南，其色有黑者有白者，何故皆不遂也？且帝以甲乙殺青龍
> 於東方，以丙丁殺赤龍於南方，以庚辛殺白龍於西方，以壬癸殺黑
> 龍於北方，若用子之言，則是禁天下之行者也。是圍心而虛天下也，
> 子之言不可用也。」

從墨子和占候天時的日者的對話，可知東與青、南與赤、西與白、北與黑相
配應之說，於其時已盛行，日者並且由顏色的關係，甚而主張在方位上宜有
所拘忌，還進一步提出天干紀日的配應，有壬癸之日，帝殺墨龍於北方，故
色黑之人於壬癸之日不宜北往，違者之時運將不順遂的說法；在墨子的回答
裏，我們可以清楚地知道，「甲乙——青——東方」，「丙丁——赤——南方」，
「庚辛——白——西方」，「壬癸——黑——北方」，這樣的組合一定是當時所
普遍流行的概念，這種組合雖然與系統五行說相合，但是在墨子的答話裏，
並沒有將這種組合與五行說的基礎：「金、木、水、火、土」相連繫；我們只
能說，天干與顏色、方位的組合，在〈貴義〉作者的時代已經普遍，但是卻
無由證明，方位已經與系統五行說相結合；方位與系統五行說若是已經結合，
那麼，便是已有「五方」專名的出現。在墨子的答話裏，只引用了「東、南、
西、北」四方，那麼，當時代〈貴義〉的這段文字，是否是系統五行說影響
下的觀念呢？答案乍看之下似乎爲否定。但是這裏有一條很重要的線索，不
容忽視，就是天干與方位的配應，天干是「甲、乙、丙、丁、戊、己、庚、
辛、壬、癸」，其排列有順序性，十天干若兩兩爲一組，共可分爲五組，這五
組裏，居中位的是「戊己」，在墨子的話裏，我們雖然只看到「東、南、西、
北」四方，但是在所列的天干中，我們看到了「甲乙、丙丁、庚辛、壬癸」，
卻獨缺居中的「戊己」，再審視墨子與日者的對話，日者反對墨子往北方前行，
墨子才列舉「四方」之行以說明拘忌之不可盡信，墨子未列舉「中」，因爲「中」
是參照點，由「中」出發，也就是由自己的所在地爲言，而前往所在之地的
「東、南、西、北」，所以，墨子所言的「四方」是根據所在地爲參照點而言，
因此，只列出行「四方」，而沒有講出「中」的必要，也因此在天干的配應上，
獨缺「居中」的「戊己」；從天干的順序配應，我們可以知道當時代，也就是
〈貴義〉作者的時代，「五方」已經存在。五方與天干的配應，亦見於《呂氏
春秋》十二紀、《禮記・月令》、《淮南子・天文》；《呂氏春秋》、《禮記》於三
春皆曰：「其日甲乙」，於三夏皆曰：「其日丙丁」，於三秋皆曰：「其日庚辛」，
於三多皆曰：「其日壬癸」，於季夏則曰：「其日戊己」，爲節省篇幅，在此茲
不贅引其原文，而以《淮南子・天文》爲代表說明，其文如下：

> 東方木也，其帝太皞，其佐句芒，執規而治春，其神爲歲星，其獸
> 蒼龍，其音角，其日甲乙。
>
> 南方火也，其帝炎帝，其佐朱明，執衡而治夏，其神爲熒惑，其獸

> 朱鳥，其音徵，其日丙丁。
>
> 中央土也，其帝黃帝，其佐后土，執繩而制四方，其神爲鎮星，其
> 獸黃龍，其音宮，其日戊己。
>
> 西方金也，其帝少昊，其佐蓐收，執矩而治秋，其神爲太白，其獸
> 白虎，其音商，其日庚辛。
>
> 北方水也，其帝顓頊，其佐玄冥，執權而治冬，其神爲辰星，其獸
> 玄武，其音羽，其日壬癸。

由此可見，方位之拘忌，實與系統五行說關係密切。除了前引〈貴義〉外，《墨子・迎敵祠》也述及方位之拘忌配應，而對此配應之信仰，於拘忌之外，更及於用兵、祭祀：

> 敵以東方來，迎之東壇，壇高八尺，堂密八。年八十者八人，主祭
> 青旗。青神長八尺者八，弩八，八發而止。將服必青，其牲以雞。
>
> 敵以南方來，迎之南壇，壇高七尺，堂密七，年七十者七人，主祭
> 赤旗，赤神長七尺者七，弩七，七發而止。將服必赤，其牲以狗。
>
> 敵以西方來，迎之西壇，壇高九尺，堂密九，年九十者九人，主祭
> 白旗，素神長九尺者九，弩九，九發而止。將服必白，其牲以羊。
>
> 敵以北方來，迎之北壇，壇高六尺，堂密六，年六十者六人，主祭
> 黑旗，黑神長六尺者六，弩六，六發而止。將服必黑，其牲以彘。
>
> 從外宅諸名大祠，靈巫或禱焉，給禱牲。

用兵遵循方位、顏色之配應的記載，並見於《禮記・曲禮上》與《淮南子・兵略》。〈曲禮上〉曰：「行前朱鳥而後玄武，左青龍而右白虎。」〈兵略〉云：「左青龍，右白虎，前朱雀，後玄武。」這裏「前、後、左、右」的方位，不禁使人聯想到馬王堆漢墓帛書「駐軍圖」（同註 2，見圖一），行軍駐紮所採用的「面南背北」的方位格式，以「面南背北」的方位而言，南爲前，北爲後，左爲東，右爲西，那麼，用兵與方位、顏色的配應就是「南——朱雀」、「北——玄武」、「東——青龍」、「西——白虎」，正與系統五行說相合；而此處也可以呼應，「中」由令旗而來之本義，以軍權發號施令的旗幟所在，居行軍之中。至於祭祀禮儀中，方位的拘忌，亦同見於《周禮》，《周禮・春官・大宗伯》云：

> 以玉作六器，以禮天地四方：以蒼璧禮天，以黃琮禮地，以青圭禮
> 東方，以赤璋禮南方，以白琥禮西方，以玄璜禮北方，皆有牲、幣，

> 各放其器之色。

禮儀中不僅玉器、牲、幣有規定，並且依照顏色各自配應於方位，這都可以看出關於方位的種種拘忌。

四、四方之官制

《管子・五行》提到「黃帝得六相而天地治」，所謂「六相」是指六個人名，分別是蚩尤、大常、奢龍、祝融、大封、后土，此六相乃得自於天地、四方：

> 昔者黃帝得蚩尤而明於天道，得大常而察於地利，得奢龍而辯於東方，得祝融而辯於南方，得大封而辯於西方，得后土而辯於北方，黃帝得六相而天地治，神明治，蚩尤明乎天道，故使爲當時；大常察乎地利，故使爲廩者。奢龍辯乎東方，故使爲土師。祝融辯於南方，故使爲司徒，大封辯於西方，故使爲司馬；后土辯於北方，故使爲李，是故春者土師也，夏者司徒也，秋者司馬也，冬者李也。

此處是以黃帝爲主，加上天地、四方所得之「六相」來治理天下，其文曰「奢龍辯乎東方，故使爲土師」，可見「東方——土師」有一定的配應關係，其餘「南方——司徒」、「西方——司馬」、「北方——李」也都有配應關係，同時，由這段文字還可以看出來，四方之官制，與季節也是相配的，所謂「春者土師也，夏者司徒也，秋者司馬也，冬者李也」，這段文字對於四方之官的職掌並沒有詳加說明，而「司徒」、「司馬」的官名，雖然與《周禮》相同，但是與《周禮》「天地春夏秋冬」六官之配屬，「地官司徒」、「夏官司馬」顯然並不一致。

五、「八方」地理現象之觀察

在《列子・湯問》中，湯問於革：「上下八方有極盡乎？」革以一段頗富玄思的話來回答：「無極之外，復無無極，無盡之中，復無無盡，無極復無無極，無盡復無無盡。」並總結以「無則無極，有則有盡」。革的話語，大意是從極盡界限的定義不同而說，認爲如果以小範圍的地理疆界來講，地理是有極盡之處可言的，但如果從大範圍的地理範疇來說，「天外有天，地外有地」，那麼，就可以說是「無極」，湯又繼續問：「四海之外奚有？」、「汝奚以實之？」革則回答：

東行至營，人民猶是也。問營之東，復猶營也……朕以是知四海四荒

四極之不異是也。故大小相含，無窮極也，含萬物者，亦如含天地，

含萬物也，故不窮。含天地也，故無極。朕亦焉知天地之表，不有大

天地者乎？……故昔者女媧氏練五色石以補其闕，斷鼇之足以立四

極。其後共工氏與顓頊爭爲帝，怒而觸不周之山，折天柱，絕地維；

故天傾西北，日月星辰就焉；地不滿東南，故百川水潦歸焉。

由革的答話可以看出來，〈湯問〉作者的時代對四海、四荒、四極，已存著「大
小相含」的層遞漸次觀念，至於不可眼見的八方之極，則賦予神話傳說的解
釋，從「折天柱、絕地維」的神話，反映出當時代的人對於八方地理現象之
觀察，已經細微到「西北高、東南低」的地勢；《列子》一書雖然晚出，但是，
我們相信其中的部分資料，是沿襲秦漢以來的說法，關於八方地理的考察，
類似的文字亦見於《內經・素問》（詳參本章第三節），便是一項證明。

六、八　風

《呂氏春秋・有始覽》：

何謂八風？東北曰炎風，東方曰滔風，東南曰熏風，南方曰巨風，

西南曰淒風，西方曰飂風，西北曰厲風，北方曰寒風。

顯然地，「八風」是指八方之風，根據四方四隅，對於不同方向的來風予以不
同的命名。對於「八風」，《淮南子・地形》也有類似的說法，認爲「天地之
間，九州八極，土有九山……風有八等，水有六品」，它說「八風」是「東北
曰炎風，東方曰條風，東南曰景風，南方曰巨風，西南曰涼風，西方曰飂風，
西北曰麗風，北方曰寒風」，除了「滔風」作「條風」，「熏風」作「景風」，「淒
風」作「涼風」，「厲風」作「麗風」之外，二者並無二致。

八方之風名，另有差異較大的不同說法，見於《淮南子；天文》及《黃
帝內經・靈樞・九宮八風》，《淮南子・天文》云：

距日冬至四十五日，條風至；條風至四十五日，明庶風至；明庶風

至四十五日，清明風至；清明風至四十五日，景風至；景風至四十

五日，涼風至；涼風至四十五日，閶闔風至；閶闔風至四十五日，

不周風至；不周風至四十五日，廣莫風至。

《淮南子・天文》將「八風」與時令相結合，從冬至之後四十五天開始算起，
每隔四十五日，風向即改變，從高誘注可以知道，其風向的順序分別是「東

北——條風」、「東——明庶風」、「東南——清明風」、「南——景風」、「西南
——涼風」、「西——閶闔風」、「西北——不周風」、「北——廣莫風」。相類似
的說法，亦見於《說文解字》「風」字條下，曰：

> 東方曰明庶風，東南曰清明風，南方曰景風，西南曰涼風，西方曰
> 閶闔風，西北曰不周風，北方曰廣莫風，東北曰融風。

《說文解字》指出了《淮南子・天文》所未言明的風向，但是在風名上亦略
有不同，《淮南子・天文》的「條風」，《說文解字》作「融風」。

《黃帝內經・靈樞・九宮八風》又從醫學的觀點，分析不同方向的來風
對人體的影響，並將八方之風有了較特殊的命名：

> 風從南方來，名曰大弱風，其傷人也，內舍於心，外在於脈，氣主
> 熱。風從西南方來，名曰謀風，其傷人也，內舍於脾，外在於肌，
> 其氣主為弱。風從西方來，名曰剛風，其傷人也，內舍於肺，外在
> 於皮膚，其氣主為燥。風從西北方來，名曰折風，其傷人也，內舍
> 於小腸，外在於手太陽脈，脈絕則溢，脈閉則結不通，善暴死。風
> 從北方來，名曰大剛風，其傷人也，內舍於腎，外在於骨與肩背之
> 脊筋，其氣主為寒也。風從東北方來，名曰凶風，其傷人也，內舍
> 於大腸，外在於兩脇腋骨下及肢節。風從東方來，名曰嬰兒風，其
> 傷人也，內舍於肝，外在於筋紐，其氣主為身溼。風從東南方來，
> 名曰弱風，其傷人也，內舍於胃，外在肌肉，其氣主體重。

「八風」除了名稱上的歧異之外，在解釋上除了「八方」的結合，其實還脫
離不了「八卦」的關係，高誘注解《呂氏春秋・有始覽》的「八風」，即釋之
為「八卦之氣生風」，在注解《淮南子・地形》之「八風」時，則更進一步指
出：東北炎風，為艮氣所生；東方條風，為震氣所生，東南景風為巽氣所生，
南方巨風，為離氣所生；西南涼風，為坤氣所生；西方颶風，為兌氣所生；
西北麗風，為乾氣所生，北方寒風，為坎氣所生。高誘把八卦和八風配對所
依循的八卦方位，是本自《周易・說卦傳》而來，在〈說卦傳〉裏，八卦分
別有對應的方位。在高誘之外，其實在《周禮・春官・保章氏》疏引《春秋
考異郵》中已指出：

> 陽立于五，極于九，五九四十五一變，以陰合陽，故八卦主八風，
> 相距各四十五日，艮為條風，震為明庶風，巽為清風，離為景風，
> 坤為涼風，兌為閶闔風，乾為不周風，坎為廣莫風。

起自艮卦，其位亦與〈說卦傳〉同，可見「八風」因方位而釋爲「八卦」之風，是沿襲〈說卦傳〉的說法而來。〔註4〕

表三：「『八方』與八卦、『八方風名』對照表」

出　　處	東北	東	東南	南	西南	西	西北	北
呂氏春秋・有始覽（淮南子・地形篇）	炎風	滔風（條風）	熏風（景風）	巨風	凄風（涼風）	飂風	厲風（麗風）	寒風
淮南子・天文篇（說文解字）	條風（融風）	明庶風	清明風	景風	涼風	閶闔風	不周風	廣莫風
黃帝內經・靈樞・九宮八風	凶風	嬰兒風	弱風	大弱風	謀風	剛風	折風	大剛風
易・說卦傳	艮	震	巽	離	坤	兌	乾	坎

事實上，八方之風名亦有淵源，在甲骨文刻辭裏已有四方方名與風名的聯繫；殷墟甲骨中的四方風名，見於劉體智所藏的《京津》520 胛骨刻辭及 YH127 坑所出卜甲《殷墟文字綴合》261，《京津》520 刻辭云：

> 東方曰析，風曰𠱞；南方曰因，風曰兇；西方曰彝，風曰𢍺，（北方曰）勹，風曰役。

胡厚宣氏指出西方、風名二者應據《合》261 互倒，並釋「𠱞」爲「協」，〔註5〕「兇」楊樹達氏釋爲「凱」，〔註6〕「彝」則據裘錫圭氏之說釋爲「韋」，〔註7〕「勹」從曹錦炎氏讀爲「伏」，〔註8〕那麼刻辭即可釋爲：

> 東方曰析，風曰協；南方曰因，風曰凱；西方曰彝，風曰韋；北方曰伏，風曰役。

要了解四方何以稱爲析、因……等，必須參看《尚書・堯典》，〈堯典〉載，

〔註4〕　見表三：「『八方』與八卦、『八方風名』對照表」。

〔註5〕　胡厚宣，〈甲骨文四方風名考證〉，《甲骨學商史論叢》初集（齊魯大學國學研究所專刊之一），1944 年 3 月出版，台北：大通，1972 年 10 月。

〔註6〕　楊樹達，〈甲骨文中之四方神名與風名〉，《積微居甲文說》，台北：大通，1974 年 3 月。

〔註7〕　裘錫圭，〈說𤯍棟白大師武〉，《考古》1978 年，5 期。

〔註8〕　曹錦炎，〈釋甲骨文北方風名〉，《中華文史論叢》，1982 年第 3 期。

帝堯命羲和「欽若昊天，歷象日月星辰，敬授人時」，下云：

> 分命羲仲，宅嵎夷，曰暘谷。寅賓出日，平秩東作。日中，星鳥，
> 以殷仲春。厥民析，鳥獸孳尾。

> 由命羲叔，宅南交。平秩南訛，敬致。日永，星火，以正仲夏，厥
> 民因，鳥獸希革。

> 分命和仲，宅西，曰昧谷。寅餞納日，平秩西成。宵中，星虛，以
> 殷仲秋。厥民夷，鳥獸毛毨。

> 申命和叔，宅朔方，曰幽都。平在朔易。日短，星昴，以正仲冬。
> 厥民隩，鳥獸氄毛。

藉著天象星辰的觀察，先民用以掌握時令，並配合了「東、南、西、北」的
方位，「厥民析」、「厥民因」……等顯然是指人民在四時的生活行事，在甲骨
文裏則是作為方位之名。至於方名和風名的連繫，在《山海經・大荒經》也
有類似的記載：

> 東方曰折，來風曰俊，處東極以出入風。（〈大荒東經〉）

> 南方曰因，乎夸風曰乎民，處南極以出入風。（〈大荒南經〉）

> 有人名曰石夷，來風曰韋，處西北隅以司日月長短。（〈大荒西經〉）

> 北方曰鳧，來之風曰狻，是處東極隅以止日月，使無相間出沒，司
> 其短長。（〈大荒東經〉）

以甲骨刻辭比較，經文有錯訛之處，方名、風名也有異文，但大體上還是相
合的：由〈大荒經〉可知，析、因等是四方之神，分處於四極、四隅，而從
四方所來之風，則如刻辭所言，分稱協、凱、韋、役等風，或如〈大荒經〉
所言，稱為俊風等。〔註9〕

　　古人已經認識到，一年之中，隨著季候的推移，風向有所變化，晝夜的
長短也有不同，而風向的變化，亦會對人體產生影響，造成各種的疾病（見
《黃帝內經・靈樞・九宮八風》），四方之風及八方之風，除了是方位與四時
季候、八卦的結合外，其實反映出先民們素樸的「科學知識和宇宙觀的一種
結晶」。〔註10〕

〔註9〕　見表四：「『四方』與『四方風名』對照表」。

〔註10〕　李學勤，〈商代的四風與四時〉，《李學勤集——追溯、考據、古文明》，哈爾
　　　　濱：黑龍江教育出版社，1989。

表四：「四方方名」與「四方風名」對照表

	東	南	西	北	出　　處
四方方名	析	因	彝	伏	甲骨刻辭《京津》520，《合》261。
	析	因	夷	隩	尚書・堯典
	折	因		鳧	山海經・大荒經
	協	凱	韋	役	甲骨刻辭《京津》520，《合》261。
四方風名	俊風	夸風	韋風	風	山海經・大荒經
	谷風	凱風	泰風	涼風	爾雅・釋天

七、天有九野、地有九州

　　《呂氏春秋・有始覽》云：「天有九野、地有九州」。中國古代天文學家把二十八宿分成九個區域，使與地上人為所別九州相配合，何謂「九野」？又何為「九州」？《呂氏春秋.有始覽》云：

> 何謂九野？中央曰鈞天，其星角、亢、氐。東方曰蒼天，其星房、心、尾。東北曰變天，其星箕、斗、牽牛。北方曰玄天，其星婺女、虛、危、營星。西北曰幽天，其星東壁、奎、婁。西方曰顥天，其星胃、昴、畢。西南曰朱天，其星觜巂、參、東井。南方曰炎天，其星輿鬼、柳、七星。東南曰陽天，其星張、翼、軫。

可見「九野」是天上的星圖區域，依照方位，將「東、東北、北、西、西南、南、東南」八方再加上「中央」而為「九」。在《淮南子・天文》中亦有相類的說法：

> 天有九野，九千九百九十九隅，去地五億萬里。五星八風，二十八宿，五官，六府，紫宮、太微、軒轅、咸池、四守、天阿。何謂九野？中央曰鈞天，其星角亢氐，東方曰蒼天，其星房心尾，東北曰變天，其星箕斗牽牛，北方曰玄天，其星須女虛危營室，西北方曰幽天，其星東壁奎婁，西方曰顥天，其星胃昴畢，西南方曰朱天，其星觜巂東井，南方曰炎天，其星輿鬼柳七星，東南方曰陽天，其星張翼軫。

據高誘《淮南子・天文》的注解，「九野」的作用之一，是在以星宿位置來辨識國與國間分野何在，如：角、亢、氐是韓、鄭之分野，尾、箕是燕分野，斗是吳分野，牽牛是越分野，虛、危是齊之分野，營室、東壁是衛之分野，

奎、婁是魯之分野，昴、畢是趙之分野，觜巂、參是晉之分野，柳、七星是周之分野，翼、軫則是楚之分野等。也就是說先有地上九州人為之分，乃有天上九野之別。

在前一節曾提到《尚書·禹貢》九州及《周禮·夏官·職方氏》九州之國；〈禹貢〉中的「九州」是冀州、兗州、青州、徐州、揚州、荊州、豫州、梁州、及雍州；〈職方氏〉九州則是少了徐州、梁州，而加入幽州、并州。九州是古時中國區域的畫分，歷代不同，夏代是兗、冀、青、徐、豫、荊、揚、雍、梁；商代是冀、豫、徐、雍、荊、揚、幽、兗、營；周代是揚、荊、豫、冀、青、兗、雍、幽、并。參詳地圖（圖三～圖九），即可得知「九州」之沿革及相對位置。《呂氏春秋·有始覽》則云：

> 何謂九州？河漢之閒為豫州，周也。兩河之閒為冀州，晉也。河濟之閒為兗州，衛也。東方為青州，齊也。泗上為徐州，魯也。東南為揚州，越也。南方為荊州，楚也。西方為雍州，秦也。北方為幽州，燕也。

有徐州而無并州，除了方位的配應之外，值得注意的是，特別指出各國位置之所在，並且以自然山川為分界，反映出是戰國晚期的「九州」之說。

八、結　語

由以上敘述，我們可以彙整出先秦諸子文獻中的方位觀念如下：

（一）在先秦諸子文獻裏，四方被明確地指稱以列國之名，和各國攻戰之頻繁、來往之密切有不可分之關係，當時人對於四方位置究竟分布有哪些國家，顯然瞭若指掌，在《管子》中甚至試圖用具體數據去涵蓋四方的土地，反映出當時代「四方」結合「地理分野」的概念已非常具體化；相關文獻配合馬王堆出土的的漢墓帛書「駐軍圖」可知，「面南背北」的格式，是秦漢之際行軍駐紮的方位指稱概念。

（二）由《墨子·貴義》就已經可以看到方位的觀念在生活中的運用，甚至還有各種拘忌的產生。從墨子和占候天時的日者的對話，可知「甲乙——青——東方」，「丙丁——赤——南方」，「庚辛——白——西方」，「壬癸——黑——北方」，這樣的組合一定是〈貴義〉作者的時代普遍流行的概念。《墨子·迎敵祠》也述及方位之拘忌配應，而對此配應之信仰，於拘忌之外，更及於用兵、祭祀，用兵遵循方位、顏色之配應的記載，並見於《禮記·曲禮

上》與《淮南子‧兵略》。用兵與方位、顏色的配應，表現在旗幟的款式上，是「南——朱雀」、「北——玄武」、「東——青龍」、「西——白虎」，正與系統五行說相合。

（三）《管子‧五行》提到「黃帝得六相而天地治」，是以黃帝為主，加上天地、四方所得之「六相」來治理天下，由「五行」之篇名可知，其文涉及四方官制之名，將官制與方位、季節相繫屬，也是五行說配應之產物。

（四）「西北高，東南低」是戰國中晚期以後對於八方地理觀察的一項結論；從《列子‧湯問》裏，湯與革的對話可以看出來，〈湯問〉作者的時代對四海、四荒、四極，已存著「大小相含」的層遞漸次觀念，至於不可眼見的八方之極，則賦予神話傳說之解釋：「女媧氏煉五色石補天」、「斷鼇之足以立四極」，「共工氏與顓頊爭帝，怒而觸不周山，折天柱，絕地維」，所以造成「天傾西北、地不滿東南」的現象；類似的說法亦見於秦漢之際成書的《內經‧素問‧陰陽應象大論》（詳參本章第三節），可見，西北高、東南低是當時代的人對於地理現象觀察的結果，與今天中國大陸版塊的高低走向是相符合的。

（五）《呂氏春秋‧有始覽》及《淮南子‧地形》中均提到「八風」，根據四方四隅，對於不同方向的來風予以不同的命名，所以，「八風」是指「八方之風」；另外《淮南子‧天文》將「八風」與時令相結合，從冬至之後四十五日開始算起，每隔四十五日，節氣改變，風向即改變。「八風」在解釋上其實脫離不了「八卦」方位的關係，高誘注解《呂氏春秋‧有始覽》的「八風」，即釋之為「八卦之氣生風」，在注釋《淮南子‧地形》之「八風」時，則更進一步指出：東北炎風，為艮氣所生；東方條風，為震氣所生；東南景風為巽氣所生；南方巨風，為離氣所生；西南涼風，為坤氣所生；西方飂風，為兌氣所生；西北麗風，為乾氣所生；北方寒風，為坎氣所生。這種將八卦和八風配對所依循的八卦方位，是本自《易‧說卦傳》而來的，在〈說卦傳〉裏，八卦分別有對應的方位。

（六）中國古代天文學家把二十八宿分成九個區域，使與地上人為所別之九州相配合，據高誘《淮南子‧天文》的注解，「九野」的作用之一，是以星宿位置來辨識國與國之間的分野，如：「角、亢、氐」三宿是韓、鄭的分野，而九州是古時中國地理區域的畫分方式之一，與天上的九野相應。「九野」、「九州」的方位，其實是將四方「東、南、西、北」和四隅「東南、東北、西南、西北」所成的「八方」，再加上「中央」而為「九」之數。

圖三　《九州分域圖》

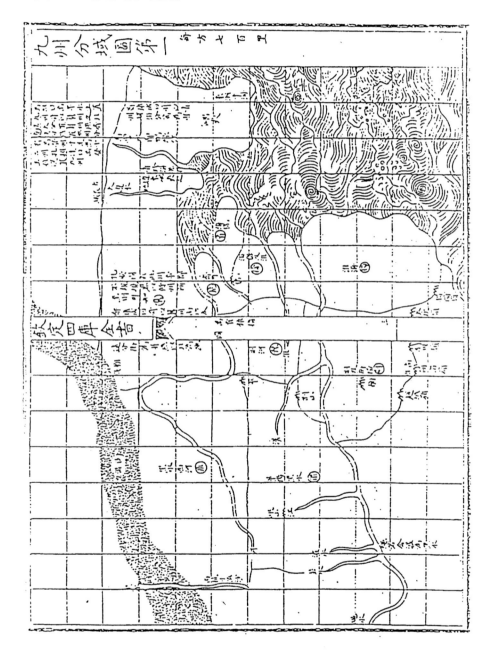

錄自〔清〕胡渭《禹貢錐指圖》(《四庫全書‧六七部》，頁二二六)

圖四　《爾雅九州圖》

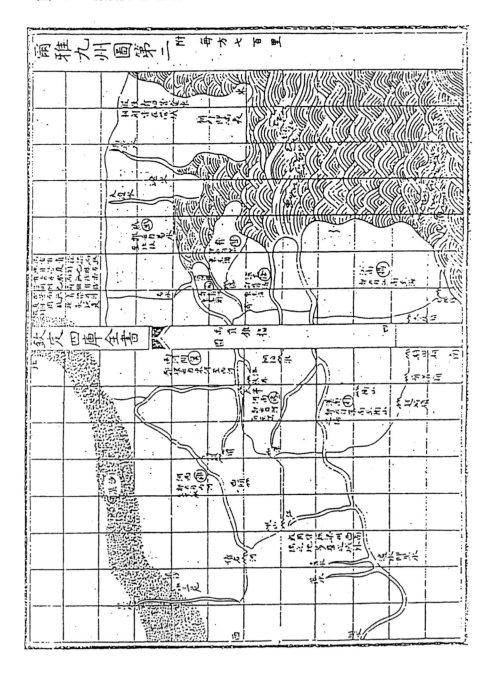

錄自〔清〕胡渭《禹貢錐指圖》(《四庫全書·六七部》，頁二二六)

圖五 《職方九州圖》

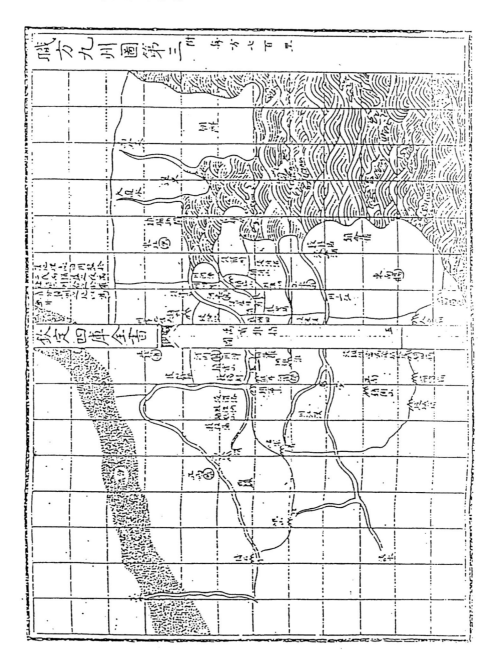

錄自〔清〕胡渭《禹貢錐指圖》(《四庫全書・六七部》,頁二二七)

圖六 《考定禹貢九州全圖》

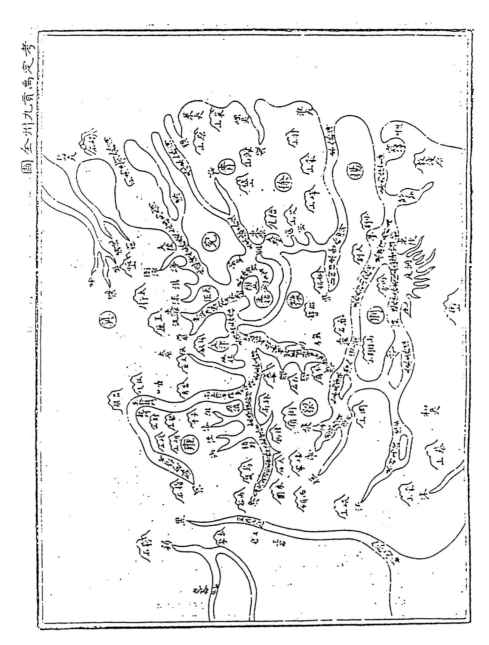

錄自〔清〕胡渭《禹貢錐指圖》(《四庫全書‧六七部》,頁五)

圖七　《鄭瑞簡公禹貢原圖》

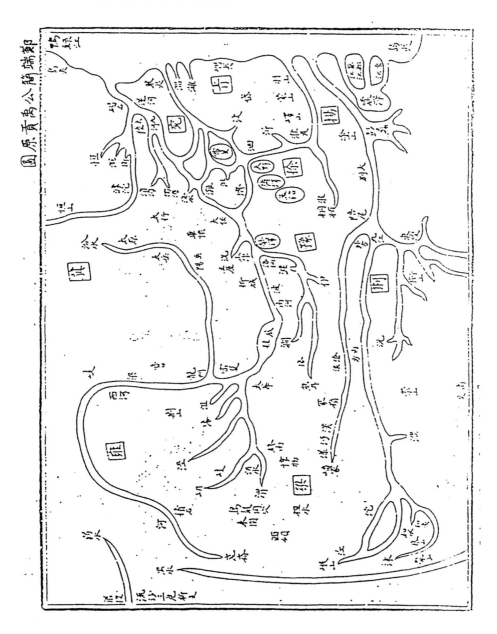

錄自〔清〕朱鶴齡《禹貢長箋》（《四庫全書‧六七部》，頁五）

圖八 《禹貢九州圖》

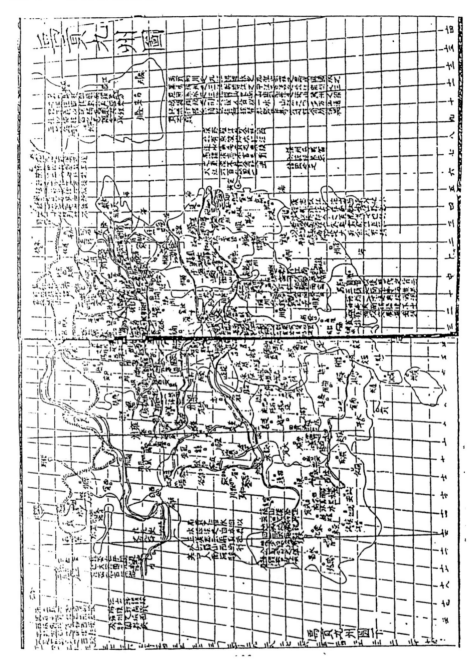

錄自〔清〕楊守敬《歷代輿地沿革圖》（一）

圖九　《禹貢九州圖》

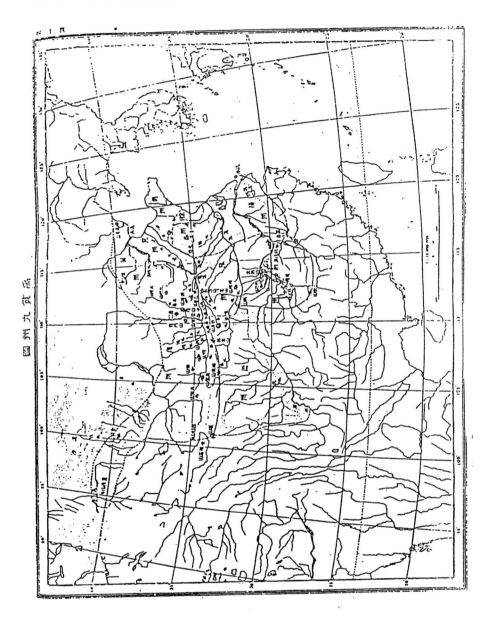

錄自李毓樹編譯之《中國歷史地圖集》

第三節　醫書文獻中的方位觀──從《黃帝內經》談起

　　《黃帝內經》之作者非黃帝時人，在首篇〈上古天眞論〉首句即言「昔在黃帝……」，考《內經》之說，爲後人依托黃帝與六臣的問對（黃帝與岐伯、鬼臾區、雷公、少師、伯高、少俞的問答），全經的綱領，旨在說明人身當結合自然界以成一整體，是有關於醫理的詳細記載，從內容來看，《內經》上窮天紀、下極地理，遠取諸物，近取諸身，涉及天文、地理、氣象、兵法、社會、曆法、陰陽等門類，其中的許多醫學理論，迄今才被現代西方醫學所論及，如醫學物候學、醫學地理學等。《黃帝內經》中還有一個重要的部份，就是運氣學說；運氣學說，實際上是一種預測學，它可以預測來年天象的變化和相應會流行的疾病，以及人在自然中所受的影響和相應得到的災難福禍。《黃帝內經》的作者雖不可考，但是在《漢書‧藝文志》中就已被著錄在〈方技略〉，〈方技略‧醫經〉載：《黃帝內經》十八卷，《外經》三十七卷。可見，《黃帝內經》應是西漢以前就已傳世的文獻。〔註11〕在其書中，「四方」已經與「中央」並列爲「五方」，並被廣泛地提及，本文特將《黃帝內經》的方位詞列成〈《黃帝內經》中「方位」呈現一覽表〉（如後所列），以便進一步加以討論。

　　表五：《黃帝內經》中「方位」呈現一覽表

出　　處	原　　文	頁碼〔註12〕
素問‧金匱眞言論第四	東風生於春，病在肝，俞在頸項；南風生於夏，病在心，俞在胸脇；西風生於秋，病在肺，俞在肩背；北風生於冬，病在腎，俞在腰股；中央爲土，病在脾，俞在脊。	5
素問‧金匱眞言論第四	帝曰：五臟應四時，各有收受乎？岐伯曰：有。東方青色，入通於肝，開竅於，藏精於肝，其病發驚。味，其類草木，其畜雞，其穀麥，其應四時，上星，是以春氣在頭也，其音角，其數八，是以知病之在筋也，其臭臊。	6

〔註11〕關於《黃帝內經》創作的年代，歷代學者說法不一，可歸納其說爲三類：一、以爲確係黃帝及其臣子所述所作；二、認爲作於春秋戰國時代，或戰國時代；三、認爲周末、秦、漢三個時期是此書的創作時期。說參《中國古代佚名哲學名著評述》第二卷，頁405～491，劉長林，《黃帝內經》，山東：齊魯書社，1984年11月一版。

〔註12〕此處《黃帝內經》之頁碼乃以周顯忠、陸周華編印之《黃帝內經》，重慶：西南師範大學，1995年8月三刷爲準。

	南方赤色，入通於心，開竅於耳，藏精於心，故病在五臟。其味苦，其類火，其畜羊，其穀黍，其應四時，上為熒惑星，是以知病之在脈也。其音徵，其數七，其臭焦。 中央黃色，入通於脾，開竅於口，藏精於脾，故病在舌本，其味甘，其類土，其牛，其穀稷，其應四時，上為鎮星，是以知病之在肉也，其音宮，其數五，其臭香。 西方白色，入通於肺，開竅於鼻，藏精於肺，故病在背，其味辛，其類金，其畜馬，其穀稻，其應四時，上為太白星，是以知病之在皮毛也，其音商，其數九，其臭腥。 北方黑色，入通於腎，開竅於十二陰，藏精於，腎故病在谿，其味鹹，其類水，其畜彘，其穀豆，其應四時，上為辰星，是以知病之在骨也。其音羽，其數六，其臭腐。	
素問·陰陽應象大論第五	歧伯對曰：東方生風，風生木，木生酸，酸生肝，肝生筋，筋生心，肝主目。其在天為玄，在人為道，在地為化……。 南方生熱，熱生火，火生苦，苦生心，心生血，血生脾，心主舌……。 中央生溼，溼生土，土生甘，甘生脾，脾生肉，肉生肺，脾主口……。 西方生燥，燥生金，金生辛，辛生肺，肺生皮毛，皮毛生腎，肺主鼻……。 北方生寒，寒生水，水生鹹，鹹生腎，腎生骨髓，髓生肝，腎主耳……。	8
素問·陰陽應象大論第五	天不足西北，故西北方陰也，而人右耳目不如左明也。地不滿東南，故東南方陽也，而人左手足不如右強也。	8
素問·異法方宜論第十二	黃帝問曰：醫之治病也，一病而治各不同，皆愈何也？歧伯對曰：地勢使然也。故東方之域，天地之所始生也，魚鹽之地，海濱傍水，其民食魚而嗜鹹，皆安其處，美其食。魚者使人熱中，鹽者勝血，故其民皆黑色疏理，其病皆為癰瘍，其治宜砭石，故砭石者，亦從東方來。 西方者，金玉之域，沙石之處，天地之所收引也。其民陵居而多風，水土剛強，其民不衣而褐荐，其民華食而脂肥，故邪不能傷其形體，其病生于內，其治宜毒藥，故毒藥者，亦從西方來。 北方者，天地所藏之域也，其地高陵居，風寒冰冽，其民樂野處而乳食，臟寒生滿病，其治宜灸焫，故灸焫者，亦從北方來。 南方者，天地所長養，陽之所盛處也，其地下，水土弱，霧露之所聚也，其民嗜酸而食胕。故其民皆致理而赤色，其病攣痹，其治宜微針，故九針者，亦從南方來。 中央者，其地平以溼，天地所以生萬物也眾，其民食雜而不勞，故其病多痿厥寒熱，其治宜導引按蹻者，亦從中央出也。	16

素問·五運行大論第六十七	帝曰：寒暑燥溼風火，在人合之奈何？其于萬物何以生化？ 歧伯曰：東方生風，風生木，木生酸，酸生肝，肝生筋，筋生心，其在天爲玄，在人爲道，在地爲化，化生五味，道生智，玄生神，化生氣。神在天爲風，在地爲木，在體爲筋，在氣爲柔，在臟爲肝。其性爲暄，其德爲和，其用爲動，其色爲蒼，其化爲榮，其蟲毛，其政爲散，其令宣發，其變摧拉，其眚爲隕，其味爲酸，其志爲怒。怒傷肝，悲勝怒；風傷肝，燥勝風；酸傷筋，辛勝酸。 南方生熱，熱生火，火生苦。苦生心，心生血，血生脾。其在天爲熱，在地爲火，在體爲脈，在氣爲息，在臟爲心。其性爲暑，其德爲顯，其用爲躁，其色爲赤，其化爲茂，其蟲羽，其政爲明，其令郁蒸，其變炎煉，其眚燔焫，其味爲苦，其志爲喜。喜傷心，恐勝喜；熱傷氣，寒勝熱；苦傷氣，鹹勝苦。 中央生溼，溼生土，土生甘，甘生脾，脾生肉，肉生肺。其在天爲溼，在地爲土，在體爲肉，在氣爲充，在臟爲脾，其性靜兼，其德爲濡，其用爲化，其色爲黃，其化爲盈，其蟲倮，其政爲謐，其令雲雨，其變動注，其眚淫潰，其味爲甘，其志爲思。思傷脾，怒勝思；溼傷肉，風勝溼，甘傷脾，酸勝甘。 西方生燥，燥生金，金生辛，辛生肺，肺生皮毛，皮毛生腎，其在天爲燥，在地爲金，在體爲皮毛，在色爲白，其化爲斂，其蟲介，其政爲勁，其令霧露，其變肅殺，其眚蒼落，其味爲辛，其志爲憂。憂傷肺，喜勝憂；熱傷皮毛，寒勝熱；辛傷皮毛，苦勝辛。 北方生寒，寒生水，水生鹹，鹹生腎，腎生骨髓，髓生肝，其在天爲寒，在地爲水，在體爲骨，在氣爲堅，在臟爲腎。其性爲凜，其德爲寒，其用爲藏，其色爲黑，其化爲肅，其蟲鱗，其政爲靜，其令□□，其變凝冽，其眚冰雹，其味爲鹹，其志爲恐。恐傷腎思勝恐；寒傷血，燥勝寒，鹹傷血，其勝鹹。	89
素問·氣交變大論第六十九	歧伯曰：夫氣之動變，固不常在，而德化政令災變，不同其候也。帝曰：何謂也？ 歧伯曰：東方生風，風生木，其德敷和，其化生榮，其政舒啟，其令風，其變振發，其災散落。 南方生熱，熱生火，其德彰顯，其化蕃茂，其政明曜，其令熱，其變銷煉，其災燔焫。 中央生溼，溼生土，其德溽蒸，其化豐備，其政安靜，其令溼，其變驟注，其災霖潰。 西方生燥，燥生金，其德清潔，其化緊斂，其政勁切，其令燥，其變肅殺，其災蒼隕。 北方生寒，寒生水，其德淒滄，其化清謐，其政凝肅，其令寒，其變凜冽，其災冰雪霜雹。	96

素問·五常政大論第七十	帝曰：天不足西北，左寒而右涼；地不滿東南，右熱而左溫。其故何也？歧伯曰：陰陽之氣，高下之理，大少之異也。東南方，陽也，陽者其精降于下，故右熱而左溫。西北方，陰也，陰者其精奉于上，故左寒而右涼。是以地有高下，氣有溫涼，高者氣寒，下者氣熱……。 歧伯曰：西北之氣散而寒之，東南之氣收而溫之，所謂同病異治也。	101
靈樞·九宮八風第七十七	是故太一入徙立于中宮，乃朝八風，以占吉凶也。風從南方來，名曰大弱風，其傷人也，內舍于心，外在於脈，氣主熱。風從西南方來，名曰謀風，其傷人也，內舍于脾，外在于肌，其氣主為弱。風從西方來，名曰剛風，其傷人也，內舍于肺，外在于皮膚，其氣主為燥。風從西北方來，名曰折風，其傷人也，內舍于小腸，外在于手太陽脈，脈絕則溢，脈閉則結不通，善暴死。風從北方來，名曰大剛風，其傷人也，內舍于腎外在于骨與肩背之膂筋，其氣主為寒也。風從東北方來，名曰凶風，其傷人也，內舍于大腸，外在于兩腋骨下及肢節。風從東方來，名曰嬰兒風，其傷人也，內舍于肝，外在于筋紐，其氣主為身溼。風從東南方來，名曰弱風，其傷人也，內舍于胃，外在肌肉，其氣主體重。此八風皆其虛之鄉來，乃能病人。……故聖人避風，如避矢石焉。	237
靈樞·歲露論第七十九	黃帝曰：願聞歲之所以皆同病者，何因而然？少師曰：此八正之候也。黃帝曰：候之奈何？少師曰：候此者，常以冬至之日，太一立於叶蟄之宮，其至也，天必應之以風雨者矣。風雨從南方來者，為虛風，賊傷人者也。其以夜半至也，萬民皆而弗犯也，故其歲民少病。其以晝至者，萬民懈惰而皆中于虛風，故萬民多病。……至其立春，陽氣大，腠理開，因立春之日，風從西方來，萬民又皆中于虛風，此兩邪相搏，經氣結代者矣。故諸逢其風而遇其雨者，命曰遇歲露焉，因歲之和，而少賊風者，民少病而少死。歲多賊風邪氣，寒溫不和，則民多病而死矣。	241
靈樞·歲露論第七十九	黃帝曰：虛邪之風，其所傷貴賤何如？候之奈何？少師答曰： 正月朔日，太一居天留之宮，其日西北風，不雨，人多死矣。 正月朔日，平旦北風，春，民多死。 正月朔日，平旦北風行，民病死者，十有三也。 正月朔日，日中北風，夏，民多死。 正月朔日，夕時北風，秋，民多死。終日北風，大病死者十有六。 正月朔日，風從南方來，命曰旱鄉；從西方來，命曰白骨，將國有殃，人多死亡。 正月朔日，風從東方來，發屋，揚沙石，國有大災也。 正月朔日，風從南方行，春有死亡。 正月朔日，天利溫，不風，八米賤，民不病；天寒而風，八米貴，民多病，此所謂候歲之風，傷人者也。	242

一、方位與季節、風向結合以言病

在《素問‧金匱眞言論第四》中，「四方」與「中央」並列爲五方，依照四時的季候、及不同的風向來探討容易致病的五臟：

> 東風生於春，病在肝，俞在頸項；南風生於夏，病在心，俞在胸脇；
> 西風生於秋，病在肺，俞在肩背；北風生於冬，病在腎，俞在腰段；
> 中央爲土，病在脾，俞在脊。

這裏可以發現，其文雖然並列五方，但是因季候而有不同的來風，是配應「東、南、西、北」四方的。在《靈樞‧九宮八風第七十七》將來風配應於「八方」，「乃朝八風，以占吉凶」：

> 風從南方來，名曰大弱風，其傷人也，內舍于心，外在于脈，氣主
> 熱；風從西南方來，名曰謀風，其傷人也，內舍于脾，外在于肌，
> 其氣主爲弱；風從西方來，名曰剛風，其傷人也，內舍于肺，外在
> 于皮膚，其氣主爲燥；風從西北方來，名曰折風，其傷人也，內舍
> 于小腸，外在于手太陽脈……風從北方來，名曰大剛風，其傷人也，
> 內舍于腎，外在于骨與肩背膂筋，其氣主爲寒也；風從東北方來，
> 名曰凶風，其傷人也，內舍于大腸，外在于兩脇腋骨下及肢節；風
> 從東方來，名曰嬰兒風，其傷人也，內舍于肝，外在于筋紐，其氣
> 主爲身溼；風從東南方來，名曰弱風，其傷人也，內舍于胃，外在
> 于肌肉，其氣主體重。

這裏除了認爲「來風」是致病的主因外，並且詳細分析不同的風向，各自有不同的名稱，不同的病狀，病狀與來風的關係，是源自於「氣」的差異，而反映在五臟上，「氣」又與四時息息相關，《素問‧金匱眞言論第四》即云：

> 帝曰：「五臟應四時，各有收受乎？」歧伯曰：「東方青色，入通於
> 肝……南方赤色，入通於心……中央黃色，入通於脾……西方白色，
> 入通於肺……北方黑色，入通於腎……。」

除了季候的因襯之外，方位與色彩的配屬，亦合於系統五行說的架構，可見《內經》的著作時代，應是在系統五行說之後。另外，《內經》亦從氣化的觀點，去看待萬物的榮枯及預測災變禍福，而所謂「氣」的變動，是依照方位而興的，《素問‧氣交變大論第六十九》：

> 歧伯曰：「夫氣之動變，固不常在，而德化政令災變，不同其候也。」
> 帝曰：「何謂也？」歧伯曰：「東方生風，風生木，其德敷和，其化

生榮，其政舒啓……南方生熱，熱生火，其德彰顯，其化蕃茂，其
政明曜……中央生溼，溼生土，其德溽蒸，其化豐備，其政安靜……
西方生燥，燥生金，其德清潔，其化緊斂，其政勁切……北方生寒，
寒生水，其德淒滄，其化清謐，其攻凝肅……。」

由氣化的觀點結合五行的生勝，而進一步預測風候、政令及萬物的榮枯，「氣」
之所生，正是依據方位而來。

二、方位與陰陽結合以言人體

《素問·陰陽應象大論第五》談到方位與陰陽的關係指出：

天不足西北，故西北方陰也，而人右耳目不如左明也。地不滿東南，
故東南方陽也，而人左手足不如右強也。

「天不足西北」是指西北方地勢較高，因此，天顯得不足，天不足屬「陰」，
所以謂西北方為陰；「地不滿東南」是指東南方地勢較低，相對的，天顯得豐
裕，故稱「陽」，所以謂東南方為陽。西北高、東南低是當時代已經存在的地
理觀察的結果，與今天中國大陸的地理版塊走向相符合；在《黃帝內經》則
是以陰陽解釋西北、東南，並結合了天、地及人體的左、右構造言之。在〈五
常政大論第七十〉也提到：

帝曰：「天不足西北，左寒而右涼；地不滿東南，右熱而左溫。其故
何也？」歧伯曰：「陰陽之氣，高下之理，大少之異也。東南方，陽
也，陽者，其精降于下，故右熱而左溫。西北方，陰也，陰者，其
精奉于上，故左寒而右涼，是以地有高下，氣有溫涼，高者氣寒，
下者氣熱……。西北之人散而寒之，東南之氣收而溫之，所謂同病
異治也。」

從地勢之高低，所在之方位的不同，談「氣之溫涼」，引申到醫學理論上，則
是「同病異治」，依所在方位位置之不同，氣的差異，同樣的病其治療的方法
亦因之而異。

三、依地理氣候之方域以言病方

在《素問·異法方宜論》提到，同樣的病，治療的方法是依照各地地理
氣候方域而定的：

黃帝問曰：「醫之治病也，一病而治各不同，皆愈。何也？」歧伯對

日：「地勢使然也。故東方之域，天地之所始生也，魚鹽之地，海濱
傍水，其民食魚而嗜鹹……其病皆爲癰瘍，其治宜砭石。……西方
者，金玉之域，沙石之處，天地之所收引也。其民陵居而多風，水
土剛強……其病生于內，其治宜毒藥。……北方者，天地所閉藏之
域也，其地高陵居，風寒冰冽，其民樂野處而乳食，臟寒生滿病，
其治宜灸焫。……南方者，天地所長養，陽之所盛處也，其地下，
水土弱，霧露之所聚也，其民嗜酸而食胕……其病攣痺，其治宜微
針。……中央者，其地平以溼，天地所以生萬物也眾，其民食雜而
不勞，故其病多痿厥寒熱，其治宜導引按蹻。

東、南、西、北、中五方之民，各依所居之地方域不同，生活習慣也因此有
別，所以，病狀雖同但病根則異，藥方當然也因此有調整。值得注意的是，
這裏除了提到地勢的不同外，對於「四方之域」也各有不同的看法，言東方
是「天地之所始生也」，西方是「天地所收引也」，北方是「天地所閉藏之域
也」，南方是「天地所長養，陽之盛處也」，顯然這是由觀察萬物之生長狀況
而言，並賦予「四方」宇宙論的意涵，以哲學意涵的角度去看，「四方」各有
不同的意義，而這樣的意義與《周易·說卦傳》的說法竟然不謀而合，只不
過是〈說卦傳〉另將震卦與東方、兌卦與西方、離卦與南方、坎卦與北方相
配屬罷了！

四、結　語

由以上的敘述，我們可以得知在《黃帝內經》中的方位觀念如下：

（一）在《素問·金匱眞言論第四》中，「四方」與「中央」並列爲五方，
依照四時的季候、及不同的風向來探討容易致病的五臟；在《靈樞·九宮八
風第七十七》中，將來風配應於「八方」，除了認爲「來風」是致病的主因外，
並且詳細分析不同的風向，產生不同的病狀，是源由於「氣」的差異，而反
映在五臟上，另外，《內經》亦從氣化的觀點，去看待萬物的榮枯及預測災變
禍福，由氣化的觀點結合五行的生勝，而進一步預測風候、政令及萬物的榮
枯，《內經》認爲：「氣」之所生，與「方位」息息相關。

（二）《黃帝內經》以陰陽解釋西北、東南，西北高、東南低是當時代已
經存在的地理觀察的結果，與今天中國大陸的地理版塊走向相符合，《素問·
陰陽應象大論第五》談到方位與陰陽的關係，並結合了天、地及人體的左、

右構造言之；在〈五常政大論第七十〉亦從地勢之高低，所在之方位的不同，談「氣之溫涼」，引申到醫學理論上，認為：所在方位位置之不同，將影響氣的差異，同樣的病其治療的方法亦因之而不同。

　　（三）《黃帝內經》以氣化論的觀點談醫理，而「氣」又與四時息息相關，即「五臟應四時，各有收受」，「東方青色，入通於肝……南方赤色，入通於心……中央黃色，入通於脾……西方白色，入通於肺……北方黑色，入通於腎……」，方位與色彩的配屬，亦合於系統五行說的架構，可見《內經》的著作時代，應是在系統五行說之後。《內經》除了反映五行方位之外，在《靈樞‧九宮八風》中，亦將來風配應於八方，詳細地分析八方不同風向的專名，及產生的不同病狀；這可以看出，戰國晚期，從「四方」演變而來的「五方」、「八方」兩個系統，並存於《黃帝內經》之中。

第四章 「四方」觀念的發展（一）
——五行系統與「方位配應」

　　從傳世文獻中，我們可以看出典籍所載，關於「五方」、「八方」並稱的資料，其實都是在較晚期成書的典籍裏，早期的文獻，都只是四方並稱，從來沒有與「中」一起並列號稱為「五方」；「四方」是一個相對的空間概念，是相對於以「我」為中心而言，因此，「中」的概念或許為早出，但是，也只是同於上、下、左、右的空間位置一般，如果硬是要把後來專指「東、南、西、北、中」的「五方」專名，回歸到卜辭裏出現「中商」，即是有「五方」概念，那麼，我們何不把「上、下、左、右」也扯進來，乾脆說卜辭裏也有「六合」、「八方」？卜辭裏從來沒有出現過「五方」的名稱，只有言「四方」，所以我們不能因為卜辭中有「中商」一詞，就認為殷人將「中」列為「五方」。力主「五方」概念起源於殷商者，以胡厚宣氏為代表（見〈論殷代五方觀念及中國稱謂之起源〉，《甲骨學商史論叢初集》），爾後學者如：李學勤、何新、龐樸〔註1〕都承繼此說而立論，其中龐樸在〈陰陽五行探源〉一文甚至認為：

> 這種以方位為基礎的五的體系，正是五行說的原始……，其大概程序是：以五方為基礎，先完成了木火土金水分配于東、南、中、西、北的手續，然後將十個天干，兩兩分屬于一方，出現了東方甲乙木，南方丙丁火，中央戊己土，西方庚辛金，北方壬癸水的配置。

〔註1〕　見李學勤，〈商代的四風與四時〉，（《李學勤集》，哈爾濱：黑龍江教育，1989年）。何新，〈五方帝與五佐神〉，（《諸神的起源》，台北：木鐸，1987年6月）。龐樸，〈陰陽五行探源〉，（《良莠集》，上海：上海人民，1988年3月）。

　　問題是，在文獻資料上看不出作爲專名的「五方」爲早出，難道在五行說中，「木火土金水」五材竟是後於五方，緣五方爲基礎而產生？我們對此說深表懷疑。因此，在探究四方觀念發展時，本文首先探討關於五行方位的起源問題。

第一節　五行方位的起源

　　五行說的起源，無確切的文獻可徵查，在鄒衍以前，五行說並沒有形成獨立的學說，更沒有形成爲顯學，因此，《莊子・天下》、《韓非子・顯學》于各派學說均有評述，獨未及五行說。雖然《漢志》「陰陽家」所載的《鄒子》四十九篇，及《鄒子終始》五十六篇都沒有流傳下來，但是在《荀子・非十二子》提到「思孟五行」之說，認爲其「五行」是「材劇志大，聞見雜博，案往舊造說」；儘管《荀子》所提到的「思孟五行」，不見得與「五行說」之「五行」內容相同，但是我們相信在鄒衍之前，必然也有所謂的「往舊」之說可以追溯「五行」的痕跡；何況，我們的目標並不在五行起源問題的各種異說（如：關於「五行」一詞意義之爭論），而是在於：方位究竟在何時與五行說結合？從四方到五方的發展過程裏，「五行說」到底是「五方」之後的「產物」？亦或相反，是「五方」所以產生的「催化劑」？這一點才是我們所關心的。關於早期五行說的片斷材料，散見於戰國初年《左傳》、《國語》等文獻，這些材料雖然較晚出，並可能經漢朝人竄改，但大體而言，還是保存了春秋時人對「五行」的不同看法，我們相信，如果「五行」是緣「五方」而生，那麼，在這些看法裏必定留下痕跡；如果，在《左傳》、《國語》的「五行」資料裏完全沒有「五方」的配應，我們就更有理由假設：「五方」是五行系統派生之下，四方應和於數五所衍生的產物。

一、《左傳》、《國語》中所見的早期五行說

　　以木、火、土、金、水爲構成萬物的五種元素，號稱「五材」，是春秋時代已有的說法。《左傳・襄公二十七年》記載：「子罕曰：『天生五材，民并用之，廢一不可。』」在《左傳・文公七年》亦有云：「六府三事，謂之九功；水火金木土穀，謂之六府；正德利用厚生，謂之三事。」將水火金木土穀並稱爲「六府」，可見此處的「五材」及穀物，被當作是人民日常生活所必不可少的財物，故設府修之。此外，又有所謂的「五行之官」，在《左傳・昭公二

十九年》云：「夫物，物有其官，官修其方，朝夕司之。一日失職，則死及之……故有五行之官，是謂五官……木正曰句芒，火正曰祝融，金正曰蓐收，水正曰玄冥，土正曰后土。」這裏是根據「五材」加以依托為古代的一種政治制度，說古代曾立五行之官，分掌六府；可見五行說一度是圍繞著人民日常生活必需使用的物質而立說。《國語・鄭語》也提到：「夫和實生物，同則不繼，以它平它謂之和，故能豐長而物生之……故先王以土與金木水火雜，以成百物」，以為萬物之品類繁多，是由于五材之「和」而產生，這裏值得一提的是：（甲）所謂「五材」之所成，是指有形體之物。（乙）和實生物，其基礎為土。言「以『土』與金木水火雜」，已表示「土」在五材中占有特殊的地位。

　　文獻資料顯示，無論是「五行之官」，或者是「五材」、「六府」，都沒有與方位有任何的聯繫，並沒有證據可證明五行是緣方位而產生，也就是說，在以五材解釋五行說的一段時期裏，方位顯然尚未被附加於五行說，那麼，認為「五行說的原始，是以方位為基礎」，事實上是沒有根據的。

　　另外，在《左傳》、《國語》裏，「五行」尚有被列屬于「地」，而與「天」相對的觀念，如：《左傳・昭公三十二年》云：「天有三辰，地有五行。」在《左傳・昭公二十五年》裏也有云：「則天之明，因地之性，生其六氣，用其五行，氣為五味，發為五色，章為五聲。」這是在天地對立的觀念中來考察五行。此處以三辰配五行，乃是五材說的一種簡單的補充，它並未表明三辰與五行之間有任何的聯繫，但是，以六氣配五行，認為地上五行乃源自於天上六氣所生，那麼，天之六氣與地之五行就有內在的聯繫了，《左傳・昭公元年》關於「六氣」之說亦有云：「天有六氣，降生五味，發為五色，徵為五聲，淫生六疾。六氣曰：陰陽風雨晦明也；分為四時，序為五節」，即指出「五味」、「五色」、「五聲」是由「天之六氣」而來。

　　天地對立觀念下的「五行」說，一樣見於《國語》的記載，《國語・魯語》提到：「天之三辰，民所以瞻仰也；及地之五行，所以生殖也」。在《國語・周語》中亦有云：「天六地五，數之常也，經之以天，緯之以地，經緯不爽，文之象也」。在六氣五行說中，天的六氣與地的五行是有直接的內在聯繫的，這種聯繫便是：地上的五元素的各屬性（如：五味、五色、五聲），都是由於六氣的降生和散發所致，在這裏，五行不僅是五種物質元素與其屬性相統一的概念，同時又是與六氣相聯貫。至于以「天六地五」為數之常，則透露出五行神祕化和數術化的消息，因為，取五為數，一方面意味著五行配列範疇

可以無限地擴大，另一方面也意味著五元素的屬性游離於實物，即這些屬性可以不依五元素的實物爲中心，而依「五」的數爲中心，這時五元素本身實際上已降低爲以「五」爲中心的一項配應。

我們也可以注意到，在《左傳》裏，不只一次地提到，由天之六氣及地之五行而來的「五味」、「五色」及「五聲」，這樣的屬性配應或許來自於──盡可能地將經驗中的事物加以系統整理，如《尚書·洪範》關於五味的解釋，便是一例：「水曰潤下，火曰炎上，木曰曲直，金曰從革，土爰稼穡，潤下作鹹，炎上作苦，曲直作酸，從革作辛，稼穡作甘」，各屬性相列地配列於五元素，應該是以當時的經驗觀察爲依據。我們饒富興味的是，關於上、下、左、右、中、東、南、西、北這些在甲骨卜辭裏已經存在的空間概念，並沒有如「五味」「五色」「五聲」一般地被附屬於五行，也就是若干的空間概念已經存在，但是在「早期的五行說」裏，[註2] 並沒有見到，擷取空間概念裏的中、東、南、西、北爲特定「五方」的說法，亦即「五方」一詞的專名，實際上尚未出現。

二、「五行說」中的「方位考察」

在上述所引的文獻資料中發現，「早期的五行說」裏，五行與「方位」並沒有任何的聯繫，也沒有五行生勝的觀念。那麼在鄒衍五行說的體系裏，「方位」是已經具架構的建立在五行配應中？或者只是零星的點綴？倘若是後者，我們就更有理由相信，「五方」是後起於五行，在數五的要求下所形成的產物。

談到鄒衍，就必須談到「五德終始」，《鹽鐵論·論儒》說他「變化始終之論卒以顯名」，《史記·曆書》說他「明於五德之傳而散消息之分，以釋諸侯」，〈封禪書〉則云：「自齊威宣之世時，鄒子之徒論著始終五德之運」，此外，《漢志·諸子略》亦載有《鄒子》四十九篇，《鄒子始終》五十六篇。由此可見，鄒衍是以五德終始說爲其主要學說而顯名的。楊超在〈先秦陰陽五行說〉[註3] 裏曾論及鄒衍的學說如下：

[註2] 所謂「早期的五行說」，是指此處所記春秋時人，涉及五行的言論；不同於後來鄒衍的「五德」說。蓋「早期的五行說」：（一）所指皆地上之物，非混宇宙爲一。（二）五者皆具體實物，非棄物專取其抽象特性。（三）所謂「五行」，與鄒衍「五行相勝」之說不同。

齊思和氏認爲：無論《左傳》、《國語》的編成時代爲何時，其中所記之五行思想，乃原始的五行思想，非本於鄒衍之說（詳見於齊思和，〈五行說之起源〉，《文史集林》第八輯，1983 年 4 月初版）。

[註3] 楊超，〈先秦陰陽五行說〉，《文史哲》，1956 年 3 期。

鄒衍的學說主要包括兩部份：（1）歷史哲學，即五德終始說，以五行勝剋爲原理，推衍於上下古今，即《史記》所謂「稱引天地剖判以來，五德轉移，治各有宜，而符應若茲」，其說見《呂氏春秋‧應同篇》。（2）地理學說，即大九州說，以禹貢九州爲一州，是爲赤縣神州，「若禹貢以上者九焉」，其說見《鹽鐵論‧論鄒》、《論衡‧談天篇》。這兩種學說，都是用同一種方法構成——無限止的類推。

《史記》中指出，這種方法是「必先驗小物，推而大之，至于無垠」，《鹽鐵論‧論鄒》也批評這種方法說：「將一曲而欲道九折，守一隅而欲知萬方，猶無準平而欲知高下，無規矩而欲知方圓也」，《鄒子》四十九篇和《鄒子始終》五十六篇，都沒有保存下來，因此，我們不能詳徵其說，但是關於「五德終始」，卻我們可以在《呂氏春秋‧應同》中略知一二：

> 凡帝王之將興也，天必見祥乎下民；黃帝之時，先見大螾大螻，黃帝曰：土氣勝，土氣勝，故其色尚黃，其事則土。及禹之時，天先見草木秋冬不殺，禹曰：木氣勝，木氣勝，故其色尚青，其事則木。及湯之時，天先見金，刃生于水，湯曰：金氣勝，金氣勝，故其色尚白，其事則金。及文王之時，天先見火，赤鳥銜丹書見于周社，文王曰：火氣勝，火氣勝，故其色尚赤，其事則火。代火者必將水，天且先見水氣勝，故其色尚黑，其事則水。

這是從五行生剋出發，說明歷史是依五行的運轉而有王者的代興，爲了適應五行的運轉和天的機祥，必須在人事上有所相應，這就是《史記》所說的「載其機祥度制」，這種相應便是其色尚黃（或青、白、赤、黑），其事則土（或木、金、火、水）等等，從這一總則出發而制訂種種細節，在此處的五行生剋裏，提到了顏色與五行的配應，卻仍然沒有提到「方位」。

至于鄒衍「大九州」之說，由《史記‧孟荀列傳》，我們可以看到司馬遷眼中的鄒衍地理學說之大略：

> 鄒衍……先列中國名山大川通谷，禽獸、水土所殖，物類所珍，因而推之，及海外人之所不能睹……以爲儒者所謂中國者，於天下乃八十一分，居其一分。其中國名曰赤縣神州，赤縣神州內自有九州，禹之序九州是也，不得爲州數。中國外如赤縣神州者九，乃所謂九州也，於是有裨海環之。人民禽獸莫能相通者，如一區中者乃爲一州，如此者九，乃有大瀛海環其外，天地之際焉。

大體看來，鄒衍「大九州」的範圍是有「中國」和「海外」的區別，換言之，鄒衍敘述大九州的方式，是先說中國而後推廣及于海外。但是這裏仍然沒有見到「東、南、西、北」的方位。

只有在零星散見的資料裏，我們才能找到「五方」在「五行說」裏的痕跡，在《禮記・月令》及《呂氏春秋》十二紀雖然已經可以看出「方位」與「五行配應」的脈絡，但是，在更晚成書的《淮南子・天文》中才突顯出以「方位」為中心的五行配應：

> 東方木也，其帝太皞，其佐句芒，執規而治春，其神為歲星，其獸
> 蒼龍，其音角，其日甲乙。
>
> 南方火也，其帝炎帝，其佐朱明，執衡而治夏，其神為熒惑，其獸
> 朱鳥，其音徵，其日丙丁。
>
> 中央土也，其帝黃帝，其佐后土，執繩而制四方，其神為鎮星，其
> 獸黃龍，其音宮，其日戊己。
>
> 西方金也，其帝少昊，其佐蓐收，執矩而治秋，其神為太白，其獸
> 白虎，其音商，其日庚辛。
>
> 北方水也，其帝顓頊，其佐玄冥，執權而治冬，其神為辰星，其獸
> 玄武，其音羽，其日壬癸。

此處以「東、南、中、西、北」配應「木、火、土、金、水」，並且合以四時、配以天干，還提到所謂「四獸」，其實是指天上星辰的四象，分別由黃道二十八星宿所構成之「蒼龍、朱雀、白虎、玄武」，在方位與星辰及四時季節的配應裏，我們不禁聯想到早期五行說的「天有三辰，地有五行」（《左傳・昭公三十二年》）及「天有六氣，分為四時」（《左傳・昭公元年》）；關於方位與四時，在《管子・四時》中亦可以看出方位與四時、星辰配應的痕跡：

> 東方曰星，其時曰春，其氣曰風……其事號令，號除神位……然則
> 柔風甘雨乃至，百姓乃壽，百蟲乃蕃……南方曰日，其時曰夏，其
> 氣曰陽……其事號令，賞賜賦爵……時雨乃降，五穀百果乃登……
> 中央曰土，土德實輔四時出入，以風雨節土益力，其德和平用均，
> 中正無私……西方曰辰，其時曰秋，其氣曰陰……其事號令，毋使
> 民淫暴，順旅聚收……北方曰月，其時曰冬，其氣曰寒……其事號
> 令，修禁徙民，令靜止……五穀乃熟，國家乃昌。

這裏方位與四時、星辰配應，可說是由早期五行說發展而來的形態，如：日、月、星辰即「天之三辰」，而陰陽風寒之主秋夏春冬，即六氣分爲四時之流變。

齊思和氏在〈五行說之起源〉（參註2）即認爲：「五行之方位，出於天文家之主張」。原始之五行說，自經星象家之採取，始漸成一玄妙之哲學系統，至春秋、戰國之世，各國之史官、卜祝都是此方面的專家，如周之萇弘、魯之史墨、梓慎，鄭之裨灶，尤負當時之盛名，《左傳·昭公十七年》梓慎推測宋、衛、陳、鄭之必有火災，曰：

> 宋，大辰之虛也。陳，大皞之虛也。鄭，祝融之虛也。皆火房也……
> 衛，顓頊之虛也……其星爲大水；水，火之牡也。

《左傳·昭公十年》：

> 春，王正月，有星出於婺女。鄭裨灶言於子產曰：『七月戊子，晉君將死，公茲歲在顓頊之虛，姜氏、任氏實守其地，居其維首而有妖星焉，告邑姜也。』

皆藉天體現象，推測人事；原始五行說，自經天文家之利用，遂由具體之物，變爲抽象的觀念；又古代天文學家喜以五色區別天體現象。《漢書·天文志》：

> 日有中道，月有九行。中道者黃道，一曰光道……月有九行者，黑道二出黃道北，赤道二出黃道南，白道二出黃道西，青道二出黃道東。

這是以黃、墨、赤、白、青五色區別日月之軌道，我們可以注意到軌道之方位與顏色之搭配，正是「中黃、北黑、南赤、西白、東青」而《淮南子·天文》所引之：

> 何謂五星？東方木也……其神爲歲星，其獸蒼龍……南方火也……
> 其神爲熒惑，其獸朱鳥……中央土也……其神爲鎮星，其獸黃龍……
> 西方金也……其神爲太白，其獸白虎……北方水也，其神爲辰星，
> 其獸玄武……。

以五色區分星宿，並以不同的動物代表之，此時，五行乃由地上之物，成爲天文之系統，五行在天上既有確定之方位，自然較裨灶等星象家，忽就星名，忽就史實，前後參差，莫衷一是者，要來得整齊畫一多了，可見齊思和氏所云的「五行之方位，出於天文家之主張」並非臆說；方位納入五行說，這是五行說之一重大發展，此種發展創自何人，出於何時，雖不可考，但已知在戰國的星象家中就有方位配應於顏色以預測未來的說法，《墨子·貴義》：

> 子墨子北之齊，遇日者，日者曰：「帝以今日殺黑龍於北方，而先生

之色黑，不可以北。」子墨子不聽，遂北，至淄水，不遂而反焉。

日者曰：「我謂先生不可以北。」子墨子曰：「南之人不得北，北之人不得南，其色有黑者，有白者，何故皆不遂也？且帝以甲乙殺青龍於東方，以丙丁殺赤龍於南方，以庚辛殺白龍於西方，以壬癸殺黑龍於北方。若用子之言，則是禁天下之行者也。是圍心而虛天下也，子之言，不可用也。」

日者之術與平常占卜不同，占用龜策，而日者則以天體現象斷人事吉凶，以顏色觀察天體之現象；由日者之說可知，方位配應顏色之拘忌，在戰國時已流行於民間日常生活。

總而言之，從早期五行說之「天之三辰，地之五行」以及「天之六氣，分配四時」到《淮南子》裏成熟的五行範疇，系統五行說不僅納入了早期的五味、五色、五聲，並且沿著天體現象的觀察及四時六氣的脈絡，將「方位」納入五行說的體系中；在相關的文獻裏，可以看出「方位」相應於「五行」是較晚期的說法，並不見於早期的五行說；而五方與五行的相應，又往往是同時結合了季節或是顏色所產生；由十三經經文及先秦諸子等傳世文獻可知，「五方」一詞的出現，始見於《禮記・王制》，而「東、南、中、西、北」五方並列之資料，亦只出現在《禮記》、《爾雅》、《淮南子》等秦漢以後才成書的典籍裏（詳見本論文第三章）；四方為什麼結合「中」而稱為「五方」？戰國中晚期以後，五行說盛行，由「五方」文獻晚出於秦漢之後，而秦漢之際又正是完整的五行系統配應逐步成形的時期看來，「五方」之說的產生，實肇始於「方位」與五行說配應組項的結合，「五方」之所以稱為「五」，而不是與其它空間概念結合為其它數目，是由於五行「數五」相應的要求而來；至於「四方」為什麼與相應於數五的的五行系統結合，我們則掌握了「季節」、「顏色」這兩條重要的線索，繼續進一步探討四方與五行配應所憑藉的幾種可能由來。

第二節　「五行系統」及「配應」

在早期五行說可見的文獻（如《左傳》、《國語》中之零碎資料）裏，我們看不到有關「方位」的論述，可見「方位」並非如部分學者（詳見本章前節之論述）認為：是「五行說」的起源因素。在較晚期的資料（如：《管子》、《呂覽》、《淮南子》），「四方」才與系統五行說的配應產生關係，同時，也由「四方」並

列，增加「中央」而爲「五方」。在探討四方與系統五行說的配應之前，首先必須先介紹所謂「配應」及「系統五行說」究何所指，那麼我們才能以「方位」爲主軸去討論四方配應於系統五行說，所緣附的幾種可能由來。

五行理論主要的內容，可說是由二大成分構成：一是生勝關係，一是配應組項。生勝就五行言，即木生火、火生土、土生金、金生水、水又生木的相生關係，以及木克土、土克水、水克火、火克金、金又克木的相勝關係。而本文所謂「配應」，指的是五行系統中不同組項、不同類別間的一種繫屬關係。試舉《呂氏春秋・孟春紀》爲例，其云：

> 孟春之月……其日甲乙，其帝太皞，其神句芒。其蟲鱗，其音角，律中太簇，其數八。其味酸，其臭羶，其祀戶，祭先脾。……天子居青陽左个，乘鸞輅，駕蒼龍，載青旂，衣青衣，服青玉；食麥與羊，其器疏以達，是月也以立春，先立春三日，太史謁之天子曰：「某日立春，盛德在木。」

季節、日干、五帝、五神、動物、五音、十二律、圖數、五味、五臭、五祀、五臟、五色、五穀、五牲、五行原各屬於自然界或人文的不同類組項，但是在五行系統裏，這不同組項所屬的分子，如春、甲乙、太皞、句芒、鱗、角、太簇、八、酸、羶、戶、脾、青、麥、羊、木，卻因配應關係而相繫屬，這種繫屬，本文即名之曰「配應」。

如果說生勝關係賦予五行系統活動性，使各組項分子間的變動更易有了一定的準則；那麼，配應組項則使得五行所籠罩的事類逐步延展，成爲可以詮釋萬有的宇宙模式。在《尚書・洪範》所記載的「五行」資料裏，其實已經透露了五行所以能發展成系統學說的「配應」性格。《尚書・洪範》云：

> 一、五行：一曰水，二曰火，三曰木，四曰金，五曰土。水曰潤下，火曰炎上，木曰曲直，金曰從革，土爰稼穡。潤下作鹹，炎上作苦，曲直作酸，從革作辛，稼穡作甘。

從這裏，我們可以看到「水」與「鹹」，「火」與「苦」，「木」與「酸」，「金」與「辛」，「土」與「甘」五組兩兩相對應的分子。而「潤下作」、「炎上作」、「曲直作」、「從革作」、「稼穡作」諸詞，則隱約地爲五組對應的分子，提供了所以取得連繫，所以取得配應關係的理由。

自《尚書・洪範》以降，我們得見「配應」腳步的逐步擴展，意即與水、火、木、金、土相配應的組項，繼《尚書・洪範》的五味之後，更有季節、

色彩、方位、帝神、日干、蟲獸、音律、數字、祭祀、臟腑……等等（參見表一）。〔註4〕

表一　五行配屬表

<table>
<tr><td rowspan="14">人事社會</td><td>五署</td><td>司農</td><td>司馬</td><td>司營</td><td>司徒</td><td>司寇</td></tr>
<tr><td>五常</td><td>仁</td><td>禮</td><td>信</td><td>義</td><td>智</td></tr>
<tr><td>五政</td><td>寬</td><td>明</td><td>恭</td><td>力</td><td>靜</td></tr>
<tr><td>五祀</td><td>戶</td><td>灶</td><td>中霤</td><td>門</td><td>井</td></tr>
<tr><td>五事</td><td>視</td><td>言</td><td>思</td><td>聽</td><td>貌</td></tr>
<tr><td>五液</td><td>淚</td><td>汗</td><td>涎</td><td>涕</td><td>唾</td></tr>
<tr><td>五神</td><td>魂</td><td>神</td><td>意</td><td>魄</td><td>志</td></tr>
<tr><td>五聲</td><td>呼</td><td>笑</td><td>歌</td><td>哭</td><td>呻</td></tr>
<tr><td>五官</td><td>目</td><td>舌</td><td>口</td><td>鼻</td><td>耳</td></tr>
<tr><td>變動</td><td>握</td><td>嘔</td><td>噦</td><td>咳</td><td>慄</td></tr>
<tr><td>情志</td><td>怒</td><td>喜</td><td>思</td><td>悲</td><td>恐</td></tr>
<tr><td>形體</td><td>筋</td><td>脈</td><td>肉</td><td>皮毛</td><td>骨</td></tr>
<tr><td>腑</td><td>膽</td><td>小腸</td><td>胃</td><td>大腸</td><td>膀胱</td></tr>
<tr><td>臟</td><td>肝</td><td>心</td><td>脾</td><td>肺</td><td>腎</td></tr>
<tr><td colspan="2">五　行</td><td>木</td><td>火</td><td>土</td><td>金</td><td>水</td></tr>
<tr><td rowspan="10">自然界</td><td>陰陽</td><td>少陽</td><td>太陽</td><td></td><td>少陰</td><td>太陰</td></tr>
<tr><td>五時</td><td>平旦</td><td>日中</td><td>日西</td><td>日入</td><td>夜半</td></tr>
<tr><td>五方</td><td>東</td><td>南</td><td>中</td><td>西</td><td>北</td></tr>
<tr><td>五音</td><td>角</td><td>徵</td><td>宮</td><td>商</td><td>羽</td></tr>
<tr><td>五季</td><td>春</td><td>夏</td><td>長夏</td><td>秋</td><td>冬</td></tr>
<tr><td>五化</td><td>生</td><td>長</td><td>化</td><td>收</td><td>藏</td></tr>
<tr><td>五氣</td><td>風</td><td>暑</td><td>濕</td><td>燥</td><td>寒</td></tr>
<tr><td>五色</td><td>青</td><td>赤</td><td>黃</td><td>白</td><td>黑</td></tr>
<tr><td>五味</td><td>酸</td><td>苦</td><td>甘</td><td>辛</td><td>鹹</td></tr>
</table>

〔註4〕　表一：「五行配屬表」以「五行」爲中心，分別就「自然界」及「人事社會」羅記「五行」的種種配應，而這種種配應並運籌於醫家辨症論治、導引抱一吐納、武學進退顧盼、堪輿巒頭理氣、祿命子平用神。表格資料詳見王復昆，〈風水理論的傳統哲學框架〉，《風水理論研究》（一），台北：地景，1995年5月初版，頁11。

五象	直	銳	方	圓	曲
五器	規	衡	繩	矩	權
五辰	星	日	地	宿	月
五宮	青龍	朱雀	黃龍	白虎	玄武
五牲	羊	雞	牛	犬	豬
五蟲	鱗	羽	倮	毛	介
五穀	麥	菽	稷	麻	黍
五臭	膻	焦	香	腥	朽

徐復觀在〈陰陽五行及其有關文獻的研究〉〔註5〕中說：「《呂氏春秋》的十二紀，是現在可以看到最早把五行思想滲透到各方面而組成一完整體系的東西。」言下之意，視十二月紀為五行思想成為「完整體系」之始。本文所指「系統化五行說」，即指相類於《呂氏春秋》十二月紀及相關月令諸作，其將《尚書‧洪範》以降，散見於各文獻五行說中之零星配應組項，一一彙集，囊括成完整體系，並較具確定型態者。

至於各配應組項，亦即觀察零星見諸文獻的五行資料，我們發現，泰半只交待配應的結果，而鮮見有述及配應的理由，即使述及，亦未見根據。關於這一點，蔡璧名在〈陰陽五行系統中的配應〉〔註6〕特別提到「配應的一本或多本」的問題，討論各配應組項之間的關係以及與水、火、木、金、土五行是否有直接的聯繫，這一點是我們在探討配應組項其應和於五行說的由來時須特別注意的。簡括地說，所謂「一本」，指系統五行說中的配應組項，其各組項與木、火、土、金、水五行之間，均有可得配應之理由，即與五行間存在著直接的聯繫。而「多本」則是另一種可能的配應模式，即五行系統中存在著諸多組項，組項甲可以直接與木、火、土、金、水五行，存在某種屬性上的聯繫，但組項乙經由組項丙之配應後，透過丙之直接配應木、火、土、金、水五行，也得共納於五行系統之中。

就「方位」與系統五行說的配應而言，本文認為，「多本」的配應模式，遠較「一本」的配應要來得有可能。因為，在以「方位」為主軸的文獻觀察

〔註5〕　徐復觀，《中國人性論史》附錄二〈陰陽五行及其有關文獻的研究〉，台北：商務，1987年3月八版，頁568。
〔註6〕　蔡璧名，〈陰陽五行系統中的配應〉，見《五行系統中的色彩》第二章，台灣師範大學國文研究所碩士論文，1992年6月。

裏，我們發現，方位之所以配應於系統五行說，並不是直接與木、火、土、金、水五行發生聯繫，而是配應於五行系統中的其它組項，特別是方位與顏色或方位與季節的關係，也就是說，在文獻裏所透露的軌跡是，方位是與顏色、季節產生配應之後，再緣沿顏色、季節而進入到五行系統裏，與木、火、土、金、水發生聯繫，這樣的軌跡除了在前引的《墨子・貴義》、《管子・四時》等資料可見及之外，另外在《管子・幼官圖》中亦可見到：

> 五和時節，君服黃色，……飲於黃后之井。（〈中方本圖〉）
>
> 八舉時節，君服青色，……飲於青后之井。（〈東方本圖〉）
>
> 七舉時節，君服赤色，……飲於赤后之井。（〈南方本圖〉）
>
> 九和時節，君服白色，……飲於白后之井。（〈西方本圖〉）
>
> 六和時節，君服黑色，……飲於黑后之井。（〈北方本圖〉）

依前述相關之方位、色彩、圖數，可列簡表如下：

方　　位	中	東	南	西	北
圖　　數	五	八	七	九	六
五　　色	黃	青	赤	白	黑

　　另外，方位與色彩的固定配應，亦見於《墨子・迎敵祠》及《周禮・春官・大宗伯》。《墨子・迎敵祠》：

> 敵以東方來，迎之東壇……青旗青神……。敵以南方來，迎之南壇……赤旗赤神……。敵以西方來，迎之西壇……白旗素神……。敵以北方來，迎之北壇……黑旗黑神……。

《周禮・春官・大宗伯》則云：

> 以玉作六器以禮天地四方：以蒼璧禮天，以黃琮禮地，以青圭禮東方，以赤璋禮南方，以白琥禮西方，以玄璜禮北方。皆有牲、幣，各放其器之色。

《呂氏春秋・有始覽》述及天之九野，其中「東、北、西、南」與「蒼、玄、顥（即白色）、炎」亦有固定之配應：

> 東方曰蒼天，其星房心尾……北方曰玄天，其星婺女虛危營室……西方曰顥天，其星胃昴畢……南方曰炎天，其星輿鬼柳七星……。

在《呂氏春秋》十二月紀及《禮記・月令》中並沒有突顯方位之配應，真正

突顯「方位」爲中心的五行配應其實見諸於《淮南子‧天文》，除了配應組項之外，還明確地指出「東方木」、「南方火」、「中央土」、「西方金」、「北方水」，另外，在《白虎通德論‧五行》述及的系統配應，則只談配應組項，而沒有談到「木、火、土、金、水」五行：

> 時爲春，春之爲言偆，偆動也。位在東方，其色青，……其帝太皞，……其神勾芒，……其精青龍，……。時之爲夏，夏，言大也。位在南方，其色赤，……其帝炎帝，……其神祝融，……其精爲鳥。時爲秋，秋之爲言愁亡也。其位西方，其色白，……其帝少皞，……其神蓐收，……其精白虎，……。時爲冬，冬之爲言終也，其位在北方，……其帝顓頊，……其神玄冥，……其精玄武，……。土爲中宮，……其帝黃帝，甚神后土。

茲列出其方位之配應簡圖如下：

方位	東	南	西	北	中
四時	春	夏	秋	冬	
色彩	青	赤	白		
精	青龍	鳥	白虎	玄武	
神	勾芒	祝融	蓐收	玄冥	后土
帝	太皞	炎帝	少皞	顓頊	黃帝

從上引的文獻資料來看，本文認爲，就「方位」與系統五行說的配應而言，是循著配應組項的相互聯繫，而納入於系統五行說的，並不是「方位」直接與「木、火、土、金、水」五材相應和。因此，循著方位與季節、方位與顏色的關係，我們將再進一步探求，四方如何沿著季節、顏色配應於五行。

第三節　四方配應於系統五行說之可能由來

由前文所徵引的資料，我們可發現，「方位」是循著五行說裏配應組項（如：顏色、季節）的結合，才進一步與「木、火、土、金、水」五行相應和的。我們特別注意的是《墨子‧貴義》裏所引的日者與墨子的對話，從對話中可以知道當時代方位已經與顏色產生固定的配應，所以日者勸墨子色黑，不宜往北；而墨子則認爲帝斬龍於四方（分別是蒼龍、赤龍、白龍、墨龍），若聽日者之言，

則是「禁天下之行者」，行之四方都受到顏色的拘忌了；姑且不論拘忌是否可信、二人論辯孰勝，我們特別注意到「日者」的身分，在《史記・日者列傳》中可以知道，日者之術與平常占卜不同，占用龜策，而日者則以天體現象斷人吉凶；顏色與方位的結合是否是從天體現象的觀察而來呢？如果天體現象中，星宿顏色與方位有固定的配應，那麼，方位緣由於星宿之色彩，以進入系統五行說，便使得方位與色彩的結合，有了理論上的依據。

一、星宿位置與顏色

對於各星本色判定的方法，《史記・天官書》在敘述「太白白」，太白星星色為白之下，有一段相關於古人如何用五顆色澤標準星，來分別諸星顏色的記載，其云：「太白白，比狼；赤，比心；黃，比參左肩；蒼，比參右肩；黑，比奎大星。」這段文字記載，太白星等天上諸星，歸色為白、赤、黃、蒼、黑五類；然而這五類顏色是因為五行說之影響所取類，還是由於天體本身的色彩，在當時的夜空裏，即是閃著這五種色澤呢？我們不妨借助於今日天文學的研究成果，來考察所謂的「狼」、「心」、「參左肩」、「參右肩」、「奎大星」，其於古文獻所載的顏色，與當時夜空中所閃耀的色澤是否相符合呢？

薄樹人、王健民、劉金沂在南京大學天文系、紫金山天文臺、北京天文臺之協助下撰著的〈論參宿四兩千年來的顏色變化〉〔註7〕一文中曾述：

白色比狼，即天狼星，大犬座 α （α CMa）

紅色比心，即心宿二，天蝎座 α （α Sco）

黃色比參左肩，即參宿四，獵戶座 α （α Ori）

蒼色比參右肩，即參宿五，獵戶座 γ （γ Ori）

黑色比奎大星，即奎宿九，仙女座 β （β And）

古代對天狼星、心宿二、參宿五和奎宿九顏色的描述同現今觀測到的一致：天狼星為 A_0 型，白色；心宿二為 M_1 型，紅色；參宿五為 B_2 型，青色（即蒼色）；至於奎宿九，它是一個 M_0 型的二等星，是五個比較星中最暗的一個，因它較暗弱，又呈紅色，古代把它描述為黑色，同實際情況也是一致的。直到現在，我國一些地方還稱深

〔註7〕 薄樹人、王健民、劉金沂〈論參宿四兩千年來的顏色變化〉，見錄於劉君燦編著《中國天文學史新探》，台北：明文，1988年，頁279～286。

色的紅糖為黑糖，深綠色為墨綠色，都是同樣的意思。

狼是白、心是紅、參右肩是青，奎大星近黑，則五色中之四色，五星中之四星，於公元前二世紀寫作的《史記·天官書》所載錄的星辰色澤與當今所觀測到的完全一致。至於參宿四（即參左肩），現今觀測所得所以為紅色，而非如史載之黃色，乃由於參宿四屬於大質量恆星。大質量恆星跨過赫茲普隆空隙到達紅超巨星區域的時間較快，由黃到紅，可能只須一、兩千年的時間（詳見〈論參宿四兩千年來的顏色變化〉，同註7），則據恆星演化理論往回推算，公元前二世紀《史記·天官書》以參左肩為黃色星之記載，同另四星一般適吻合當今天文觀測之結果，也就是說，《史記·天官書》所載，在公元前二世紀的西漢，天文觀測的經驗裏，白、赤、黃、蒼、黑是五顆色澤標準星，真真實實閃耀在穹蒼中的色彩。那麼，在自然界繽紛的色澤裏，獨舉「白、赤、黃、蒼、黑」為代表色列入五行配應，就不是偶然的了。五行說中的系統配應，是純粹的理論？或者是當時代人們依據其生活經驗所歸納而來的心得？從「人類學」文化遞演乃是由生活經驗累積的角度來看，後者或許更接近於答案。

方位緣沿天體色彩而與系統五行說結合，這中間的線索，我們是循著「日者」而來，[註8]「日者」觀察天體現象而言拘忌，《墨子·貴義》可見方位與色彩的固定配應，這種配應下的色彩，經過今日天文學的驗證，證明確實是西漢之前，先民仰望天宇所看到的星宿色澤，然而，這樣的色澤與方位的聯繫，表現在天體觀測上，是否曾在文獻上留下記載呢？前文指出，早期的系統五行說不見將方位納入五行配應，甚至到《呂氏春秋》十二紀、《禮記·月令》那樣成熟而完整的五行配應裏，對於「方位」，也只是輕描淡寫地以「天

〔註8〕　王夢鷗氏也認為「五行家」的配應與「星占」有密切的關係，並列舉相關的文獻資料，詳加論述，說見〈陰陽五行家與星歷及占筮〉，中研院史語所集刊43本之三，1971年。更早期的顧頡剛氏，在〈《尚書·甘誓》校釋譯論〉一文即指出「五行」一詞的最初含義是指五星的運行。其學生劉起釪氏也在〈釋《尚書·甘誓》的「五行」與「三正」〉引用顧氏之說，認為「五行」原指天象。（二文並見《文史》第七輯，1979年）
　　　　這一看法把古人對天象的認識與對地材的認識聯繫起來考察，有合理性的一面；但從古人認識活動的實際情況來看，恐怕是在「五材」思想形成之後，才可能試圖用五種物質元素之間的關係，來解釋五星運動的規律，並進一步試圖找出天象與地材之間的某種聯繫。因此，五材之說的形式在先，五星之說的運用在後，可能更符合當時人們由近及遠，由此及彼的認識深化過程。因此，本文認為，「五行」的配應項目與「五星」有關，是由早期五材說而來的運用，而非「五行」本身即是「五星運行」。

子迎四方之郊」一語帶過，〔註9〕到了《淮南子・天文》才特別突顯「方位」在系統五行說中的地位，以「方位」爲主題而展開配應；值得注意的是，《淮南子・天文》是在談所謂「五星」的時候提到的：

> 何謂五星？東方木也……其神爲歲星，其獸蒼龍……南方火也……其神爲熒惑，其獸朱鳥……中央土也，其神爲鎮星，其獸黃龍……西方金也……其神爲太白，其獸白虎……北方水也……其神爲辰星，其獸玄武……。

蒼龍、朱鳥、黃龍、白虎、玄武，當即《史記・天官書》所謂東宮「蒼龍」、南宮「朱鳥」、中宮「天極星與北斗七星」，西宮「白虎」、及北宮「玄武」。所以稱爲蒼龍、朱鳥、黃龍、白虎、玄武，當是指星宿群的中星之色〔註10〕與星宿排列所呈現之形。那麼，在《白虎通德論・五行》所提到的：

〔註9〕《呂氏春秋》十二紀的記載，其配應方式如下：：（茲引「孟春紀」爲例）「孟春之月，日在營室，昏參中，旦尾中。其日甲乙，其帝太皞，其神句芒，其蟲鱗，其音角，律中太簇，其數八，其味酸，其臭羶，其祀戶，祭先脾……天子居青陽左个，乘鸞輅，駕蒼龍，載青旂，衣青衣，服青玉，食麥與羊，其器疏以達，是月也，以立春。先立春三日。太史謁之天子，曰某日立春，盛德在木。天子乃，齋立春之日，天子親率三公九卿諸侯大夫以迎春於東郊。……」並未特列「方位」以配應，只是配合季節，迎於四方之郊。這可以看出「方位」進入五行說配應，與「季節」攸關。《禮記・月令》之文，與《呂氏春秋・十二紀》極類，故不再贅引。

〔註10〕《尚書・堯典》載：「分命羲仲，宅嵎夷，曰暘谷。寅賓出日，平秩東作。日中，星鳥，以殷仲春，厥民析，鳥獸孳尾。申命羲叔，宅南交，平秩南訛，敬致。日永，星火，以正仲夏。厥民因，鳥獸希革。分命和仲，宅西，曰昧谷。寅餞納日，平秩西成。宵中，星虛，以殷仲秋。厥民夷，鳥獸毛毨。申命和叔，宅朔方，曰幽都。平在朔易。日短，星昴，以正仲冬。厥民隩，鳥獸氄毛。」
文中所舉用來辨正春分（日中）、夏至（日永）、秋分（宵中）、冬至（日短）之四星：「星鳥」（南方朱鳥七宿之「星」宿）、「星火」（東方蒼龍七宿之房宿，東方之次有壽星、大火、析木三者，大火爲中；大火之次，要有氐、房、心，房宿爲中）「星虛」（北方玄武七宿之虛宿）、「星昴」（西方白虎七宿之昴宿），適各爲四象其正中之星。《尚書正義》引馬融、鄭康成說：「皆舉正中之星，不爲一方盡見。」潘鼐〈我國早期的二十八宿觀測及其時代考〉亦以之爲「四仲中星」（見劉君燦編之《中國天文學史新探》，台北：明文，1988年初版，頁215～267）；竺可楨〈論以歲差定尚書堯典四仲中星之年代〉亦以之爲星、房、虛、昴四仲中星。（《科學》1926年11卷12期）；陳新雄〈尚書堯典日中星鳥日永星火解〉則詳載論證過程（國立台灣師範大學國文研究所《中國學術年刊》第六期，1984年6月。）

> 時爲春……位在東方，其色青……其精青龍……。時之爲夏……位
> 在南方，其色赤……其精爲鳥……。時爲秋……其位西方，其色
> 白……其精白虎……。時爲冬……其位在北方……其精玄武。

所指稱的，顯然是就天體星象在不同的季節顯現不同的色澤，其出現的方位亦
各有不同而言（詳圖一，爲《史記・天官書》所繪之四方星象圖）。東漢・王充
在《論衡・龍虛》提到「天有倉龍、白虎、朱鳥、玄武之象也，地亦有龍、虎、
鳥、龜之物，四星之精，降生四獸」，又於〈本性〉提到：「東方木也，其星倉
龍也。西方金也，其星白虎也。南方火也，其星朱鳥也。北方水也，其星玄武
也。」足見蒼龍、白虎、朱鳥、玄武是當時人就天體星宿的觀測而賦予的想像；
不僅各星宿的色澤有別，而且，四宿之中星在不同的季節，各自出現在不同方
位的天際。《淮南子》提到「五星」，特別提到「五星」代表的方位及色澤，而
在《淮南子》之後的文獻，如《白虎通德論》、《論衡》等，「方位」均紛紛與天
體星象「四獸」並列；我們相信，「方位」進入系統五行說是與星宿出現的季節、
色澤及相關位置有聯繫的。由《史記・天官書》所載：

> 察、日月之行以揆歲星順逆。曰東方木，立春……色蒼蒼有光。
>
> 察剛氣以處熒惑。曰南方火，主夏。
>
> 歷斗之會以定塡星之位，曰中央土，主季夏，……塡星，其色黃。
>
> 察日行以處位太白，曰西方，秋……太白白，比狼。
>
> 察日辰之會，以治辰星之位，曰北方水，太陰之精，主冬……其當
> 效而出也，色白爲旱，黃爲五穀熟，赤爲兵，黑爲水。

東、南、中、西、北是五星於各季所行居的方位，歲星於春爲蒼，熒惑於夏
爲赤，塡星季夏爲黃，太白於秋爲白，辰星於冬爲黑；更使我們相信，「方位」
在系統五行說的配應組項裏，具備由天體觀測而來的，與季節、顏色相應的
意義。

　　人們在觀察天文中發現，天上的許多星的相對位置基本不變，只有日、
月和五行星（太白、歲星、辰星、熒惑、塡星）不斷移動，在天上沒有固定
的位置，這七個天上成員，合稱「七政」，又叫「七曜」、「七緯」。爲了確定
天上的位置，需要尋找一些標誌，而那些不動位置的恆星自然是最佳的對象。
先把在日運行軌跡（黃道）附近的比較明亮的星找出來，以極北方天上的星
作爲起點，聯繫周圍一些星，形成一個圖形，命名爲「牛」，這就是西漢曆法

所謂「歲起牛初」的牛宿。從牛宿往西，有一顆明亮的星在黃道上，聯繫附近的星，所形成的圖象，命名為「女」，由女再往西又有一顆恆顯星在黃道附近，聯繫附近的星群，命名為「虛」，如此逐一尋找過去，直到最後一個星群叫做「斗」，在黃道附近的恆星星群一共有二十八個，合稱二十八宿，有了二十八宿為定點，才好觀測七曜運行速度、某一時刻所在的位置以及運行軌跡和周期（詳見圖二：「黃道南北星座圖」），〔註11〕諸天的方位也因此有了指標。

我國古代把二十八宿分作四組，每組七宿，分別與東、南、西、北四個方位，青、紅、白、黑四種顏色，以及龍、鳥、虎、玄武幾種動物形象相配，稱作四象（或「四獸」、「四宮」），它們之間的配應關係如下表：

方 位	顏 色	四 象	二 十 八 星 宿
東方	青色	蒼龍	角、亢、氐、房、心、尾、箕
南方	紅色	朱鳥	東井、輿鬼、柳、七星、張、翼、軫
西方	白色	白虎	奎、婁、胃、昴、畢、觜觿、參
北方	黑色	玄武	斗、牽牛、婺女、虛、危、營室、東壁

四象的劃分以古代春分前後初昏時的天象作為依據，春分前後初昏時，南方七宿的中心宿七星正當南中天，東方七宿的中心宿房宿處於東方的地平線附近，西方七宿的中心宿昴宿處於西方的地平線附近，北方七宿的中心宿虛宿處於地平線下與七星相應的位置（下中天）上；這樣的劃分正與地平座標中的四個方位相對應。本文認為「方位」緣沿色彩而進入系統五行說的配應組項，正是與天體觀測中的星宿色彩與方位的顯示有密切關係。

二、北斗位置與季節

1978 年在湖北省隨縣擂鼓墩發掘的戰國時期曾侯乙墓，在墓的東室一件漆箱蓋的面上，有一圈二十八星宿的名稱，環繞著中心的大「斗」字，蓋面兩端繪有青龍、白虎的圖象（詳見圖三）。〔註12〕這個圖上，把一個巨大的「斗」字寫在畫面的中央，差不多占據了整個畫面的三分之一；圍繞「斗」字的二十八星宿名稱，是在寫好「斗」字，並畫好青龍、白虎之後，才在它們之間

〔註11〕圖二：「黃道南北星座圖」，資料來源：轉引自《中華易學》第七卷十一期，1987 年 1 月。

〔註12〕圖三：「曾侯乙墓出土的北斗二十八宿青龍白虎圖象」，資料來源：《文物》1979 年 7 期。

的空隙塡寫上去的，畫面的安排突出了北斗的重要地位，同時也隱約暗示了，北斗七星與作爲諸天星野方位指標的二十八星宿有密切的關係。

《史記・天官書》記述：「杓攜龍角，衡殷南斗，魁枕參首」，意思是北斗的斗柄指向東方七宿的角宿時，北斗七星中的「衡」〔註13〕（北斗第五星）即對向北方七宿的斗宿（亦稱南斗），北斗的「魁」（斗一至四星）也枕于西方七宿的參宿之首。利用北斗和二十八宿的這種關係，就可以通過對北斗星的觀測，估計出處於地平線以下各宿的大約位置（詳見圖四），〔註14〕因此，北斗七星與二十八星宿同樣具有劃分天野，指向定位的作用。

北斗七星在天空中是一個很顯著的天象，由於歲差的原因，古代北斗七星距北天極的距離比現在還近，〔註15〕在我國中原地區所處的地理緯度上看，北斗七星都處在恆顯圈內，因此，這個地區一年四季每天從初昏到黎明前都能清楚地看到北斗七星。北斗七星所以容易引起人們的注意，還由於它的斗柄圍繞北天極的周日旋轉（地球自轉的反映），可以指示夜間時間的早晚，猶如白天太陽的方位可以利用來定時間一樣。更重要的是，北斗七星在圍繞北天極的周年旋轉中（地球公轉的反映），可以指示寒來暑往的季節變化。北斗七星在不同的季節和夜晚，於天空出現不同的方位指向，十分醒目易識，自古以來，往往用來辨方向、測時間、定季節，是一個很重要的星座。錢寶琮在〈論二十八宿之來歷〉〔註16〕云：

> 蓋觀象授時所取星隨各地之風俗習慣而異，亦不限於赤道鄰近之星。北辰、北斗、織女等星座緯度極高而常見不隱者，亦得視其在天空中之方向以推測歲時之早晚也。

關於北斗七星與四季的聯繫，《鶡冠子・環流》載：

> 斗柄東指，天下皆春；斗柄南指，天下皆夏；斗柄西指，天下皆秋；

〔註13〕《春秋運斗樞》：「北斗七星：第一天樞，第二旋，第三機，第四權，第五衡，第六開陽，第七搖光。第一至第四爲魁，第五至第七爲杓，合而爲斗。」見《緯書集成》之《春秋緯》，上海：上海古籍，1994年6月一刷，頁945。

〔註14〕圖四：「北斗與二十八宿關係圖」，資料來源：《中華易學》第七卷第十一期，1987年1月。

〔註15〕「歲差」，又叫做「恆星東行」或「節氣西退」，太陽從今年冬至環行一周天，到明年冬至的時候還沒有回到原點，此曰「歲差」。古人以北極爲不動，自從歲差發現以後，才知道北極也有移動。詳見陳遵嬀，《中國天文學簡史》，台北：木鐸，1982年初版，頁110。

〔註16〕錢寶琮，〈論二十八宿之來歷〉，《思想與時代》月刊第四十三期，1945年2月。

> 斗柄北指,天下皆冬。斗柄運於上,事立於下,斗柄指一方,四塞
> 俱成。

傍晚時,北斗的斗柄所指的方向跟地上季節的相應有一定的關係,春天恰爲斗柄東指,夏季則斗柄南指,秋季斗柄西指,冬季斗柄北指。值得注意的是,系統五行說中,方位與季節的配應,竟然與斗柄指向與季節的關係是一致的,均爲「東——春」、「南——夏」、「西——秋」、「北——冬」。〔註17〕前文指出,從文獻記載可看出「方位」被納入系統五行說,是先與顏色、季節相配應,而後才緣之與五行「木、火、土、金、水」配應,其顏色之從屬配應正與天上星宿之色澤與方位相合,那麼,此處同樣由天體觀測而來的,北斗斗杓的「方位」指向與季節的相應關係就顯得不尋常了。在《大戴禮・夏小正》亦提及斗柄有標識季節的作用:「正月斗柄縣在下」、「六月初昏斗柄正在上」。《淮南子・天文》亦說:

> 子午、卯酉中繩,丑寅、辰巳、未申、戌亥爲四鉤。東北爲報德之
> 維也,西南爲背陽之維,東南爲常羊之維,西北爲蹄通之維。日冬
> 至則斗北中繩,陰氣極、陽氣萌,故日冬至爲德。日夏至則斗南中
> 繩,陽氣極、陰氣萌,故日夏至爲刑。

不僅詳細地以地支配予八方,並且用陰、陽之氣加以解釋方位,在詳論方位之時提到「日冬至則斗北中繩」、「日夏至則斗南中繩」,顯然在秦漢之際已經流行用斗柄的方位來判斷季候的移轉,那麼,系統五行說中,方位與季節的配應正好合於斗柄的季候方向,就不是偶然的了。系統五行說中,爲什麼偏偏是東方配春、南方配夏、西方配秋、北方配冬,我們認爲,可以由斗杓的指向與地上季節的相應得到合理的解釋;事實上,「四方」之外的第五方「中」,之所以被納入「五方」爲專名,亦可以由北斗居中樞位置,而斗杓隨之運轉四方得到若干的聯想。

《晉書・天文志》云北斗七星「運乎天"中",而臨制四方,以建四時」;

〔註17〕關於系統五行說中的季節與方位的配應,〔日〕新城新藏將之整理爲三種分配
法:(一)以冬至至冬至一年,分爲五等分,每分當七十二日,而配以木、火、
土、金、水,此種分配法以《管子・五行》、《淮南子・天文訓》爲代表。(二)
以立春迄立春之一年,分爲春(木)、季夏(土)、夏(火)、秋(金)、冬(水)
等五分之配法。此種分配法以《淮南子・時則訓》、《史記・天官書》爲代表。
(三)以配於土之時日漸次縮小,終至消滅,而以土統領四季、四方者。此
種分配法,以《春秋繁露・五行》及《漢書・律曆志》爲代表。參見〔日〕
新城新藏著,沈璿譯《中國天文學史研究》,台北:翔大,1993年11月初版。

《史記・天官書》是我國古代詳載星座資料的書籍之一，它用星座來比擬人間社會的組織，所以附以帝王、百官、人物、土地、宮室、器物、動植物等名稱，它把天空分作中宮、東宮、南宮、西宮、北宮等五官，中宮含紫微、太微、天極等三垣，其它四宮則是二十八星宿所鋪排而成的四象，〈天官書〉並且把北極星當作天帝，把北斗看作天帝所乘的車，北斗七星即是「運于中央」，有特殊的地位：

> 斗爲帝車，運于中央，臨制四鄉。分陰陽，建四時，均五行，移節
> 度，定諸紀，皆繫于斗。（《史記・天官書》）

從「建四時、均五行」、「臨制四鄉」來看，均與系統五行說的「中央土」有密合之處，北斗是天帝的車，天帝乘北斗車在中央運行，統制各方，主宰陰陽、四時、五行；在這樣的體系中，日、月、五星也在北斗的統轄之下。我們認爲，對於北斗星的地位與觀察，不僅是見載於《史記・天官書》，應該更是秦漢以來天體觀測家中，普遍對於北斗七星的看法。以北斗居中爲參照，統領四方，合以斗柄隨季節的方位轉向，方位緣沿季節，「東、南、西、北」與「中」，並列「五方」，納入於五行說的配應組項，極有可能便是緣由於北斗七星的觀測而來。

《史記・天官書》中的「中宮、天極星」包括北斗七星，「東宮蒼龍」、「西宮白虎」、「南宮朱鳥」、「北宮玄武」分別包括東、西、南、北方七宿。這種敘述法，實際就是把二十八宿與北極（包括北斗）當作一個整體，將四象（四宮）作爲其中的一部分（詳見圖五），〔註18〕這與戰國曾侯乙墓出土的漆箱面上突顯「斗」字的地位有異曲同工之處。

此外，《淮南子・時則》云：

> 孟春之月，招搖指寅。昏參中，旦尾中，其位東方……孟夏之月，
> 招搖指巳，昏翼中，旦婺女中，其位南方……仲夏之月，招搖指午，
> 昏亢中，旦危中，其位南方……季夏之月，招搖指未，昏心中，旦
> 奎中，其位中央……孟秋之月，招搖指申，昏斗中，旦畢中，其位
> 西方……仲秋之月，招搖指酉，昏牽牛中，旦觜觿中，其位西方……
> 季秋之月，招搖指戌，昏虛中，旦柳中，其位西方……孟冬之月，
> 招搖指亥，昏危中，旦七星中，其位北方……仲冬之月，招搖指子，

昏壁中，旦軫中，其位北方……季冬之月，招搖指丑，昏婁中，旦
氐中，其位北方……。

記十二個月中的星象，把斗柄的指向與用二十八星宿表示的昏、旦中星相結合，來敘述不同的季節，斗杓分別依春、夏、秋、冬而有東、南、西、北的變化。在古代的占星家所用的式（栻）盤中，天盤的中央也是畫上北斗七星，周圍才是二十八宿名稱（詳見圖六），〔註19〕可見北斗七星和二十八宿在古代往往是聯繫在一起，二十八宿四象中星在夜空中的色澤與方位，與系統五行說中的方位、色彩的配應既相合，北斗七星斗杓位置與季節的關係，又與系統五行說中方位與季節的關係一致，我們認為，方位與色彩、季節的結合，五行系統裏「東、南、西、北、中」與色彩、季節的配應，極有可能是根據星象觀測中的天體位置而定的。

三、地理氣候與土宜

除了天體星宿的位置與色澤的觀察，可以是「方位」緣沿進入系統五行說配應組項的因素之外，部份學者認為：五方與五材、五時、五色的配應，與中國古代農業國家所處的地理環境有關。

如：龐樸在〈五行思想三題〉〔註20〕就認為：把五材、五方、五時、五色相配，說「木」為東方，為春天，為春色，初看上去頗為神祕，其實不過是「某些基本自然現象的一種理論概括」，我們祖先長期生活在中原黃土高原，屬於北溫帶地區，春天多「東風」，草木復甦，萬象更新，給人以「木」和「青」的感覺；夏天多「南風」，烈日炎炎，晝長夜短，給人以「火」和「赤」的感覺；秋天多「西風」，草木凋零，天高氣爽，給人以「木」和「白」的感覺；冬天多「北風」，天寒地凍，晝短夜長，給人以「水」和「黑」的感覺，至於中方屬土，黃色，顯然是黃土高原的反映。基於這樣的聯想，龐樸氏因此指出：「五帝、五神，正是這些自然現象的神格化和祖先崇拜的理論化」，「五行思想，在它發展的早期，很大程度上是一種自然科學性質的東西，所以能被各派思想家接受和利用，呈現一種普遍性的特色」。

李德永在〈五行探源〉〔註21〕也有類似的看法，認為：五行思想把這些

〔註19〕圖六：「漢代占天漆盤殘片摹本」，資料來源：王振鐸，《科技考古論叢》，北京：文物，1989年9月，頁109。
〔註20〕龐樸，〈五行思想三題〉，《山東大學學報》，1964年1期。
〔註21〕李德永，〈五行探源〉，《中國哲學》第四輯，1980年。

自然現象概括爲四時（春夏秋冬）、五材（木火金水土）、五方（東南西北中）、五色（青赤白黑黃），是因爲中國所在的北溫帶地區所展現的自然現象是四季不同而又年年如此，表現爲「多樣性與單一性的統一」、「變動性與周期性的統一」；這種帶有規律性的現象年復一年、循環不已的重複出現，李氏認爲：正合乎「五行思想所反映的固定不變的客觀內容」及「五行思想所特有的辯證思維與形而上學的內在矛盾」。

此外，蔡璧名在《五行系統中的色彩》〔註22〕中，亦參照中國科學院南京土壤研究所編之〈中國土壤圖〉指出：東方古青州、徐州一帶，於棕壤之外，則多潮土；南方多紅壤，同時含有赤紅、磚紅、燥紅土壤；地處中央位置之古豫州，則以黃棕壤爲主；西方之古雍州一帶，則多淺色系之風沙土、鹽土與沙漠，故近於白；至於北緯四十五度以上，則多黑土、黑鈣土。因此，其研究認爲：系統化五行說中，色彩、方位之配應，恰等同於先民得見土壤色澤與方位之間的聯繫。

《黃帝內經‧素問‧異法方宜論》有一段黃帝與歧伯的對話，談到「五方」的地勢、土宜各有不同：

> 東方之域，天地之所始生也，魚鹽之地，海濱澇水，其民食魚而嗜鹹……。西方者，金玉之域，沙石之處，天地之所收引也，其民陵居而多風……。北方者，天地所藏之域也，其地高陵居，風寒冰冽，其民樂野處而乳食……。南方者，天地所長養，陽之所盛處，其地下，水土弱，霧露之所聚也，其民嗜酸而食胕……。中央者，其地平之溼，天地所以生萬物也眾，其民食雜而不勞……。

這段話顯然已把中央與東、南、西、北並列爲「五方」，可能是「五行說」配應以後的產物。但是，也可以看出來，當時人已經注意到「五方」的地勢、季候各有不同的特點，既然當時已經有了這樣程度的觀察，再衡諸學者們所言的「五行思想的發展，很大程度上是一種自然科學性質的東西，所以能被各派思想家接受和利用，呈現一種普遍性的特色」（龐樸〈五行思想三題〉語，見註20），以地理氣候來詮釋「方位」與五行說的配應，應可聊備一說。

〔註22〕蔡璧名，《五行系統中的色彩》，台灣師範大學國文研究所碩士論文，1992年6月。

第四節　結　語

　　本文考察在鄒衍以前，見諸於《左傳》、《國語》書中的早期五行說資料，發現：盡管上、下、左、右、中、東、南、西、北這些空間概念早已出現在甲骨卜辭，但是，在早期五行說中，方位與五行並沒有任何的聯繫；再觀乎鄒衍以後的五行說，雖然《漢志‧諸子略》見載的《鄒子》四十九篇，《鄒子終始》五十六篇都沒有傳下；但是由《呂氏春秋‧應同》所見到的關於「五德終始」的說法，我們可以知道，「五德終始」說中，色彩雖已與五帝、五材相配，然而，卻不涉及「方位」；再由《史記‧孟荀列傳》所載的鄒衍「大九州」說之梗概，亦可知鄒衍所指的「大九州」範圍，區分爲中國及海外，是先說中國而後推廣及于海外，其間並未涉及「東、南、西、北」諸方位。在《呂氏春秋》十二月紀及《禮記‧月令》的五行配應中雖然提到「方位」，指出天子在不同的季節，於不同的方位舉行迎郊之禮，但是，並未特別突顯「方位」在五行配應中的地位；到了《淮南子‧天文》提到所謂「五星」，始以「方位」爲中心與「木、火、土、金、水」五材，及四時、天干等相配應。

　　所以本文認爲，盡管空間方位的概念早已具備，但是特指「五方」之專名，在空間概念中，突顯「中」與「東、南、西、北」爲一組，是「方位」進入五行系統配應以後才有的；文獻上的「五方」一詞，始見於《禮記‧王制》，關於「東、南、中、西、北」並稱，又皆見於五行系統配應發展以後的《管子》、《呂氏春秋》、《淮南子》等書中，故「五方」蓋屬晚出之說，是五行系統爲因應數「五」的要求，才在四方之外，湊足「中」而爲「五」方。楊向奎、龐樸等大陸學者認爲：以「方位」爲基礎的五的體系，是五行說的原始，這種說法，是受到胡厚宣主張殷商時期即有「五方」說的影響。本論文在第二章即舉證說明，殷商時期雖已有「中」的概念，但皆是以「左、右、中」的形態並列出現，「中」從未在卜辭裏與「東、南、西、北」號稱「五方」同時出現；胡厚宣氏認爲「中」與「東、南、西、北」號稱「五方」，起源於殷商；事實上是以後世五行配應裏的「五方」格式，強加在殷商的空間概念上。陳夢家在〈五行之起源〉〔註23〕一文中，也贊成「五方」之說甚爲晚起：

　　　　五行論中之五帝配五方，甚爲晚起。《左傳》昭公十七年傳有五帝之
　　　　名，二十九年傳有五行之官，至《呂氏春秋》、《禮記‧月令》及《淮

〔註23〕陳夢家，〈五行之起源〉，《五德終始說下的政治和歷史》（顧頡剛撰）之附錄
　　　　三，香港：龍門，1970 年 3 月。

南子》，則合爲一系統，更以五行配四時、五方。

言下之意，方位配入五行系統，乃是晚起之說。

「方位」緣沿進入系統五行說配應組項的因素，部份學者如龐樸、李德永、蔡璧名等認爲：五方與五材、五時、五色的配應，與中國古代農業國家所處的地理環境有關。除了地理氣候因素外，「方位」進入五行說之配應組項，是否還有其它可能因素？本文在以「方位」爲主軸的文獻觀察裏發現，方位之所以配應於系統五行說，並不是直接與木、火、土、金、水五行發生聯繫，而是配應於五行系統中的其它組項，特別是方位與顏色及方位與季節的關係。循此線索，本文提出兩項「方位」進入五行說配應組項的可能因素，分別是「星宿出現之方位與色澤」及「北斗斗杓之移轉與季節」的考察。

由《墨子‧貴義》裏所引的日者與墨子的對話，從對話中可以知道當時代方位已經與顏色產生固定的配應，再由《史記‧天官書》所載及現代天文學的觀測驗證可知，白、赤、黃、蒼、黑「五色」不僅是五行系統中的顏色組項，更是秦漢之際天體星宿閃耀在夜空中的色澤，《史記‧天官書》將二十八星宿及北斗七星分列爲「五宮」，並根據其主星之色澤及星宿排列之形狀，分別稱之爲「蒼龍、朱鳥、黃龍、白虎、玄武」，「蒼、赤、黃、白、黑」是主星的色澤，「四象」（四獸）則是二十八星宿排列的形狀；《淮南子‧天文》提到「五星」，特別標明「蒼龍、朱鳥、黃龍、白虎、玄武」的方位是「東、南、中、西、北」，正是《史記‧天官書》所言的「五宮」方位；此外，《史記‧天官書》還詳細的說明了五星的運行，在不同的季節，其適合觀測的方位與所展現的星光色彩，東、南、中、西、北是五星於各季所行居的方位，歲星於春爲蒼，熒惑於夏爲赤，塡星季夏爲黃，太白於秋爲白，辰星於冬爲黑，五星依著季節顯現在不同的方位，展現不同的色澤，季節、方位、色彩的關係，竟然與五行系統配應完全一致；南京大學天文系、紫金山天文臺、北京天文臺一起合作的研究報告指出，《史記‧天官書》中，與五行色彩相合的五星色澤，是秦漢時期實際閃耀在夜空中的星光色彩；這更使人相信，「方位」與顏色的配應關係，五行配應中「方位」與顏色的配屬，是由觀測天體星宿的色澤及方位而來。

系統五行說中，爲什麼偏偏是東方配春、南方配夏、西方配秋、北方配冬？我們認爲，由斗杓的指向與地上季節的相應亦可以得到合理的解釋；《鶡冠子‧環流》、《大戴禮‧夏小正》、《淮南子‧天文》均提到，北斗的斗柄所指的方向跟地上季節的相應有一定的關係，春天恰爲斗柄東指，夏季則斗柄

南指，秋季斗柄西指，冬季斗柄北指。值得注意的是，系統五行說中，方位與季節的配應，竟然與斗柄指向與季節的關係是一致的，均為「東──春」、「南──夏」、「西──秋」、「北──冬」，《史記‧天官書》提到，北斗七星「運于中央」，有特殊的地位；秦漢以來天體觀測家中，普遍以北斗居中為參照，統領四方，事實上，「四方」之外的第五方「中」，之所以被納入「五方」為專名，亦可以由北斗居中樞位置，而斗杓隨之運轉四方得到若干的聯想。方位緣沿季節，「東、南、西、北」與「中」，並列「五方」，與季節相配，納入於五行說，本文認為，北斗七星的斗杓指向提供了一個合理的解釋。

圖一　《史記‧天官書》四方星象圖

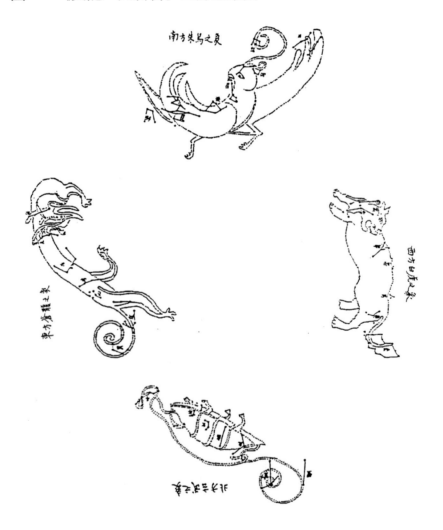

圖二　黃道南北星座圖

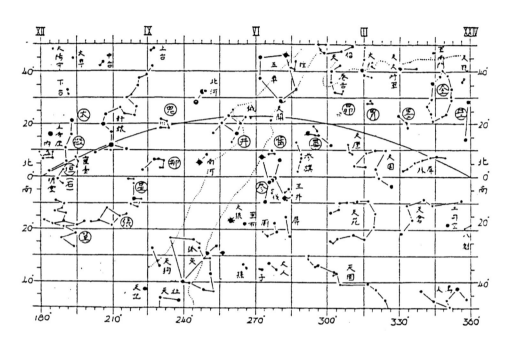

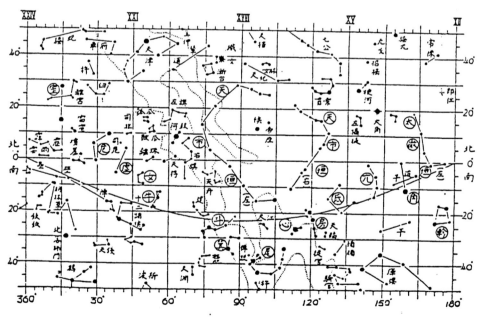

圖三　曾侯乙墓出土的「北斗、二十八星宿、青龍白虎」圖象

漆箱

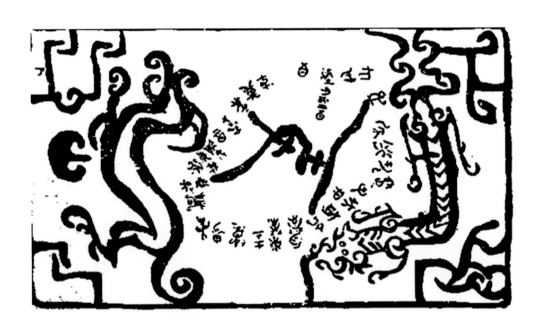

圖四 「北斗與二十八星宿」關係圖

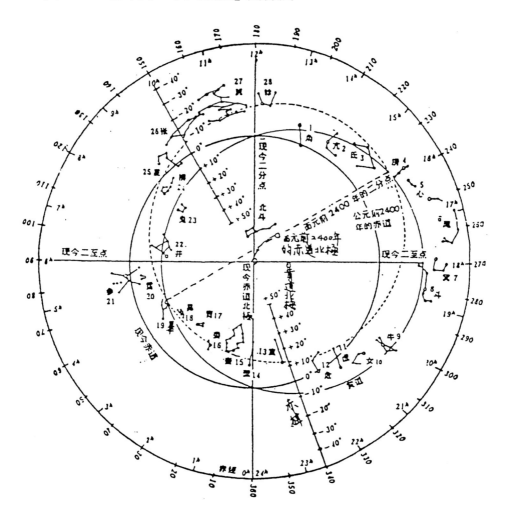

圖五　五宮二十八宿對照圖

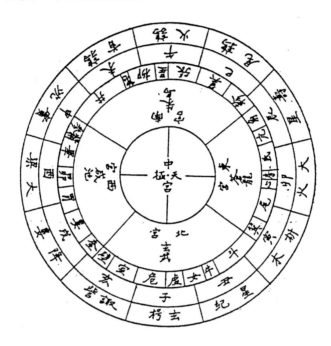

圖六　漢代占天漆盤殘片摹本

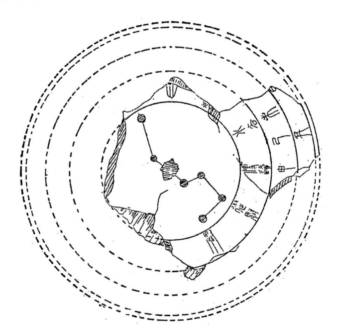

第五章 「四方」觀念的發展（二）
——「易傳陰陽變化」與「方位圖說」

　　《周易》本來是周代通行的占筮書，內容包括卦、卦辭、爻辭，《莊子·天運》云：「孔子謂老聃曰：『丘治《詩》、《書》、《禮》、《樂》、《易》、《春秋》六經，自以為久矣。』」可見，到了戰國時期，這本占筮書就已經在經書的行列中，《易》既成為經，那麼許多說《易》的作品自然就成為傳，包括〈彖〉、〈象〉、〈文言〉〈繫辭〉、〈說卦〉、〈序卦〉、〈雜卦〉，其中〈彖〉、〈象〉、〈繫辭〉三傳各分上下篇，其餘則每傳一篇，故傳有七種，分為十篇，漢人在《易緯乾坤鑿度》便以「十翼」來稱呼這十篇傳。十篇《易傳》是解說《易經》的最早作品，對於經的解說，各有不同的重點。〈彖傳〉著重討論六十四卦的卦名與卦辭的含義；〈象傳〉又分為〈大象〉與〈小象〉，〈大象〉著重六十四卦的卦象名義，〈小象〉則著重三百八十六爻的爻辭及爻象；〈文言傳〉特別注重乾、坤兩卦，作者認為這兩卦是了解易道的關鍵，所以對它們的卦辭、爻辭加強闡釋與申論；〈繫辭傳〉著重《周易》的一般性問題，如占筮的方法，《易經》的成書，以及易道的義蘊等，這些論述與詮釋的言辭，繫在《經》後，可供參考；〈說卦傳〉著重〈乾〉、〈坤〉、〈震〉、〈巽〉、〈坎〉、〈離〉、〈艮〉、〈兌〉這八個單卦的問題，討論其個別的性質、功能、及卦象，全篇宗旨都在解說八卦；〈序卦傳〉著重六十四卦的排列次序，作者申說前後順序相聯的原因；〈雜卦傳〉則以兩卦為一組，不按照經文的卦序，個別在每組之間，用對比或連類的觀念來說明六十四卦的要義及特性。

第一節　《易傳》著作之時代考察

　　《易傳》的方位觀乃是援沿其宇宙論而爲基礎，因此談《易傳》的方位，必須先了解《易傳》宇宙論的建構體系，欲了解《易傳》宇宙論的建構體系，就得進一步追溯其思想淵源及構成背景；那麼，我們首先必須釐清的，就是《易傳》的著作時代的問題。

　　《史記·孔子世家》曾指出：「孔子晚而喜《易》，序〈彖〉、〈繫〉、〈象〉、〈說卦〉、〈文言〉，讀《易》韋編三絕，曰：『假我數年，若是，我於《易》則彬彬矣。』」〔註1〕世傳《易傳》的作者是孔子，但是在《史記》的這段文字只提到五種《易傳》，其餘兩種：〈序卦傳〉、〈雜卦傳〉卻沒有交代，至於「序〈彖〉、〈繫〉、〈象〉、〈說卦〉、〈文言〉」，所謂的「序」，是「排列次序」之意？或是指「創作敘述」之意？《漢書·儒林傳》云：「孔子……蓋晚而好《易》，讀之，韋編三絕，而爲之傳。」〔註2〕《藝文志》亦有云：「文王……重《易》六爻，作上下篇。孔氏爲之〈彖〉、〈象〉、〈繫辭〉、〈文言〉、〈序卦〉之屬十篇。」〔註3〕〈漢志〉雖未談到〈說卦傳〉、〈雜卦傳〉，但顯然地已提出十篇之數。孔穎達在《周易正義·序》（十三經注疏本）說：「其〈彖〉〈象〉等《十翼》之辭，以爲孔子所作，先儒更無異論。」孔子作《十翼》的說法，一直到宋代才開始由歐陽修提出異議，他在〈易童子問〉〔註4〕中說：

　　　　童子問曰：「〈繫辭〉非聖人之作乎？」曰：「何獨〈繫辭〉焉，〈文言〉、〈說卦〉而下，皆非聖人之作，而眾說淆亂，亦非一人之言也。昔之學《易》者雜取以資講說，而說非一家，是以或同或異，或是或非，其擇而不精，至使害《經》而惑世也。」

歐陽修以後，關於《易傳》作者的問題，陸續有人提出來討論。近人如錢穆、馮友蘭、顧頡剛、李鏡池、高亨諸位先生都加入了討論的行列，〔註5〕他們一

〔註1〕　司馬遷著，〔日〕瀧川資言考證《史記會注考證》卷四十七，〈孔子世家第十七〉，台北：藝文，1972年，頁743。

〔註2〕　王先謙，《漢書補注》卷八十八〈儒林傳第五十八〉，北京：中華，1993年，頁1514。

〔註3〕　同註2，卷三十〈藝文志第十〉，頁867。

〔註4〕　歐陽修，《歐陽文忠公全集》卷七十八，四部叢刊初編縮本（據上海商務印書館縮印元刻本）），台北：商務，1967年。

〔註5〕　參見錢穆〈易經研究〉（《中國學術思想史論叢》（一），台北：東大，1996年）。馮友蘭〈孔子在中國歷史中之地位〉，（《三松堂學術文集》，北京：北京大學出版社，1984年）。顧頡剛〈論易繫辭傳中觀象制器的故事〉，（《古史辨》第

致否定孔子作《十翼》的說法，戴璉璋先生在《易傳之形成及其思想》中，將上述諸人反對理由裏最值得注意的，也就是《易傳》與《論語》在思想上的顯著差距，作了分析，整理成三點意見如下：〔註6〕

第一、對於「天」的看法

在《論語》，孔子所說的是有人格神意味的「主宰之天」。例如：

> 予所否者，天厭之，天厭之。（雍也）

> 吾誰欺？欺天乎？（子罕）

> 天生德於予，桓魋其如予何？（述而）

> 天之將喪斯文也，後死者不得與於斯文也；天之未喪斯文也，匡人其如予何？（子罕）

在《易傳》，天就沒有人格神味，它是「自然之天」或「義理之天」。例如：

> 大哉乾元，萬物資始，乃統天，雲行雨施，品物流行，大明終始，六位時成，時乘六龍以御天。（乾象）

> 天尊地卑，乾坤定矣。……在天成象，在地成形，變化見矣。是故剛柔相摩，八卦相盪，鼓之以雷霆，潤之以風雨，日月運行，一寒一暑。（繫辭上傳）

第二、對於「鬼神」的看法

《論語》中所載，孔子所說的鬼神，都有宗教色彩，是祭祀的對象。例如：

> 季路問事鬼神。子曰：「未能事人，焉能事鬼。」（先進）。

> 務民之義，敬鬼神而遠之，可謂知矣。（雍也）

> 禹，吾無間然矣，菲飲食而致孝乎鬼神。（泰伯）

在《易傳》，鬼神是天地造化的跡象，〔註7〕人們通過修德的工夫，可以與鬼神相知相感。例如：

> 夫大人者，與天地合其德，與日月合其明，與四時合其序，與鬼神

三冊，台北，1987 年）。李鏡池〈易傳探源〉，（《周易探源》，北京：中華，1991 年），高亨《周大大傳今注》，（山東：齊魯書社，1979 年）。
〔註6〕 戴璉璋，《易傳之形成及其思想》，台北：文津，1989 年 6 月初版，頁 619。又以下之說明，爲求清楚方便起見，已更動部份原文之次序。
〔註7〕 朱熹《中庸章句》：「程子曰：『鬼神，天地之功用而造化之跡也。』」

合其吉凶。（乾文言）

凡天地之數，五十有五。此所以成變化而行鬼神也。（繫辭上傳）

易與天地準，故能彌綸天地之道。仰以觀於天文，俯以察於地理，
是故知幽明之故；原始反終，故知死生之說；精氣爲物，游魂爲變，
是故知鬼神之情狀。（繫辭上傳）

第三、對於「道」的看法。

在《論語》，孔子對於「天道」幾乎是不談的。子貢曰：「夫子之文章可
得而聞也；夫子之言性與天道，不可得而聞也。」（公冶長）孔子所謂「道」，
都是通過人事來說明，道是人類行爲的原則或至善的準據。例如：

三年無改於父之道，可謂孝矣。（學而）

君子道者三，我無能焉。仁者不憂，知者不惑，勇者不懼。（憲問）

天下有道則見，無道則隱。（泰伯）

士志於道而恥惡衣惡食者，未足與議也。（里仁）

在《易傳》，所說的「道」，幾乎就是「天道」，與天地之形成，萬物之架構是
一體的，充分顯示其「宇宙論」的性格。例如：

天地之道，貞觀者也。（繫辭下傳）

一陰一陽之謂道。（繫辭上傳）

立天之道曰陰與陽，立地之道曰柔與剛，立人之道曰仁與義。（說卦）

坤道其順乎，承天而時行。（坤文言）

大亨以正，天之道也。（臨象）

戴氏從思想淵源觀察，認爲孔子在《論語》中引《易》或論《詩》，都是要藉
以對行爲有所指導，對思想有所啓發，後人沿襲這一宗風，在《易》的探索
上：「居則觀其象而玩其辭，動則觀其變而玩其占」（繫辭上傳）「觀」「玩」
的結果，就有多方面的領悟和興會，積累成篇，彙編成集而產生《易傳》。因
此，戴氏指出：《易傳》雖非孔子所作，可是從各篇內容去觀察，仍然可以確
定是出自儒者之手，而孔子詮釋經義、引用經文的態度，對於《易傳》的形
成所產生的影響，也不容抹煞。〔註8〕

〔註8〕 近來亦有學者主張，《易傳》是稷下道家之作，如：陳鼓應，《易傳與道家思
想》（台北：商務，1995 年 12 月初版）即從道家宇宙觀的論點及黃老思想的
脈絡去詮釋《易傳》，而將《易傳》歸屬於道家的作品。

　　《易傳》的作者究竟是誰，現在我們已很難一一確定了。然而，經過宋代歐陽修以來，乃至近代學者們的研究，已知孔子作《易傳》的說法實不能成立。主要根據有二：一是《易傳》有七種十篇，但各傳之間無論在文章體例還是思想傾向上，都有相當的差別，甚至同一傳之內也有矛盾之處，故顯非一人之作；二是將《易傳》的思想傾向與《論語》所記孔子的思想做一比較，便可發現二者的思想性格不相契合，從《論語》來看，孔子注重現實的倫理政治而罕言天道，故弟子不得聞性與天道，而《易傳》則大談天道，本天道以明人事，所以，孔子作《易傳》的說法，是不能成立的。

　　至於《易傳》非一時一人之作，朱伯崑在《易學哲學史》從思想上作了詳細的考訂，〔註9〕認爲：《易傳》的主要部份成於戰國中後期，即以《易傳》中最早產生的〈彖傳〉而論，也當成於孟子、莊子之後。一般認爲〈彖傳〉、〈象傳〉最早，〈文言傳〉、〈繫辭傳〉其次，而〈說卦傳〉、〈序卦傳〉、〈雜卦傳〉則較晚；〔註10〕因爲〈文言傳〉解釋〈乾〉、〈坤〉兩卦的卦辭、爻辭，有紹述〈彖傳〉、〈象傳〉兩傳的跡象；〈繫辭傳〉與〈文言傳〉兩傳都有詮釋爻辭的文字，風格相近，甚至有部份雷同，故可能是同一時代的作品，據于豪亮考證，帛書《周易》寫於漢文帝初年，在帛書《周易》裏，已經記載今本〈繫辭傳〉中的文字，所以，〈繫辭傳〉當是戰國晚期之前的作品，〔註11〕大體而言，我們可以推斷〈彖傳〉、〈象傳〉、〈文言傳〉、〈繫辭傳〉四傳在西漢以前已經寫成；至於〈說卦傳〉主要特徵是八卦方位說，與秦漢之際陰陽家方位配四時的說法相應，可能是當時代流行的產物。〈序卦傳〉、〈雜卦傳〉未見於《史記》著錄，〈雜卦傳〉且未見於《漢書》，因此，〈序卦傳〉、〈雜卦傳〉兩傳，又可能晚於〈說卦傳〉。戴璉璋便指出（同註6，頁14）：《淮南子‧繆稱》所引《易》曰，與〈序卦傳〉類似，〈繆稱〉云：「動而有益，則損隨之。故《易》曰：『剝之不可遂盡也，故受之以復。』」。而〈序卦傳〉則作：「〈剝〉者，剝也。物不可以終盡剝，窮上反下，故受之以〈復〉。」兩相比

　　本文旨在說明《易傳》非出於孔子之手，其著作時代概於戰國中晚期之後，藉以看出，八卦之方位觀亦屬戰國時代之產物。關於《易傳》究竟屬於儒家或道家，實屬見仁見智之問題，非本論文探討之目的。

〔註9〕　朱伯崑，〈易傳及其哲學〉，《易學哲學史》第一卷，北京：華夏，1995年。

〔註10〕李鏡池與高亨對於《易傳》寫成時代的設定雖然看法不同，但在各篇先後次序方面都持上述見解。

〔註11〕于豪亮〈帛書周易〉，《文物》1984年第三期，頁15～24。

較，可以推知，在淮南王時代，即使還沒有〈序卦傳〉，也已有了與〈序卦傳〉類似的《易》說。它可能就是〈序卦傳〉的藍本，而在漢初已經流通了。

　　總括而言，孔子作《易傳》的說法是不能成立的，由漢文帝初年的帛書《周易》看來，《易傳》部分內容在漢初就已見流傳，依照朱伯崑《易學哲學史》的考訂，《易傳》的主要部分成於戰國中晚期，那麼，《易傳》中的「八卦方位」亦應是戰國中晚期流行的說法。

第二節　《易傳》思想之構成背景

一、沿襲春秋以來「易學」之發展與「儒學」之傳統

　　東周以來，禮壞樂崩，無論是政治結構、典章制度、社會禮俗、經濟生產、教育文化等等，無不在急速變化著，發展著，在這個變革過渡期中，反映到「人」的意識上，於是有「人」的覺醒，「人」的自覺，「人」的地位的抬高，相對於往昔，「神」的面紗也逐漸淡化，《周易》是卜筮之書，適應了時代的發展需要，從春秋中葉起，我們可以在《左傳》、《國語》等記載中發現，當時代的人引《易》為說，已經著重在行為義理，而不拘泥於卜筮。《荀子·大略》云：「善為易者不占。」言下之意，是指善學易的人不拘泥於卜筮，而著重於體會文辭的意義教訓；此可謂春秋中後期易學的革新，是重人不重神的時代思想的表現。

　　《左傳》、《國語》記述春秋時人用《周易》來占筮的，共十四條，其中《左傳》十一條，《國語》三條。此外，《左傳》還有記述春秋時人引用《周易》來論事的，共六條；又有依據《周易》以外的筮書來占筮的，共兩條，〔註12〕根據這二十二條資料可知：在當時的筮法中，人們提到某一卦的某一爻時，是由於那一爻屬於變爻，或由奇變為偶，或由偶變為奇。爻變以後，就成為另一卦，於是原來筮得的卦稱為「本卦」，爻變所得的卦則稱為「之卦」，因此，對於某一爻的指稱，其實是用「某卦之某卦」的方法，春秋時人依據卦為占筮事件作

〔註12〕《左傳》所記用《易》占筮的，見於莊二二、閔元、二、僖十五、二五、襄九、二五、昭五、七、十二、哀九。《國語》所記用《易》占筮的，見於《周語》、《晉語》。《左傳》所引《易》論事的，見於宣六、十二、襄二八、昭元、二九、三二。《左傳》記述引用《周易》以外筮書來占筮的，見於僖十五、成十六。以上所引詳細資料，請見於戴璉璋氏《易傳之形成及其思想》，頁29～30。

解說的時候，除了依據本卦以外，還可以參考之卦，有時還可以完全依據之卦來說解，如《左傳》襄公九年記魯「穆姜薨於東宮」，追溯她被貶進東宮的那一年，筮遇〈艮〉之〈隨〉，史宮及穆姜本人都據〈隨〉卦卦名及卦辭來作說解。值得注意的是，史官解釋，〈隨〉的卦名是「出」的意思，勸穆姜趕快出走，穆姜卻從〈隨〉的卦辭「元亨利貞」四字來反省自己，認為自己和叔孫僑如私通，又趕逐季孫行父及加害成公，是個淫亂的婦人，罪在不赦，吉占也沒用，所以她說：

> 是於《周易》曰：「〈隨〉：元亨利貞，无咎。」元，體之長也。亨，嘉之會也。利，義之和也。貞，事之幹也。體仁足以長人，嘉德足以合禮，利物足以和義，貞固足以幹事，然故不可誣也：是以雖隨无咎。今我婦人而與於亂，固在下位，而有不仁，不可謂元；不靖國家，不可謂亨；作而害身，不可謂利；棄位而姣，不可謂貞。有四德者，隨而无咎。我皆無之，豈隨也哉！我則取惡，能无咎乎！必死於此，弗得出矣。（左傳、襄九）

依照穆姜的說法，占到〈隨〉卦，必須具備元亨利貞四德，易筮才能靈驗。所謂元亨利貞四德，就是體仁、嘉德、利物、貞固，而她全沒有。在檢討自己之後，對於自己命運的論斷，她作了正與卦辭「无咎」相反的結論。可見在當時代，《周易》的運用已向著人事行為倫理道德方面發展，不受卦爻辭束縛，卦爻辭不是占筮的絕對標準，也就是說，主要標準是人而不是神。「筮必配德」的觀念，是《周易》思想發展史的重要突破，也是《易傳》思想的構成背景。

春秋時人在象位觀念方面的靈活運用，加強了對於易筮的解釋能力，他們在義理思想方面的重德精神，充實了易筮解說的內容，並且加強了占筮活動的規範；《易傳》用八卦來解釋方位，以八卦所代表的物象來說明萬物的生長歷程，並且引申為人事的準則，例如在解釋八方卦位時，說明南方「離」卦，曰：「離也者，明也，萬物皆相見，南方之卦也。聖人南面而聽天下，嚮明而治，蓋取諸此也」，顯然是從卦象來詮釋義理思想的重德精神，《易傳》論說「八卦方位」，事實上，亦承襲了易學發展的脈絡。。

《左傳》昭公十二年記載：魯季平子的家臣南蒯據費邑背叛平子。事先他筮得〈坤〉之〈比〉，即根據坤卦六五爻辭來論斷吉凶。《周易·坤》六五爻辭是「黃裳，元吉。」南蒯自以為大吉，拿去請教子服惠伯，說要舉辦大事。惠伯對他說：

忠信之事則可，不然必敗。外彊內溫，忠也。和以率貞，信也。故
曰：「黃裳，元吉。」黃，中之色也。裳，下之飾也。元，善之長也。
中不忠，不得其色；下不共，不得其飾；事不善，不得其極。外內
倡和爲忠，率事以信爲共，供養三德爲善，非此三者弗當。且夫易
不可以占險，將何事也？且可飾乎？中美能黃，上美爲元，下美則
裳。參成可筮，猶有闕也，筮雖吉，未也。

惠伯的這番話，指出「易不可以占險」，在行爲上「猶有闕也，筮雖吉，未也」，
可見，卦爻辭不是占筮的絕對標準，仍然是強標準在人的行爲倫理道德而不
在神。爻辭雖說「黃裳，元吉」，惠伯卻認爲「信之事則可，不然必敗。」因
爲內心忠，才配得上爻辭的「黃」字；爲人恭（共），才配得上爻辭的「裳」
字；行事善，才配得上爻辭的「元」字，這三者都具備了，易筮的指示才會
應驗，如果有所欠缺，爻辭字面上雖說吉，其實還是不行的。對於卦的意義，
不說「卦象」，而說「卦德」、「卦義」，卦德是卦象發展出來，結合到人的思
想行爲以說明卦的性質意義，這也是以人爲主來說卦德，對於卦爻辭的解釋
完全不根據它原來的意義，而以人倫思想爲基礎作了和原來意義距離很大的
引申發揮，把「元亨利貞」說成四德，把「黃裳，元吉」解作三美，就《周
易》本身說，這種解釋未必合乎經文的義涵；但就《周易》思想的擴展而言，
這種引申發揮卻是一種創新，是時代發展的反映，也是《易傳》思想構成之
背景；《易傳》釋「八卦方位」，便擺脫了八卦本卦的經文義涵，而直接由八
卦代表的物象去說明自然界萬物的生長歷程，例如釋西南「坤」卦曰：「坤也
者，地也，萬物皆致養焉」，顯然是捨棄了坤卦的卦爻辭，直接由卦象來立說，
這種引申發揮，反映了《易傳》承襲春秋中後期以來易學革新的背景。

由《左傳》、《國語》的記載，顯出春秋中晚期說《易》的擴展解釋，使《周
易》賦以新義，區分成原始的《周易》和發展了的《易》說。另外，亦可看出
《易》在當時已相當普遍的流行著，人們對於《易》的重視，不僅僅以卜筮書
來看待，而且當作可以說明事理的理論書來證引。《荀子‧大略》云：「善爲易
者不占。」顯示出春秋中後期易學革新，是重人不重神時代思想的表現。

從易學的傳統而言，《周易》成書時，象位與義理兩條主要脈絡就已經形成，
到了春秋時代，這兩條脈絡左右著易學的發展就更明顯。象位觀念加強了人們
對於易筮的解釋能力；義理思想則充實了人們在易筮方面的解釋內容。從《左
傳》、《國語》兩書的記載可知，春秋時代的象位觀念，人們運用活潑的想像，

開拓了卦象的視野，由人事推向自然，由具體的物象推向抽象的德性象徵，使得卦象有了更寬廣的詮釋空間。《易傳》作者在象位與義理兩大脈絡上，是接受春秋易學的成果再往前推進，就象位來說，一方面豐富了春秋以來的卦象、卦位觀念，另一方面也開拓了爻象、爻位方面的領域，使得象位觀念更爲細密，並且把剛柔、陰陽這兩組觀念引進象位系統來，使象位與義理作更密切的聯繫；就義理來說，春秋時人的義理思想，是繼承著《周易》本有的敬德精神，把易學和儒學結合起來，藉易學的形式開拓儒學的思路，也藉著儒學的義理充實易學的內容；承襲象位與義理的脈絡，結合了易學的形式與儒學的思路，這樣的結晶，便反映在《易傳》對「八卦方位」的闡釋上。

二、陰陽觀念盛行的影響

關於《易傳》思想之構成背景，除了沿襲春秋以來的易學與儒學的發展之外，還須注意的，是同時代陰陽觀念盛行，其發展所帶來的影響，而這樣的影響，亦出現在《易傳》對「八卦方位」的詮釋上。

根據《說文》來考察，「陰」、「陽」兩字都與日光有關，日光朗照爲陽，日光被阻擋爲陰。梁任公指出陰陽兩字即「仌」「易」（見《古史辨》第五冊，頁 343），梁氏之說其實出於段玉裁：

> 《說文·十一下·雲部》：「霒，雲覆日也。從雲，今聲。仌古文霒省。」段注：「今人陰陽字，小篆作霒昜。」

> 《說文·九下·勿部》：「昜，開也。從日一勿。一曰飛揚，一曰長也。一曰彊者眾皃。」段注：「此陰陽正字也。陰陽行而霒昜廢矣。」

依許氏《說文》，「仌」就是「霒」的簡體字，是「雲覆日」的意思，至於「昜」，許愼釋以「開」，並未清楚交待究爲何意；「昜」的象形字寫作，是由「旦」及「勿」二字構成，《說文》謂「，州里所建旗也」（頁 458），而「旦」是意謂著太陽從地平線昇起之意，因此，「昜」字當是指太陽從地平線昇起而「建旗」之意，亦符合《說文》「一曰飛揚，一曰長也，一曰彊者眾皃」之說。《說文》中亦有云「陰」「陽」二字之本義：

> 《說文·十四下·𨸏部》：「陰，闇也。水之南，山之北也。從𨸏，仌聲。陽，高明也，從𨸏，昜聲。」

據此，「陰」、「陽」是指日光能否照射到的地區；日光不容易照射到的地區，如水之南、山之北爲「陰」；日光容易照射到的地區，如水之北、山之南爲「陽」。

《詩經》《尚書》中有些地方用到陰陽二字時，仍保持這些初始義，如〈豳風‧七月〉：「七月流火，九月授衣，春日載陽」、〈周頌‧載見〉：「龍旂陽陽，和鈴央央」、〈邶風‧谷風〉：「習習谷風，以陰以雨」，因為「陰雨」，故蔽日而昏暗，而「載陽」乃是指太陽普照之意，至於「鳳凰鳴矣，于彼高岡，梧桐生矣，于彼朝陽」（大雅卷阿）依據朱熹註解「山之東曰朝陽」則是由太陽之普照而引申為日出之方向；﹝註13﹞而《尚書‧禹貢》：「既修太原，至于岳陽」、「華陽黑水而惟梁州」、「南至於華陰，東至于底柱」則採山水之南、北而言陰陽。綜合地說，從西周到東周初期，陰陽兩字的主要涵義是指日光的有無或日光能否照射的地區，由此引申，常用以指陰寒與溫暖的氣候。以這些詞義為基礎，再進一步的重要發展，就是以陰陽為天的六氣之道或天地之氣。天有六氣的說法，流行於春秋時代，《左傳‧昭公元年》晉侯使求醫於秦，秦伯使醫和視之，就指出「天有六氣，降生五味，發為五色，徵為五聲，淫生六疾。六氣曰：陰、陽、風、雨、晦、明也……。」事實上，把陰陽從陰寒與溫暖的氣候推想為天地間的兩種氣，是西周末就有的事。《國語‧周語上》：

> 幽王二年，西周三川皆震。伯陽父曰：「周將亡矣。夫天地之氣不失其序，若過其序，民亂之也。陽伏而不能出，陰迫而不能烝，於是有地震。今三川實震，是陽失其所而鎮陰也。陽失而在陰，川源必塞，源塞國必亡。夫水土演而民用也，水土無所演，民乏財用，不亡何待。」

在周大夫伯陽父這段話裏所看到的陰陽，是天地間的兩種氣；其中有二點特別值得注意：（一）陰陽是獨立存在的兩種氣，它們有一定的性質與作用，可以影響雨水、河川、土地、農耕。（二）陰陽與人事有密切關係，人事不當，會導致陰陽失序，又會造成人間的災禍。

「陰陽」二字連貫在一起，最先大抵見於《詩‧大雅‧公劉》：「篤公劉，既溥既長，既景迺岡，相其陰陽」朱熹註：「景，考日景以正四方也。岡，登高以望也。相，視也，陰陽向背寒暖之宜也。」「既景迺岡，相其陰陽」意謂登上山岡，利用日影而進行測量，以便了解方向位置等事項；此處的「陰陽」，明顯不是後來《易傳》所謂的陰陽意義。梁任公云：「陰陽二字意義之劇變，蓋自老子始。」（見《古史辨》第五冊，頁347），《老子》書云：「萬物負陰而

﹝註13﹞上引《詩經》諸詩，見於〔宋〕朱熹集註《詩集傳》，台北：中華，1991年3月十二版。

抱陽，沖氣以爲和」，此處之「陰」「陽」應是指兩種抽象原則或二種物質條件，它們彼此可發生作用而產生變異。我們可以發現，陰、陽已經由日光之向背至以陰寒、溫暖兩種氣候爲基礎，再進一步發展到，著眼於自然與人事的影響，而成爲二種相對待的條件原則。

戰國時代的陰陽觀念，一方面是沿襲先期原有的本義、引申義，另一方面也順著擴大了的陰陽象徵意義，用以代表各種相對事物的性質與功能。《易傳》中，〈彖傳〉、〈象傳〉、〈文言傳〉、〈繫辭傳〉、〈說卦傳〉五傳，都使用陰陽；〈序卦傳〉、〈雜卦傳〉兩傳則不用。前五傳的陰陽觀念，與上述戰國時代的陰陽觀念大體上是一致的，不外乎指天地之氣或兩種相對的功能，不過《易傳》作者比別人多一套憑藉，他們可以利用卦爻來象徵陰陽，在論述上可以得到更多依憑和方便，如〈繫辭傳〉所謂「一陰一陽之謂道，繼之者善也，成之者性也」，又謂「陰陽不測之謂神」，則陰與陽便更明顯爲一對相反而又相成的本體論或宇宙論的普遍原則，在這個意義下，陰陽可以指靜與動，也可指女與男、柔與剛，卑與尊等而言，所以，《易傳》以觀察自然界萬物生長的歷程，來說明八卦方位，亦結合了陰陽二氣的象徵意義，認爲居西北方的「乾」卦，是「陰陽相薄」之卦。

《莊子·天下》提到「詩以道志，書以道事，禮以道行，樂以道和，易以道陰陽」之說，然而，《易經》卦辭爻辭中只有中孚九二提到「鳴鶴在陰，其子和之」，梁任公提出質疑：「最奇者，易經一書，莊子所謂『易以道陰陽』者，卦辭爻辭中僅有此『中孚九二』之一條一陰字」（見《古史辨》第五冊，頁 348），其實，以〈天下〉作者所指的《易》來看，當已含《易傳》，而不限於《易》之經文，〈天下〉既說及「易以道陰陽」，其實證明《易傳》之部份寫作年代可能在於〈天下〉的著作時代之前。

第三節　《易傳》「陰陽變化」之宇宙觀

《周易》經文本不言「陰陽變化」之「陰陽」，至《易傳》方始言之。即《莊子·天下》所云：「《易》以道陰陽」，其實乃就《易傳》而言。〈繫辭傳〉曰：「乾，陽物也。坤，陰物也。」又曰：「廣大配天地，轉變配四時，陰陽之義配日月。」「法象莫大乎天地，變通莫大乎四時。」凡此皆並言天地陰陽及四時變化，這種永久迭運不息的變化，正是宇宙自然的意義與價值所在。〈繫

辭傳〉云：「一陰一陽之謂道，繼之者善也，成之者性也。」這裏所指的「繼之成之」，正是指陰陽永久不息之變化，構成宇宙自然之存在而言，所以，《易傳》中亦將八卦繫屬於八方方位，以八卦代表的物象，結合了季節，去說明自然界萬物生長的規律。《易傳》中，〈彖傳〉、〈象傳〉、〈文言傳〉、〈繫辭傳〉、〈說卦傳〉五傳都使用陰陽；〈序卦傳〉、〈雜卦傳〉則不用；前五傳的陰陽觀念，與上述的戰國時代的陰陽觀念是一致的，大體是指天地之氣或天地之間兩種相對的功能。

在〈彖傳〉，陰陽各出現兩次，分別是：「內陽而外陰，內健而外順」（泰彖）、「內陰而外陽，內柔而外剛」（否彖）。〈泰卦〉的內卦是〈乾〉，外卦是〈坤〉；〈否卦〉的內卦是〈坤〉，外卦是〈乾〉；〈彖傳〉的作者，分別用陰陽來指稱〈坤〉、〈乾〉，可見在其心目中，陽是〈乾〉的卦象，象徵剛健創生的功能；陰是〈坤〉的卦象，象徵柔順含容的功能，這兩種功能是萬物生成的首要條件。

在〈象傳〉，陰陽各出現一次。分別是：「潛龍勿用，陽在下也。」（乾、初九、象）「履霜，堅冰至，陰始凝也。」（坤、初六、象），由此可知，〈小象〉作者是把陰陽用爲爻象。陽既可以「在下」，陰既可以「凝爲霜」，顯然是以陰陽爲天地之氣。

在〈文言傳〉，陰出現兩次，陽出現三次，分別是：「潛龍勿用，陽氣潛藏」（乾文言）、「陰雖有美含之以從王事，弗敢成也。地道也，妻道也，臣道也。地道無成而代有終也」（坤文言）、「陰疑於陽必戰，爲其嫌於无陽也」（坤文言），以上「陽氣潛藏」是釋〈乾〉初九，「陰雖有美含之以從王事……」是釋〈坤〉六三，「陰疑於陽必戰……」是釋〈坤〉上六；由此可知，〈文言傳〉作者也是用陰陽來表示爻象，從〈乾文言〉可明顯看出陰陽是天地之氣；在〈坤文言〉中，陰陽則是表示結合了人倫之道、天尊地卑觀念的兩種相對的功能。

在〈繫辭傳〉，陰陽各出現九次。分別如下：

（1）一陰一陽之謂道。繼之者善也，成之者性也。仁者見之，謂之仁；知者見之，謂之知；百姓日用而不知。……陰陽不測之謂神。

（2）陰陽之義配日月。

（3）陽卦多陰，陰卦多陽。其故何也？陽卦奇，陰卦耦，其德行何也？陽一君而二民，君子之道也；陰二君而一民，小人之道也。

（4）子曰：〈乾〉、〈坤〉其易之門邪！〈乾〉，陽物也；〈坤〉陰物也。
　　陰陽合德，而剛柔有體，以體天地之撰，以通神明之德。

在（1）（2）（4）中，作者都是用陰陽來代表兩種相對的功能，陰陽是道
生成萬物的兩種作用，以宇宙創生之觀點而論之，與天地、乾坤其實是異名
而同實，陰陽變化，神妙難測，彼此感應交替，也彼此配合，來具現天地生
化萬物的功能。在（3）中則是依據爻畫數目的奇偶來爲八卦作陰陽兩類的區
分，認爲陽代表奇，陰代表偶，此外，陽爻又代表君，陰爻代表民。陽卦象
徵君子之道，陰卦象徵小人之道，事實上，這都是擴大陰陽之象徵意義而與
人事產生聯繫。

在〈説卦傳〉，陰陽各出現四次，分別是：

（1）昔者聖人之作《易》也，……觀變於陰陽而立卦。

（2）是以立天之道曰陰與陽，立地之道曰柔與剛，立人之道曰仁與義。
　　兼二才而兩之，故《易》六畫而成卦，分陰分陽，迭用柔剛，故《易》
　　六位而成章。

（3）萬物出乎震，……戰乎乾。乾，西北之卦也。言陰陽相薄也。

（1）（2）中的陰陽可作爲立卦的依據，代表天道兩種相對的功能。又言：
「《易》六畫而成卦，分陰分陽，迭用柔剛」則指出爻象據陰陽而分，陰陽結
合柔剛而具現在爻象中。（3）中的陰陽，則是指氣而言。

《易傳》各篇對陰陽的取義，基本上是沿襲春秋以來的觀念，不外乎指
天地之氣及兩種相對的功能，這是戰國時期人們的共識。值得注意的是，《易
傳》中的「陰陽變化」經常藉由卦爻來象徵，被用爲卦象、爻象，並被視同
於天地乾坤及剛柔之代表，同時也作爲道生化萬物的兩種功能，可視爲《易
傳》宇宙觀創生之動力，這種動力並常常結合天地尊卑及人倫親疏的關係加
以擴大發揮，所謂「陰陽不測」、「陰陽合德」，我們可以説《易傳》已經從功
能的觀念上來談陰陽，八卦方位便是以這種「陰陽變化」的宇宙觀爲動力，
去看待萬物在自然界中的生長演化，而試圖以八卦的物象去説明，結合季節，
益以方位，鋪排出萬物生息的規律。

錢穆氏曾指出：〔註14〕「在中國思想史上，人生與宇宙，往往融合透洽，

〔註14〕錢穆，〈易傳與小戴禮記中之宇宙論〉，原載於《思想與時代》月刊第 34 期，
　　　1944 年。又載於《中國學術思想史論叢》（二）台北：東大，1980 年，頁 256
　　　～282。本文所引乃依據後者。

混淪為一，不作嚴格區分，以此見與西方哲學之不同。」並提出所謂的「素樸的宇宙論」，即「宇宙論之起源，乃遠在皇古以來，其時民智猶塞，而對於天地原始，種物終極，已有種種之擬議。言其大體，不外以宇宙為天帝百神所創造與主持」，錢氏認為：

> 中國自有莊老道家思想，而皇古相傳天帝百神之觀念始徹底廓清，
> 不能再為吾人宇宙觀念之主幹，故論中國古代思想之有新宇宙觀，
> 斷當自莊老道家始。……宇宙論與人生論既必相倚為命……故自有
> 道家思想，而各家所持之宇宙觀，乃亦不得不隨之以變。

近來學者每每為《易傳》是否為儒家思想或道家思想而爭論不休，其實，我們既不必以後來之家別派系去強為區分前人究屬何家何派，更重要的，是必須對當時代思想之構成背景與學術潮流趨勢作一番深入的了解，對於前人的思想趨向有真切的呈現。我們承認《易傳》在宇宙觀的論點上的確有受到道家自然宇宙觀衝擊的地方，但是否應為此而將《易傳》宇宙觀之思想歸屬於道家，尚須值得保留，尤其是在人倫關係、人事貴賤的聯繫上，與道家思想的扞格更值得我們深思。錢氏認為：自戰國晚世下迄秦皇漢武之間，「新儒」採取道家新說，旁及陰陽家而更務為變通修飾，以求融會孔孟以來傳統之人生論。如果這個說法是成立的，那麼，鎔鑄道家偏傾於物質自然現象的宇宙觀以與孔孟中和建設之人生論凝合無間的，《易傳》可謂為代表，而在〈說卦傳〉中，對八方卦位的解釋，更可以看出「宇宙觀」與「人生論」的結合。

　　《易傳》每每天、地並言，〈咸卦象傳〉云：「天地感而萬物化生，聖人感人心而天下和平。觀其所感，而天地萬物之情可見矣。」〈繫辭傳〉亦云：「《易》與天地準，故能彌綸天地之道。」「與天地相似，故不違；知周乎萬物而道濟天下，故不過。」，《易》本天地之說，雖大體承襲道家自然的宇宙論，然而已經過一番修正與變動而與儒家傳統人生論契合無間，此種新宇宙觀融合了陰陽之變化，天地萬物之生成，並在道家的觀點上加諸一番修飾與改變，求以附和儒家人生哲學之需要而完成。《易傳》講求「陰陽變化」的宇宙觀，事實上結合了易學的人文發展、道家的自然觀點、和儒家的倫理次序，是戰國時代諸家學說爭鳴發達之下的產物，這一個特色，充分反映在《易傳》對「八卦方位」的解釋上；欲了解《易傳》中的「八卦方位」論說的依據，若能先對《易傳》的宇宙觀有一番認識，相信將有助於理解《易傳》何以結合萬物演化的規律，用八卦物象來建構方位。

第四節 《易傳》緣自宇宙觀的「方位圖說」

　　根據本論文第三章對傳世文獻所作的分析，在後世所謂的「十三經」經文中，扣除秦漢以後成書的《禮記》、《爾雅》等資料，我們可以發現「東、南、西、北」四方並列出現時，找不到所謂「五方」：東、南、西、北與「中」並列的原文。再剖觀於《諸子集成》（上海：上海書店，1994）更可進一步找出，「東、南、西、北」與「中央」並列之資料，清一色出現在戰國中晚期以後成書的《荀子》、《管子》、《韓非子》等書之中，由此可見，「五方」概念之晚成。（此處須注意：「中國」一詞的出現，不代表「五方」觀念之形成。蓋「中國」一詞具有文化上獨立完全的意涵，不必然依附於方位，詳見本論文第二章）在《易傳》中，我們可以注意到「四方」概念發展為「五方」、「六合」（天、地、四方）之外的另一條線索，即「八卦方位」的形成；由「四方」、「四隅」所組成的「八方」，在十三經經文中，僅見於戰國中晚期以後成書的《易傳》、《爾雅》、《禮記》，在先秦諸子的資料中，亦僅見於較晚期的《呂氏春秋》、《列子》，可見「八方」方位是「四方」觀念在戰國中晚期以後才發展而成；關於《易傳》中的「八方」卦位說，主要見於〈說卦傳〉。

一、四方概念之發展：八方——〈說卦傳〉卦位觀的呈現

　　關於〈說卦傳〉，孔穎達疏云：「陳說八卦之德業變化及法象之所為也。」（十三經注疏：《周易正義》，台北：藝文，頁182）其內容主要是解釋八卦的卦象和卦義。前半部份講八卦的形成和性質，並以八卦象徵八種自然現象，以八卦配東南西北方位而衍生出八方（四方四隅）；後半部分是解說卦象和卦義。朱伯崑在《易學哲學史》第一卷〈《易傳》及其哲學〉〔註15〕指出：〈說卦傳〉中有「和順于道德而理于義」、「順性命之理」的句子，而「道德」、「性命」連稱，顯然是戰國後期的作品；漢墓出土帛書本〈繫辭傳〉中有今本〈說卦傳〉文，帛書本六十四卦排列的順序是基於〈說卦傳〉中的乾坤父母說，可見〈說卦傳〉中的一部分，漢初已存在，《史記·孔子世家》云：「孔子晚而好《易》，序〈彖〉、〈繫〉、〈象〉、〈說卦〉、〈文言〉。」（《史記》卷四十七《世家》第十七）可知史遷已經將〈說卦傳〉列入《易傳》之中。〈說卦傳〉的八卦方位說是，以〈震〉生出萬物，配東方；〈巽〉潔齊萬物，配東南方；

〔註15〕朱伯崑，〈《易傳》及其哲學〉，《易學哲學史》第一卷，北京：華夏，1995年，頁53。

〈離〉光耀萬物，配南方；〈坤〉養萬物，配西南方（傳未明言）；〈兌〉悅萬物，配西方（傳未明言）；〈乾〉使陰陽相薄，配西北方；〈坎〉勞萬物，爲萬物之所歸，配北方；〈艮〉成就萬物，配東北方。

值得注意的是：在〈說卦傳〉中方位之說其實缺少了西南方和南方，而〈坤卦〉和〈兌卦〉在配應說法中也少了方位之配屬；既然「傳未明言」，我們何以知道〈坤卦〉是西南方而〈兌卦〉是西方呢？這是由於〈說卦傳〉文中提到「兌，正秋也」配四時之義（其餘諸卦皆未配言四時，只有〈兌卦〉提及），如果合以《管子・四時》、《禮記・月令》、《呂氏春秋》十二月紀所載，戰國中期以來陰陽五行學說「以四時配四方」的說法，我們可以發現，〈兌卦〉既配屬「正秋」，在五行說中，「正秋」又配屬西方，若將〈兌卦〉放置於八卦方位中的西方，則剩餘的〈坤卦〉自屬配於西南方，那麼八卦方位即可合而無缺。因此，首先必須澄清的概念是，若從「四方配四時」的觀點，將《易傳・說卦》八方之說法聯繫於五行學說之後，尚可言之；卻不可誤以爲「八方」之形成必是受五行說之影響；因爲「八方」之概念與「五方」之概念是從「四方」概念所引申而出的不同系統，「五方」是「四方」加上「中」，而「八方」則是直接從「四方」（東、南、西、北）交遞演化而生之「四隅」（東南、東北、西南、西北）的附加而產生，與「五方」之「中」無直接關係，屬於兩個從「四方」概念而發展的不同系統，〈說卦傳〉以「兌」配「正秋」，的確是戰國以來五行家配應的說法，但那也只是反應出〈說卦傳〉的著作背景罷了，切不可因〈說卦傳〉有「兌，正秋也」配四時之義，就誤認爲「八方」是受了戰國後期陰陽五行學說的影響而產生。〔註16〕

從〈說卦傳〉本身來看，作者是從宇宙觀的立場來發展方位說的，作者根據八卦的基本物象來構想天地間八種自然物互相配合，產生神妙的作用，促使萬物生成發展。

> 萬物出乎〈震〉，〈震〉東方也；齊乎〈巽〉，〈巽〉東南也，齊也者，
> 言萬物之潔齊也；〈離〉也者，明也，萬物皆相見，南方之卦也，聖
> 人南面而聽天下，嚮明而治，蓋取諸此也；〈坤〉也者，地也，萬物

〔註16〕如屈萬里氏在《先秦漢魏易例述評》（《屈萬里全集》二，台北：聯經）頁56～58，即認爲〈說卦〉之卦位觀念是受五行思想的影響，又如：朱伯崑氏在《《易傳》及其哲學》（《易學哲學史》第一卷）頁53，亦認爲：「八卦方位說，是受了戰國後期陰陽五行學說的影響。」

皆致養焉，故曰：致役乎〈坤〉；〈兌〉正秋也，萬物之所說也，故曰：說言乎〈兌〉；戰乎《乾》，〈乾〉西北之卦也，言陰陽相薄也；〈坎〉者水也，正北方之卦也，勞卦也，萬物之所歸也，故曰：勞乎〈坎〉；〈艮〉東北之卦也，萬物之所成終而所成始也，故曰：成乎〈艮〉。

〈說卦傳〉作者並企圖說明八卦在萬物生成的過程中所呈現的功能，而這些功能與八卦所象徵的八種物質有關，不必要是透過五行的配應而來；事實上，八卦所象徵的八種物質：〈乾〉天、〈坤〉地、〈巽〉風、〈震〉雷、〈坎〉水、〈離〉火、〈艮〉山、〈兌〉澤，不盡然與五行：金、木、水、火、土相合；由八卦象徵所進一步呈現的功能，〈說卦傳〉作者試圖架構起宇宙萬物生化的系統，因此在〈說卦傳〉的空間觀念中，我們見到了緣由於宇宙觀而來的方位圖說。〈說卦傳〉云：

雷以動之，風以散之，雨以潤之，日以烜之，〈艮〉以上之，〈兌〉以說之，〈乾〉以君之，〈坤〉以藏之。

又云：

神也者，妙萬物而為言者也。動萬物者莫疾乎雷，撓萬物者莫疾乎風，燥萬物者莫熯乎火，說萬物者莫說乎澤，潤萬物者莫潤乎水，終萬物始萬物者莫盛乎〈艮〉；故水火相逮，雷風不相悖，山澤通氣，然後能變化，既成萬物也。

〈說卦傳〉作者認為：八卦所象徵的自然物對於萬物的生成有重要的作用。不過，八卦與方位的序列關係是在怎樣的基礎上產生的呢？關於這一點，〈說卦傳〉本身並沒有提出強而有力的說法，倒是我們從「兌，正秋也」而聯想到四時與方位的聯結，陰陽家四時與方位的說法，是不是對〈說卦傳〉作者，在序列八卦方位時提供了幫助？〈說卦傳〉作者既認為八卦與萬物變化有關，是不是只要以萬物變化為樞紐，就可以把八卦與四時、方位聯繫起來了？「動萬物者莫疾乎雷」，而雷是〈震卦〉的卦象，自然就可以推演出「萬物出乎〈震〉」的說法，「萬物出」又是春季的現象，五行系統中春配東方，那麼〈震〉代表春季，屬於東方之卦便可以理解了；萬物仰賴「日以烜之」，而「燥萬物者莫熯乎火」，火是〈離卦〉的卦象，「燥萬物」又是夏季的現象，夏配南方，那麼〈離〉代表夏季，屬南方之卦也可以確定了；然而，這樣的說法其實也只是可能的勉強推測罷了！同樣的說法，很難再繼續往其它卦位與方向去「自圓其說」；試圖將萬物變化與四時、四方相配應，是秦漢之際流行的看法，但

是這樣的想法通常只作爲一種「結論」，而未必具有堅實的理論作爲必然發展的基礎，這也是後人之所以抨擊的地方。然而，這種難以解釋原因的「結論」，卻又往往成爲文化中另一個命題的出發點，而自成爲一套的「系統演變」（如：五行說法的種種配應並與中醫學結合成系統的理論），在文獻不足徵的情況下，我們不盡然能了解其配應關係的根據，但是我們卻可以視之爲一種「文化現象」去觀察；〈說卦傳〉所言之八卦方位：〈震〉東、〈離〉南、〈兌〉西、〈坎〉北、〈巽〉東南、〈坤〉西南、〈乾〉西北、〈艮〉東北，在 1925 年出土的朝鮮樂浪遺址王肝墓中發現的東漢「式（栻）盤」（類似測方向的羅盤，但是結合了天文、節氣、天干、地支，酷似今日堪輿家所使用之「羅經」），便已將八卦方位運用其上（見附圖一）；〔註17〕又如：現藏上海博物館，六朝晚期的銅式（栻）盤上，也同樣可以看到〈說卦傳〉所言之八卦方位的痕跡（見附圖二）；〔註18〕另外，《淮南子・天文》提到「四維」，把東北方向叫「報德之維」，東南方向叫「常羊之維」，西南方向叫「背陽之維」，西北方向叫「蹄通之維」，〔註19〕據高誘注解：「報德」指「陰復於陽」；「常羊」讀爲徜徉，指陰陽相持；「背陽」指陽盛陰衰；「蹄通」指陽氣將通；高氏便是由八卦方位陰陽的理論去立說。

二、八卦方位的拓展

八卦之方位乃是對四正四維的一種空間定位方法，《史記》錄司馬談〈論六家要旨〉中有「夫陰陽、四時、八位、十二度」一語，其中「八位」據張守節正義云：「八位，八卦位也。」八卦之方位，是本諸於《易傳》「陰陽變化」的宇宙觀而來，在《易傳》中，陰陽作爲哲學的範疇，得到了空前系統的發揮而臻於成熟完善。〈繫辭傳〉提出：「一陰一陽之謂道」，把陰陽推崇爲宇宙的根本規律和最高原則，視陰陽爲萬事萬物普遍存在的對立關係和屬性，如自然之日月、山川、天地、寒暑；人世中的君臣、父子、男女、夫妻以及貴賤、尊卑、利害、生死；事物性狀如剛柔、上下、外內、明暗、進退、

〔註17〕 該式圖原見於《樂浪擦王肝の墳墓》東京：刀江書院，1930 年。此處附圖乃轉引自李零《中國方術考》（北京：人民中國，1993 年）頁 90。

〔註18〕 本附圖之拓本，見於陳夢家〈漢簡年曆表敍〉（《考古學報》1965 年 2 期），而示意圖則見於嚴敦杰〈式盤綜述〉（《考古學報》1985 年 4 期）。

〔註19〕 見〔東漢〕高誘《淮南子注》（《諸子集成》七）上海：上海書店，1994 年七刷，頁 39。

強弱等等，都有陰陽的存在關係。〈說卦傳〉謂：「立天之道，曰陰與陽；立地之道，曰柔與剛；立人之道曰仁與義。」與此同時，觀照於事物的無限層次和相互轉化，陰陽被認為也包含在每一事物的內部，並隨時空運動而變化，由於陰陽的對立統一作用，宇宙萬物在各層次上都處於「生生不息」的永恆變動之中，而在探究萬物諧同與協調規律的思維裏，八卦方位便被應用來經緯於空間的佈局以及人事上的諸多配應。（見附圖三）

　　就八卦或《周易》的哲學系統而言，歷來的研究闡說及應用，略可分為兩大流派，一派重哲學思辨，被稱為義理派；一派則重八卦的形象及數理機制，試圖以之表徵萬物的存在序列及其運行規律，被稱為象數派。其中，象數派的探索，推動了傳統數理哲學的發展，在宋代達到最高峰；如「河圖」、「洛書」的解析，「先天八卦」的推演而生成「太極圖式」等，皆為典型的例子。

　　所謂河圖、洛書，見載於先秦典籍如《尚書·顧命》、《論語·子罕》、《墨子·非攻》、《管子·小匡》及《周易·繫辭傳》等，蓋為天賜的祥瑞，象徵神意而預示聖人出、國泰民安等。自漢代，即被用來解釋《周易》八卦及〈洪範〉九疇的起源，宋儒集大成，考釋為「十數陣」及「九宮算」等兩個數字圖形（見附圖四），〔註20〕並以其數理奧妙而稱為「天地之數」。所謂「先天八卦」、「後天八卦」是對《周易》八卦系統及生成數理推演的成果，《周易》八卦原有其結構系統，以卦序表徵一定的方式，並以八卦代表天、地、雷、風、水、火、山、澤八種自然物，為構成世界的基礎；所謂「先天」、「後天」，是根據〈文言傳〉：「夫大人者，與天地合其德，與日月合其明，與鬼神合其吉凶；先天而天弗違，後天而奉天時」。此先天、後天指「在天時之先而行事」或「在天時之後行事」之意。宋儒邵雍得李之才傳陳搏之「先天圖」，以其圖式之乾坤坎離為四正而推演出一整套八卦方位圖式，並認為此以乾坤坎離為四正卦的圖式乃伏羲氏所畫，故又稱「先天八卦圖」為「伏羲八卦圖」，至於漢易中以坎離震兌為四正的八卦方位圖式，邵雍認為是文王在伏羲《易》的基礎上推衍而得的，因此稱此類圖為「後天八卦圖」或「文王八卦圖」（參見附圖五，及邵雍《皇極經世書·觀物外篇衍義卷四》）。〔註21〕

〔註20〕附圖四、及下圖六均見於〔宋〕朱熹《周易本義》圖目，台北：世界，1985年八版。

〔註21〕邵雍《皇極經世書》，（《四庫全書術數類大全》）湖南：海南出版社，1994年二刷。

先天八卦及後天八卦圖，事實上都是根據〈說卦傳〉傳文而推衍出來的，後天八卦圖的圖位是根據「萬物出乎〈震〉，〈震〉東方也……」一節的傳文來佈局，至於先天八卦圖，則是宋儒根據〈說卦傳〉中「天地定位，山澤通氣，雷風相薄，水火不相射」等有關八卦序列關係的論說，來推究其系統結構，同時由「太極兩儀」的生成機制（見附圖六）而以數理關係推演，這種嚴謹的數理推演，導出了窮極神妙的太極圖式（見附圖七），〔註22〕為八卦方位圖說推向更複雜的全方位卦理圖系。

對於先天、後天八卦圖位的應用，宋儒以後，均採取「先天為體，後天為用」之說，即以先天來窮究哲學之道，而以後天付諸實際應用，在實用的風水術裏，如相宅定向的所謂「九星飛宮法」，擇時的「紫元飛白法」（詳見《風水理論研究》（一），同註22），以及羅經的時空標刻，就主要取法於後天八卦與洛書九宮之間的數字、方位的推導，並據以判斷事物的吉凶，一方面延續了《周易》八卦原始巫卜的性質，也運用了八卦衍生出的方位圖說作為標定宇宙時空、人事問卜的依據。

第五節 結 語

「八方」的新詮釋，來自於《易傳》講究陰陽變化的宇宙論；從春秋時代以來，人們運用活潑的想像，開拓了卦象的視野，由人事推向自然，由具體的物象推向抽象的德性象徵，使得卦象有了更寬廣的詮釋空間，「八方卦位」便是由八卦的卦象去觀察萬物生長演化的規律，而以「方位」來立說；另一方面，由於東周以來禮壞樂崩，「人」的意識覺醒，「人」的地位抬高，「神」的面紗逐漸淡化，《周易》是卜筮之書，適應了時代發展的需要，從春秋中葉起，當時代的人引《易》為說，已經著重在行為義理，而不拘泥於卜筮，《易傳》「八方卦位」由卦象引申出人事行為義理的準則，以八卦結合「方位」去看待萬物生長的規律，事實上，也是試圖從「人」的立場，去統籌自然萬物；還有戰國以後陰陽觀念盛行，陰陽擴大了象徵的意義，《易傳》中的陰陽，指的便是天地之氣或天地之間兩種相對的功能，《易傳》重視天地陰陽及四時的變化，其宇宙觀便是重視這種永久迭運不息的變化，而以之為宇宙自然的意

〔註22〕〈伏羲太極六十四卦時刻方位圖〉原見於李士澂《敘說八卦太極圖》，此轉引自《風水理論研究》（一），台北：地景，1995年二刷，頁18。

義與價值的所在，《易傳》中重視萬物生成的「八方卦位」說，便是以「陰陽變化」的宇宙觀加以鋪排而成。

　　《易傳》中的「八方卦位」見於〈說卦傳〉，〈說卦傳〉作者企圖說明八卦在萬物生成的過程中所呈現的功能，而這些功能與八卦所象徵的八種物質：〈乾〉天、〈坤〉地、〈巽〉風、〈震〉雷、〈坎〉水、〈離〉火、〈艮〉山、〈兌〉澤有關，根據八卦的基本物象去構想天地間八種自然物互相配合，產生神妙的作用，促使萬物生成發展；由八卦象徵所進一步呈現的功能，〈說卦傳〉作者試圖架構起宇宙萬物生長演化的系統，可以說是從宇宙觀的立場來發展方位說。

　　所謂「先天八卦」、「後天八卦」是《周易》八卦系統配合數理推演而成的「方位圖」，事實上都是宋儒邵雍根據〈說卦傳〉傳文所推衍而得；後天八卦圖的圖位是根據「萬物出乎〈震〉，〈震〉東方也……」一節的傳文來佈局，至於先天八卦圖，則是根據「天地定位，山澤通氣，雷風相薄，水火不相射」等有關八卦序列關係的論說，來推究其系統結構；後世對於八卦方位的運用，結合了河圖洛書的傳說以及九宮數字的推演，一方面延續了《周易》八卦原始巫卜的性質，以八卦衍生出的方位圖說作爲標定宇宙時空、人事問卜的依據；再者，亦結合祿命之學，成爲風水堪輿方位理論的一部分。

圖一　朝鮮樂浪遺址王盱墓出土之東漢式盤

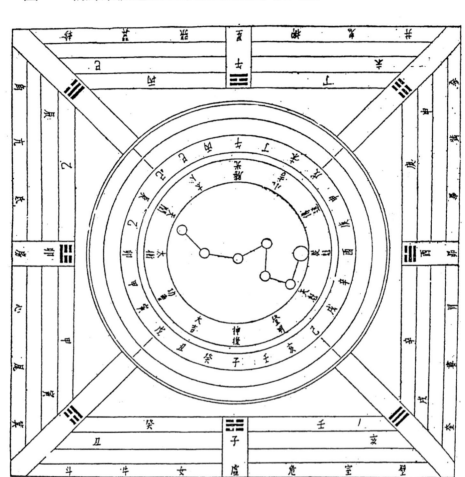

圖二　上海博物館藏六朝銅式盤正面及示意圖

正面拓本

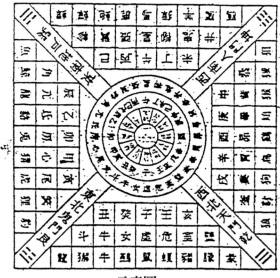

示意圖

圖三　八卦配屬表

卦象	卦名	方位	自然	動物	人	人體部位	屬性	氣象	內臟	節氣
(☰)	乾	西北	天	馬	父	首	健	晴	肺	立冬
(☷)	坤	西南	地	牛	母	腹	順	雲	脾	立秋
(☳)	震	東	雷	龍	長男	足	動	雷	肝	春分
(☴)	巽	東南	風	雞	長女	股	入	風	膽	立夏
(☵)	坎	北	水	豬	中男	耳	陷	雨	腎膀胱	冬
(☲)	離	南	火	雉	中女	目	附	晴	心臟小腸	夏至
(☶)	艮	東北	山	狗	少男	手	止	陰	胃	立春
(☱)	兌	西	澤	羊	少女	口	悅	雨	大腸	秋分

圖四　河圖、洛書

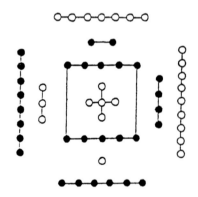 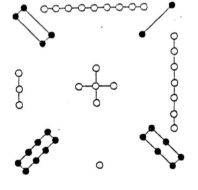

河圖：天一生水，地六成之，地二生火，
　　　天七成之，天三生木，地八成之，
　　　地四生金，天九成之，天五生土，
　　　地十成之。

洛書：戴九履一，左三右七，
　　　二四爲肩，六八爲足，
　　　五居其腹，洛書數也。

圖五　八卦方位圖

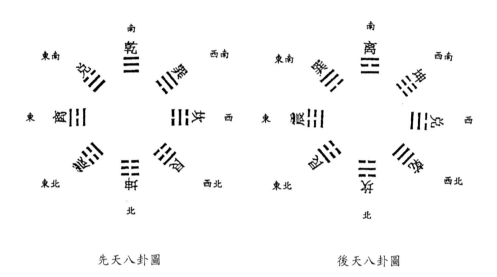

先天八卦圖　　　　　　　　　　後天八卦圖

圖六　八卦生成圖序

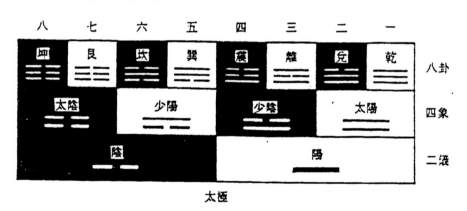

圖七　伏犧太極六十四卦時刻方位圖

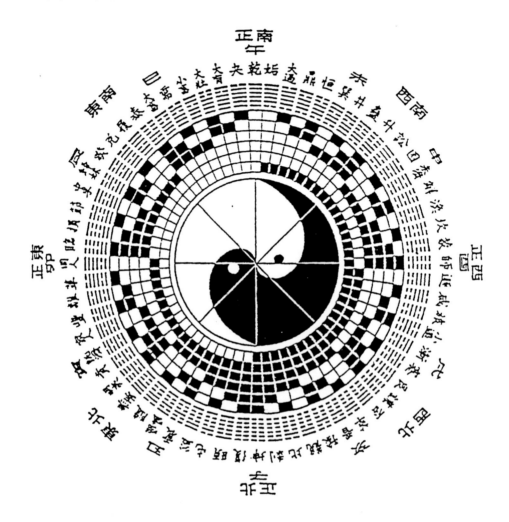

第六章　結　論

　　「風水是不是迷信？」這個問題隨著香港九七年以後特區行政長官董建華遷入新的辦公室，而再度成為輿論的話題；董建華不願使用原本預定的特首辦公室，原因是該處風水不佳，寧可自行請教風水師，搬進風水較佳的新辦公室。

　　中國傳統的風水術，究竟是不是迷信？這個問題很難直接、正面地回答；卻是在中國社會裏，生活上難以迴避的疑惑。綜觀各類堪輿風水的記載，無論是陰宅墳墓或陽宅居第，在巒體理氣、藏虎臥龍之說的架構之下，所鋪排的正是一套縱橫交錯的「方位」理論，這樣的方位理論在剔除江湖術士誇張虛嚇的禍福論斷之後，刮除滌淨所餘的，其實是源由於「四方」空間概念而來的一種文化思維，之所以稱之為「文化思維」，是因為四向（東、南、西、北）觀念自東周以來，結合了陰陽五行的配應，並援沿「天人感應」的思維模式，融入了易占八卦的義理解說，由「四方」遞演為「五方」、「八方」，乃至於漢代以後以八干（扣除「戊、己」）、十二支附益之而為「二十四」向，事實上已不純粹為空間方位，而是賦有文化意涵的一套論釋空間、環境的原則。這一套原則的脈絡發展，是我們在回答「風水究竟是不是迷信？」之前，必須先探究的。

　　本論文只是一個開端。雖然方位理論在宋、明以來，因天文儀器、指南針盤的進步，乃至堪輿、航海等皆以 360 度立向，甚至地盤、羅經亦有因磁偏角之發現而不斷有矯正，但是在詮釋空間、環境時所秉持的「方位」理論，卻是沿襲了秦漢以前「四方」觀念演變而來的文化意涵，因此，本論文以追溯秦漢以前「四方」觀念的演變及發展，來探討「方位」理論發展的早期，

其文化意涵蘊釀的經過。

李景源在《史前認識研究》〔註1〕中指出：

> 人類社會所有的方位觀念，在起初都是與自然現象和環境相聯繫而
> 產生的。以太陽的升落定方位，是各原始民族共有的特徵

直接和太陽出沒相關的方位是東、西二方。而南、北二方觀念的產生則是與居位的自然地理環境相關，最直接的因素便是氣候、溫度的影響。以黃河流域而言，北邊是乾冷的蒙古高原，所吹來的是陣陣酷寒呼嘯的疾風，而南邊則是溼度適宜、暖意盎然的薰和氣息，先民的生活起居受氣候、環境的影響，是可想而知的。若追溯這種自然地理環境的背後因素，以今日天文學的觀點分析，氣候的變化實來自地球繞行太陽，太陽照射地球的角度位移所致；然而，原始居民對建築方位並不是由科學計算出來的，而是通過生活經驗和營造實踐的累積，所做出的較合理的設計，在他們的生活經驗之中，就包含了對太陽周年視運動（其實是地球環繞太陽運動）規律的了解，表明當時人們已具有在日影指示下的四方概念。

殷商甲骨文裏，已有東、南、西、北、中、上、下等字，有了完整空間概念的表達。胡厚宣氏在《甲骨學商史論叢初集》中倡言：殷商時期即有「五方」之說。認爲在卜辭裏，「商」與「東、南、西、北」並貞出現，而「商」既然又可稱爲「中商」，所以胡氏就主張殷墟卜辭裏已將「中」與「東、南、西、北」並列爲「五方」，其後李學勤、龐樸、何新等人均採用胡厚宣氏之說，在論及方位起源時，援引胡氏之說而逕以「五方」源自殷商，楊向奎氏甚至主張，將「五方」與「五材」並列爲「五行說」的起源因素。〔註2〕

然而，據本論文考證，「中」在殷墟卜辭裏從來沒有與「東、南、西、北」並貞出現過，更遑論一起被列舉爲「五方」？胡厚宣氏等人所提到的並貞文字，其實是「商」與「東、南、西、北」，「商」（即「大邑商」）相對於四方，其實是作爲一個中心「參照點」，在空間的相對方位裏，「中」作爲「參照點」，的確在卜辭裏出現過，不過皆是與「左右」並列，並且突顯出以「中」爲尊，左右爲輔的意念（如：軍隊裏的中、左、右三師），由古文字意義的追溯，本文認爲這是源由於「中」字作爲旌旗，有集眾權力而來的用法。在甲骨文裏

〔註1〕 李景源，《史前認識研究》，長沙：湖南教育，1989 年，頁 293～294。
〔註2〕 見楊向奎，〈五行說的起源及其演變〉，《文史哲》1955 年 11 期。又胡厚宣等諸家之說，詳見本論文第二章第三節。

有「中左右」並列出現，但是，卻從來沒有特意將「中」視為一方，而與四方並稱的情形，可見，卜辭裏，「中」同於左、右、上、下一般，只是空間的概念，卻沒有特地突顯與四方並列為第五方的意思，如果真正要論說甲骨卜辭裏的方位概念，連同上、下、中、左、右、東、南、西、北等，絕不僅止於「五」，我們之所以特別注意「中」與「東、南、西、北」，其實是受到後來五行說裏「五方」配應的影響，拿著「五方」配應的「東、南、西、北、中」這把尺，去為殷商卜辭量身，而事實上，殷商卜辭裏的空間概念卻不止於這五者，卜辭裏雖然有「中」，卻沒有「五方」的專稱，也就是說，「五方」其實是後起的詞彙。

值得一提的是，「中國」一詞雖然早見於典籍及青銅銘文，但是我們羅舉先秦文獻裏的「中國」一詞，卻發現「中國」作為一個區域，可以是指「京師」或「國境之內」，或是指文明程度高於蠻夷的「諸夏區域」，甚至是「中等之國」的意思，「中國」一詞不盡然與方位相關，而「中國」作為「中央之國」來解釋，亦為戰國中晚期以後的事，〔註3〕也就是說，「中國」一詞的起源，不代表「五方」專稱的開始。

所以，本論文以「四方」的考察為論題，並進一步關心「四方」至「五方」、「八方」演變的脈絡，探討其發展過程中，由文獻資料所呈現出的附加含意。在文獻資料的運用上，本論文以十三經、先秦諸子、及《黃帝內經》為代表，蒐尋「東、南、西、北」四方同時出現之原文加以探討四方關係及其附加之意涵，而有如下之發現：

（一）在卜辭裏，四方與疆域土地的意念已經結合，所謂的四方或四土，其實是指相對於都邑所在土地的一個範圍更為廣大的區域，這樣的區域由早期「四土」、「四海」的籠統概念，到了戰國時代，基於征戰不斷的影響，對於四方疆土的界說，有了具體化的傾向，往往是標舉出明確的地名作界限，對於四方的指稱，常常是標舉列國的相對位置為言，在《管子》書中，甚至明確地指出「四方」之地數，及換算往返的日程，顯見當時「四方」結合「地理分野」的概念已非常具體化，並且由各國前後左右的相對位置，我們可以發現，其地理分野通常是採取面南背北的格式。

（二）「四方」與「四土」結合，指四邊的蠻貊之邦，而與指稱諸夏所居之地的「中國」相對，其淵源由來已久，但是將「中國」與四方戎夷並稱為

〔註3〕 詳見本論文第二章第三節。

「五方」，則是在《禮記・王制》中才有的記載。值得一提的是，在「五方」專稱出現之前，也就是四方在與「中」並列為方位之前，似乎有一段時間，四方是與「天、地」並列的，在《儀禮・覲禮》、《周禮・春官》「大宗伯」、及「龜人」職下，以及《冬官・考工記》中都可以看到「天、地」與「四方」合稱的現象，從《儀禮》的資料，並且可以看出其與顏色的配合尚言「天玄地黃」，是五行說納入顏色配應以前的文獻，而方位被納入五行說，又是援沿顏色與五行說的配應而來，也就是說，五行方位是五行與顏色配應之後的事，那麼《儀禮》等資料所透露的訊息，便是方位被納入五行說之前，也就是「五方」專名起源之前，「東、南、西、北」四方有和「天、地」並稱的習慣。

（三）「東、南、西、北」四方被貼上吉凶悔吝的標籤，始見於《周易》坤卦、蹇卦之卦辭；以哲學的角度，從宇宙萬物演化的特性來說明八卦及其卦之方位，則是見於《易傳・說卦》，〈說卦傳〉是從萬物生成的現象，結合方位去解釋八卦，從宇宙論的觀點賦予方位新的意義。

（四）《禮記・鄉飲酒義》以道德配合氣化論，來闡釋方位的意義，認為：「天地嚴凝之氣，始於西南，而盛於西北」，「天地溫厚之氣，始於東北，而盛於東南」，並以「嚴凝之氣」配義，「溫厚之氣」配仁，由此引申出鄉飲酒禮中，賓、主、介、僎的位置分別是西北、東南、西南、東北，〈鄉飲酒義〉固然是以氣化論結合道德的配應來詮釋方位，但是我們可以看出，「方位」講究已經應用於禮儀規範，作為人事應對進退、舉止得宜的尺寸標準。

（五）「中」作為空間概念由來已久，但是「中」與「東、南、西、北」並列而稱為「五方」，在五行方位起源的討論中，我們發現，「五方」是方位被納入系統五行說的配應之後，才有的「專稱」；方位在納入於五行說配應的過程裏，文獻資料所呈現的是，方位與色彩，及方位與季節的緊密聯繫；因此，我們探討了五行說配應組項間「一本」與「多本」的問題，認為：配應組項之間彼此聯繫，而後間接與「金、木、水、火、土」產生配應關係的「多本說」，遠較各配應組項直接與「五材」相聯繫的「一本說」要更接近事實；依據配應多本的情況來看，四方是先與色彩、季節相配應，緣沿以進入系統五行說之後，才產生「五方」的稱呼，並且進一步尋找「中」所相應的色彩、季節等配應項目。

（六）除了《呂氏春秋》十二月紀、《禮記・月令》、《淮南子・天文》等成熟的五行說記載之外，方位與季節的配應，早見於《管子・四時》，而方位

與色彩的搭配，則見於《墨子・貴義》，從墨子和占候天時的日者對話中，可知東與青、南與赤、西與白、北與黑相應之說，於其時已盛行，這種配應除了用於方位拘忌之外，從《墨子・迎敵祠》可知，更及於用兵、佈陣。值得一提的是，《周禮・春官・大宗伯》談到祭祀禮儀中，以玉器禮天地四方，「各放其器之色」，分別以蒼配天、黃配地、青配東、赤配南、白配西、玄配北，可反映出在「五方」之前的「天、地」四方合稱的時期，色彩即與方位相配，這樣的配合關係，由「天蒼地黃」來看，顯然是由觀察自然界的現象而來。

（七）「西北高，東南低」是戰國中晚期以後對於八方地理觀察的一項結論；從《列子・湯問》裏，湯與革的對話可以看出來，〈湯問〉作者的時代對四海、四荒、四極，已存著「大小相含」的層遞漸次觀念，至於不可眼見的八方之極，則賦予神話傳說之解釋：「女媧氏煉五色石補天」、「斷鼇之足以立四極」，「共工氏與顓頊爭帝，怒而觸不周山，折天柱，絕地維」，所以造成「天傾西北、地不滿東南」的現象。《素問・陰陽應象大論》則以陰陽解釋西北、東南，並結合了天、地言之，謂：「天不足西北，故西北方陰也」、「地不滿東南，故東南方陽也」，「天不足西北」是指西北方地勢較高，因此，天顯得不足，天不足屬「陰」，所以謂西北方為陰；「地不滿東南」是指東南方地勢較低，相對的，天顯得豐裕，故稱「陽」，所以謂東南方為陽；《列子》一書雖然晚出，但是，我們相信其中的部分資料，仍是沿襲秦漢以來的說法，關於八方地理的考察，同樣見於《內經・素問》，便是一項證明。可見，西北高、東南低是秦漢之際，人們對於地理現象觀察的結果，與今天中國大陸版塊的高低走向是相符合的。

（八）《呂氏春秋・有始覽》及《淮南子・地形》中均提到「八風」，指八方之風，根據四方四隅，對於不同方向的來風予以不同的命名；「八方」之風名另有差異較大的不同說法，見於《淮南子・天文》及《黃帝內經・靈樞・九宮八風》，《淮南子・天文》將「八風」與時令相結合，從冬至之後四十五日開始算起，每隔四十五日，節氣改變，風向即改變，這是由風向結合了八方與季候的關係而言。《靈樞・九宮八風》則從醫學的觀點，分析不同方向的來風對人體的影響。「八風」在各典籍上的記載，除了名稱的歧異之外，在解釋上其實脫離不了「八卦」方位的關係，高誘注解《呂氏春秋・有始覽》的「八風」，即釋之為「八卦之氣生風」，在注釋《淮南子・地形》之「八風」時，則更進一步指出：東北炎風，為艮氣所生；東方條風，為震氣所生；東

南景風為巽氣所生；南方巨風，為離氣所生；西南涼風，為坤氣所生；西方颼風，為兌氣所生；西北麗風，為乾氣所生；北方寒風，為坎氣所生。這種將八卦和八風配對所依循的八卦方位，是本自《易傳·說卦》而來的，在〈說卦傳〉裏，八卦分別有對應的方位。

（九）九州是古時中國地理區域的畫分方式之一，與天上的九野相應；中國古代天文學家把二十八宿分成九個區域，使與地上人為所別之九州相配合，據高誘《淮南子·天文》的注解，「九野」的作用之一，是在以星宿位置來辨識國與國之間的分野，如：「角、亢、氐」三宿是韓、鄭的分野。不論是「九野」或者「九州」，從《淮南子·天文》：「何謂九野？中央曰鈞天……東方曰蒼天……東北曰變天……北方曰玄天……西北方曰幽天……西方曰顥天……西南方曰朱天……南方曰炎天……東南曰陽天……」看來，其方位所依循的，其實是將四方「東、南、西、北」和四隅「東南、東北、西南、西北」所成的「八方」，再加上「中央」而為「九」。

（十）《素問·金匱真言論》將「四方」與「中央」並列為五方，依照四時的季候、及不同的風向來探討容易致病的五臟，而曰：「東風生於春，病在肝……南風生於夏，病在心……西風生於秋，病在肺……北風生於冬，病在腎……中央為土，病在脾……」，認為：不同的病狀與來風的關係，是源自於「氣」的差異，而反映在五臟上，「氣」又與四時息息相關，即「五臟應四時，各有收受」，「東方青色，入通於肝……南方赤色，入通於心……中央黃色，入通於脾……西方白色，入通於肺……北方黑色，入通於腎……」，方位與色彩的配屬，亦合於系統五行說的架構，可見《內經》的著作時代，應是在系統五行說之後。《內經》除了反映五行方位之外，在《靈樞·九宮八風》中，亦將來風配應於八方，詳細地分析八方不同的風向，來風各有不同的專名，所產生的病狀亦各有不同；這可以看出，戰國晚期，從「四方」演變而來的「五方」、「八方」兩個系統，並存於《黃帝內經》之中。

從文獻的整理，我們可以看出，秦漢以前「方位」觀念的演變，是循著「四方」為脈絡而發展的，在「五方」及「八方」的專稱之前，「四方」一度與天、地（上、下）並列為「六合」，而後，方位納入於五行說的系統配應，而有了「五方」的專稱，至於「八方」，最早是表現在疆域的明確及地理現象（如：地勢的高低、來風的觀察）的歸類上，在《易傳·說卦》中得到了義理的新詮釋，遂與八卦相結合。

　　「四方」的方位觀，在戰國中晚期與五行說及易傳八卦分別結合，使得「四方」的方位觀有了演變和突破。

　　從五行說本身的發展來看，早期見諸於《左傳》、《國語》，由《尚書·洪範》而來的五行資料，並不見有方位講究的成份；從文獻資料裏所呈現的「方位」記載來看，方位起初並不是直接與「五材」（金、木、水、火、土）有配應關係，而是先與顏色、季候產生搭配，納入五行說之後，援沿「五」之數而爲「五方」。至於四方爲什麼與色彩、季節產生關聯？《周禮·春官·大宗伯》裏祭祀禮儀將色彩與方位搭配，其中「天蒼地黃」顯然是由觀察自然界的現象而來的經驗；《墨子·貴義》色彩與方位搭配的拘忌，透過日者與墨子的對話可一覽無遺，其中，觀測天候的「日者」，更是一條重要的線索，從《史記·日者列傳》我們可以知道，日者的身份特殊，不同於一般的龜卜占筮，他是透過天體的觀測來預占人事的變化；日者在顏色與方位上的拘忌講究，我們相信與「天體觀測」有關。古代天文學家依照太陽視運動的軌跡製訂「黃道」，並在「黃道」附近找出二十八顆恆顯星，加以聯繫附近的星群爲「二十八星宿」，二十八星宿依其排列形狀，及主星之色澤，又被區分爲「四象」：蒼龍、朱雀、白虎、玄武，分別在春、夏、秋、冬四季，顯現在東、南、西、北四方的天際，透過今日天文學的觀測成果，二千年前天文學中的「四象」星宿，其閃耀的色澤與季節，得到了科學的印證。以星宿的色澤及其在天空中適合觀測的季節和方位的組合，我們發現，竟然與系統五行說的配應相一致。因此，本文認爲，星宿的觀測，是方位援色彩、季節而進入五行說的一項可能依據。

　　「式（栻）盤」是古代數術家占驗時日的一種工具，可以用來占驗干支時日及測量方位休咎（類似今日風水師所使用的「羅經」，詳見本論文第五章附圖一），其外圍圍繞著干支及二十八星宿，居中則是「北斗七星」的圖案；1978 年在湖北省隨縣擂鼓墩出土的戰國曾侯乙墓，在墓東室的漆箱蓋上，有一圈二十八星宿的文字，環繞著中心的大「斗」字，蓋面兩端並繪有青龍、白虎的圖象，畫面的安排，突顯了北斗的重要地位。北斗七星在天文觀測中有重要的地位，是由於它的斗柄圍繞北天極旋轉，可以指示寒來暑往的季節變化，在《鶡冠子·環流》中記載斗柄的四時變化是依照東、南、西、北的方向：「斗柄東指，天下皆春；斗柄南指，天下皆夏；斗柄西指，天下皆秋；斗柄北指，天下皆冬。」〈夏小正〉中亦有云：「正月斗柄縣在下」、「六月初昏斗柄正在上」，《史記·天官書》概括北斗七星在我古代天文學中的作用，

便說：「斗爲帝車，運於中央，臨制四鄉。分陰陽，建四時，均五行，移節度，定諸紀，皆繫于斗。」二十八宿環繞北斗，而斗杓又有標識方位與季節的作用，《史記‧天官書》言北斗「運於中央，臨制四鄉」，事實上，北斗本身就是標指出四方的一個中心「參照點」，北斗與二十八星宿在天文觀測中被當作一個整體；先民在仰觀天文的經驗裏，星宿的位置、色彩、季節，既是四方援沿進入五行說的憑藉，那麼，北斗居「中」，「中」這個參照點隨著「東、南、西、北」被列入爲第「五」方，（而不是「左」或「右」，「上」或「下」、「前」或「後」等其它的空間概念），就是可以理解的了。

至於「八方」的新詮釋，則來自於《易傳》講究陰陽變化的宇宙論；《易傳》作者在象位與義理兩大脈絡上，是接受春秋易學的成果再往前推進，從春秋時代以來，人們運用活潑的想像，開拓了卦象的視野，由人事推向自然，由具體的物象推向抽象的德性象徵，使得卦象有了更寬廣的詮釋空間；同時，也由於東周以來禮壞樂崩，「人」的意識覺醒，「人」的地位抬高，「神」的面紗逐漸淡化，《周易》是卜筮之書，適應了時代發展的需要，從春秋中葉起，我們可以在《左傳》、《國語》等記載中發現，當時代的人引《易》爲說，已經著重在行爲義理，而不拘泥於卜筮；再加上陰陽觀念的盛行，戰國以後，陰陽擴大了象徵的意義，用以代表各種相對事物的性質與功能，《易傳》中的陰陽，指的便是天地之氣或天地之間兩種相對的功能，《易傳》重視天地陰陽及四時的變化，其宇宙觀便是重視這種永久迭運不息的變化，而以之爲宇宙自然的意義與價值的所在；關於《易傳》中的「八方」卦位說，主要見於〈說卦傳〉。

從〈說卦傳〉本身來看，作者是從宇宙觀的立場來發展方位說，作者根據八卦的基本物象來構想天地間八種自然物互相配合，產生神妙的作用，促使萬物生成發展。〈說卦傳〉作者並企圖說明八卦在萬物生成的過程中所呈現的功能，而這些功能與八卦所象徵的八種物質有關，不必要是透過五行的配應而來；事實上，八卦所象徵的八種物質：〈乾〉天、〈坤〉地、〈巽〉風、〈震〉雷、〈坎〉水、〈離〉火、〈艮〉山、〈兌〉澤，不盡然與五行：金、木、水、火、土相合；由八卦象徵所進一步呈現的功能，〈說卦傳〉作者試圖架構起宇宙萬物生長演化的系統，因此，在〈說卦傳〉的空間觀念裏，我們見到了緣由於宇宙觀而來的八卦方位。

後世的風水理論，是沿襲著五行和八卦兩條主線交遞運用而開展出來的，經過江湖術士的吹噓、誇大，風水之說的確有爲人詬病的虛妄、悖理與

迷信的部份。風水是中國社會文化獨有的產物，原本其實是站在「人」的立場，去關心人與環境之間的互存、互動關係，風水說關於環境吉凶的意識，所包含的自然生態和諧的講究是不容忽視的，其基本思想認爲：如果生者的居室與死者的墳墓不置於適當的地方，各種災禍將降及居者與墓中死者的子孫；反之，吉地則將有祿壽、福祉的降臨；每一地皆有其特定的地勢，此地勢局部性地制約著各種自然之氣（產生於該地的景觀、造勢），人們根據當地的地勢，尋求適合的形態，調節選擇的位置，獲得所嚮往的和諧。風水，原本只是一項單純的生存技巧，其後逐漸發展成一種數術，以表達風水福澤或禍及後人的信仰爲依據，著名漢學家李約瑟在所著作的《中國的科學與文明》亦推崇中國的風水術，認爲：「在許多方面，風水對中國人民是有益的，如它提出植樹術和竹林以防風，強調流水近於房屋的價值。雖在其它方面十分迷信，但它總是包含著一種美學成份，遍布在中國的農田、居室、鄉村之中，不可勝收。」

　　風水理論中的「方位講究」是從五行配應及《易傳》卦位而來，不管五行方位的配應是來自於天文的觀測或是地理季候的影響，無論我們是否能了解先民將方位繫屬於八卦是基於怎樣的經驗總結，我們都不能否認，五行配應、《易傳》八卦的方位講究，都是來自於「仰觀於天，俯察於地，近取諸身，遠取諸物」，尋求在自然環境中，與萬象和諧共存的一套經驗法則。那麼，傳統的風水之說，就不純然只是一種迷信而已；而是先民對居住環境的一套選擇和處理的理念與方法，目的是追求更理想的環境與更美好的生活。

　　風水堪輿之說，在《古今圖書集成‧藝術典‧堪輿部》裏，有上千種的文獻資料，面對這樣豐富的遺產，我們應該作批判性的繼承，而非讓它自生自滅。然而，千年來的文化遺產，就像欠缺整理的線球一般，混亂而沒有頭緒，如何下手才不會治絲益棼呢？本論文因此從「方位」觀的演變及發展著眼，暫且撇開後世堪輿風水說裏，種種行門佈局的方位講究，而以秦漢以前，四方本身的文化意念及發展到五方、八方所牽涉的五行、八卦爲脈絡，從事文獻的整理及種種起源可能的釐清；從學術研究的立場去蒐證、分析，藉著本論文的研究成果，可以爲往往「知其然，而不知其所以然」的數術諸說，找到學理上的依據和來源，更可以破除江湖術士吹噓誇大、虛妄悖理的迷信弊病，讓中國風水的眞正意涵，呈現本來面目。

　　這本論文只是個研究的開始，至於漢朝以後由天文占星而衍生的式盤方

位，見諸於《漢志·數術略·形法類》的命相方位，以及《易傳》八卦與五行系統合流所展現的方位圖說，還有受到「天人感應」觀念盛行，讖緯學說對祿命方位的衍生意義和影響，都是值得再深入研究的論題，就不是這本小小的論文所作的探討能夠囊括的了。

參考書目

一、**古籍部分**（依姓名筆劃順序排列）

1. 尹知章注、戴望校正，《管子校正》，《新編諸子集成》，上海：上海書店，1994 年 12 月一版七刷。

2. 孔安國傳、孔穎達等正義，《尚書正義》，《十三經注疏》，（影印清嘉慶重刻宋本），台北：藝文，1989 年 1 月十一版。

3. 毛亨傳、鄭玄箋、孔穎達等正義，《毛詩正義》，《十三經注疏》，（影印清嘉慶重刻宋本），台北：藝文，1989 年 1 月十一版。

4. 王充，《論衡》，《新編諸子集成》，上海：上海書店，1994 年 12 月一版七刷。

5. 王先慎，《韓非子集解》，《新編諸子集成》，上海：上海書店，1994 年 12 月一版七刷。

6. 王先謙，《莊子集解》，《新編諸子集成》，上海：上海書店，1994 年 12 月一版七刷。

7. 王先謙，《漢書補注》，北京：中華，1993 年。

8. 王弼注、陸德明釋文，《老子道德經注》，《新編諸子集成》，上海：上海書店，1994 年 12 月一版七刷。

9. 王弼、韓康伯注、孔穎達等正義，《周易正義》，《十三經注疏》，（影印清嘉慶重刻宋本），台北：藝文，1989 年 1 月十一版。

10. 王筠，《夏小正正義》（《叢書集成初編》）北京：中華，1985 年。

11. 王聘珍，《大戴禮記解詁》，北京：中華，1993 年 1 月一版三刷。

12. 左丘明，《國語》，台北：宏業，1980 年 9 月。

13. 朱熹，《四書章句集註》，台北：鵝湖，1984 年。

14. 朱熹，《周易本義》，台北：世界，1985 年 10 月八版。

15. 朱熹，《詩集傳》，台北：中華，1991 年 3 月。

16. 朱鶴齡，《禹貢長箋》，《景印文淵閣四庫全書・六七部》，台北：台灣商務，1986 年 3 月初版。

17. 何休解詁、徐彥疏，《春秋公羊傳注疏》，《十三經注疏》，（影印清嘉慶重刻宋本），台北：藝文，1989 年 1 月十一版。

18. 何晏等注、邢昺疏，《論語注疏》，《十三經注疏》，（影印清嘉慶重刻宋本），台北：藝文，1989 年 1 月十一版。

19. 佚名，《春秋運斗樞》（《緯書集成》之《春秋緯》部），上海：上海古籍，1994 年 6 月一版一刷。

20. 佚名，《黃帝內經》，重慶：西南師範大學，1995 年 8 月。

21. 吳起，《吳子》，《新編諸子集成》，上海：上海書店，1994 年 12 月一版七刷。

22. 杜預注、孔穎達等正義，《春秋左傳正義》，《十三經注疏》，（影印清嘉慶重刻宋本），台北：藝文，1989 年 1 月十一版。

23. 邵雍，《皇極經世書》（《四庫全書術數類大全》）長沙：海南，1994 年。

24. 段玉裁，《說文解字注》，台北：天工，1987 年 9 月再版。

25. 胡渭，《禹貢錐指圖》，《景印文淵閣四庫全書・六七部》，台北：台灣商務，1986 年 3 月初版。

26. 范寧集解、楊士勛疏，《春秋穀梁傳注疏》，《十三經注疏》，（影印清嘉慶重刻宋本），台北：藝文，1989 年 1 月十一版。

27. 唐玄宗注、邢昺疏，《孝經注疏》，《十三經注疏》，（影印清嘉慶重刻宋本），台北：藝文，1989 年 1 月十一版。

28. 孫詒讓，《契文舉例》，濟南：齊魯書社，1993 年 12 月一版。

29. 孫詒讓，《墨子閒詁》，《新編諸子集成》，上海：上海書店，1994 年 12 月一版七刷。

30. 晏嬰，《晏子春秋》，《新編諸子集成》，上海：上海書店，1994 年 12 月一版七刷。

31. 桓寬，《鹽鐵論》，《新編諸子集成》，上海：上海書店，1994 年 12 月一版七刷。

32. 班固等撰，《漢書》，台北：鼎文，1986 年 10 月六版。

33. 高誘注，《呂氏春秋》，《新編諸子集成》，上海：上海書店，1994 年 12 月一版七刷。

34. 高誘注，《淮南子》，《新編諸子集成》，上海：上海書店，1994 年 12 月一版七刷。

35. 張湛，《列子注》，《新編諸子集成》，上海：上海書店，1994 年 12 月一版

七刷。

36. 曹操等注、鄭友賢輯遺說、孫星衍、吳人驥校、畢以珣輯敘錄、楊家駱考，《孫子十家注》，《新編諸子集成》，上海：上海書店，1994 年 12 月一版七刷。

37. 郭象注、陸德明釋文、成玄英疏、郭慶藩集釋，《莊子集釋》，《新編諸子集成》，上海：上海書店，1994 年 12 月一版七刷。

38. 郭璞注、邢昺疏，《爾雅注疏》，《十三經注疏》，（影印清嘉慶重刻宋本），台北：藝文，1989 年 1 月十一版。

39. 楊守敬，《歷代輿地沿革圖》（一），台北：聯經，1985 年。

40. 楊倞注、王先謙集解，《荀子集解》，《新編諸子集成》，上海：上海書店，1994 年 12 月一版七刷。

41. 董仲舒，《春秋繁露》，《景印文淵閣四庫全書・一八一部》，台北：台灣商務，1986 年 3 月初版。

42. 趙岐注、孫奭疏，《孟子注疏》，《十三經注疏》，（影印清嘉慶重刻宋本），台北：藝文，1989 年 1 月十一版。

43. 趙翼，《陔餘叢考》（據清乾隆湛貽堂刊本影印），台北：世界，1960 年。

44. 劉向集錄，《戰國策》，台北：里仁，1982 年 1 月。

45. 歐陽脩，《歐陽文忠公全集》，（四部叢刊初編縮本，據上海商務印書館縮印元刻本），台北：商務，1967 年。

46. 蔣廷錫，《尚書地理今釋》（《叢書集成初編》）北京：中華，1985 年。

47. 鄭玄注、孔穎達等正義，《禮記正義》，《十三經注疏》，（影印清嘉慶重刻宋本），台北：藝文，1989 年 1 月十一版。

48. 鄭玄注、賈公彥疏，《周禮注疏》，《十三經注疏》，（影印清嘉慶重刻宋本），台北：藝文，1989 年 1 月十一版。

49. 鄭玄注、賈公彥疏，《儀禮注疏》，《十三經注疏》，（影印清嘉慶重刻宋本），台北：藝文，1989 年 1 月十一版。

50. 錢熙祚校，《尹文子》，《新編諸子集成》，上海：上海書店，1994 年 12 月一版七刷。

51. 錢熙祚校，《慎子》，《新編諸子集成》，上海：上海書店，1994 年 12 月一版七刷。

52. 嚴可均校，《商君書》，《新編諸子集成》，上海：上海書店，1994 年 12 月一版七刷。

二、近人著作（依姓名筆劃順序排列）

1. 丁禎彥、吾敬東，《春秋戰國時期觀念與思維方式變革》，長沙：湖南，1991

年 3 月。

2. 于省吾,《甲骨文字釋林》,北京:中華,1993 年 4 月三刷。

3. 山東省文物管理處、濟南市博物館,《大汶口》,北京:文物,1974 年。

4. 中國社會科學院考古研究所編,《中國古代天文文物論集》,北京:文物,1989 年 12 月一版一刷。

5. 中國科學院考古研究所、陝西省西安半坡博物館,《西安半坡》,北京:文物,1963 年。

6. 王其亨編,《風水理論研究》(一),台北:地景,1995 年一版。

7. 王青,《中國古代風水術》,北京:北京師範大學,1993 年 5 月。

8. 王國維,《定本觀堂集林》(楊家駱主編之讀書箚記叢刊),台北:世界,1991 年 9 月六版。

9. 王夢鷗,《鄒衍遺說考》,台北:商務,1966 年 1 月臺一版。

10. 王夢鷗,《禮記校證》,台北:藝文,1976 年。

11. 王爾敏,《中國近代思想史論》,台北:華世,1982 年三版。

12. 田倩君,《中國文字叢釋》,台北:台灣商務,1972 年三版。

13. 朱文鑫,《天文考古錄》,台北:台灣商務,1980 年。

14. 朱伯崑,《易學哲學史》,北京:華夏,1995 年。

15. 朱歧祥,《殷墟甲骨文字通釋稿》,台北:文史哲,1989 年 12 月初版。

16. 朱芳圃,《甲骨學文字編》,台北:台灣商務,1983 年台四版。

17. 江曉原,《天學真原》,瀋陽:遼寧教育,1995 年 6 月一版。

18. 何新,《諸神的起源》,台北:木鐸,1987 年 6 月初版。

19. 李申,《中國古代哲學與自然科學》,北京:中國社會科學,1993 年 8 月。

20. 李孝定,《甲骨文字集釋》,台北:中央研究院歷史語言研究所(專刊之五十),1974 年 10 月三版。

21. 李景源,《史前認識研究》,長沙:湖南教育,1989 年。

22. 李毓樹編譯,《中國歷史地圖集》,台北:文理,1973 年。

23. 李零,《中國方術考》,北京:人民中國,1993 年。

24. 李漢三,《先秦兩漢之陰陽五行學說》,台北:鐘鼎,1967 年 5 月。

25. 李學勤,《李學勤集——追溯、考據、古文明》,哈爾濱:黑龍江出版社,1989 年 5 月一版一刷。

26. 李學勤,《殷代地理簡論》,台北:木鐸,1982 年 4 月。

27. 李學勤,《簡帛佚籍與學術史》,台北:時報,1994 年 12 月。

28. 李鏡池,《周易探源》,北京:中華,1991 年。

29. 辛冠潔等，《中國古代佚名哲學名著評述》，濟南：齊魯書社，1984 年 11 月一版。

30. 周止禮，《易經門窺——《易經》與中國文化》，北京：學苑，1990 年 12 月。

31. 周瀚光，《中國古代科學方法研究》，上海：華東師範大學，1992 年 6 月。

32. 屈萬里，《先秦漢魏易例述評》（《屈萬里全集》二），台北：聯經，1985 年。

33. 易水寒，《中國江湖揭秘》，北京：社會科學文獻，1993 年 6 月。

34. 林忠軍，《象數易學發展史》，濟南：齊魯書社，1994 年 7 月。

35. 俞曉群，《數術探秘》，北京：三聯，1994 年 12 月。

36. 洪涌，《中國古代風水與建築選址》，石家莊：河北科學技術，1996 年 1 月。

37. 胡厚宣，《甲骨學商史論叢初集》（齊魯大學國學研究所專刊之一），台北：大通，1972 年 10 月初版。

38. 容肇祖，《容肇祖集》，濟南：齊魯書社，1989 年 9 月。

39. 唐蘭，《殷虛文字記》，北京：中華，1981 年一版。

40. 殷南根，《五行新論》，瀋陽：遼寧教育，1993 年 10 月。

41. 祝瑞開，《秦漢文化和華夏傳統》，上海：學林，1993 年 9 月

42. 高亨，《周易大傳今注》，山東：齊魯書社，1979 年。

43. 高懷民，《先秦易學史》，台北：中國學術著作獎助委員會，1990 年 6 月三版。

44. 高懷民，《兩漢易學史》，台北：台灣商務，1970 年 12 月初版。

45. 康殷，《文字源流淺說》，北京：國際文化，1992 年 1 月一版一刷。

46. 張其成主編，《易經應用大百科》，南京：東南大學，1994 年 4 月。

47. 張秉權，《甲骨文與甲骨學》，台北：國立編譯館，1988 年 9 月。

48. 張善文，《象數與義理》，瀋陽：遼寧教育，1995 年 6 月一版。

49. 莊雅州，《夏小正析論》，台北：文史哲，1985 年 5 月初版。

50. 郭沫若，《卜辭通纂》（《郭沫若全集・考古編 2》），北京：科學，1983 年 6 月一版。

51. 郭沫若，《中國古代社會研究》，北京：科學，1955 年。

52. 郭沫若，《金文叢考》（《郭沫若全集・考古編 4》）北京：科學，1983 年 6 月一版。

53. 陳久金，《陳久金集》，哈爾濱：黑龍江教育，1993 年 3 月。

54. 陳江風，《天文崇拜與文化交融》，開封：河南大學，1994 年 9 月。

55. 陳江風，《天文與人文——獨異的華夏天文文化觀念》，北京：新華，1988年。

56. 陳鼓應，《易傳與道家思想》，台北：商務，1995年12月初版。

57. 陳夢家，《殷虛卜辭綜述》（考古學專刊甲種第二號），北京：中華，1992年7月一版二刷。

58. 陳遵嬀，《中國天文學史》（共六冊），台北：明文，1984年2月初版。

59. 陳遵嬀，《中國天文學簡史》，台北：木鐸，1982初版。

60. 陳繼文，《中國數術結構》，西安：西北大學，1994年10月。

61. 程建軍、孔尚樸，《風水與建築》，江西：科學技術，1995年3月一版四刷。

62. 馮友蘭，《三松堂學術文集》，北京：北京大學，1984年。

63. 黃壽祺、張善文編，《周易研究論文集》（第一輯），北京：師範大學，1987年9月。

64. 楊樹達，《甲骨學文字編》，台北：台灣商務，1983年台四版。

65. 葉舒憲、田大憲，《中國古代神秘數字》，北京：社會科學文獻，1996年2月。

66. 蒙培元，《中國傳統哲學思維方式》，杭州：浙江人民，1993年8月。

67. 鄔良，《三才大觀——中國象數學源流》，北京：華藝，1993年8月。

68. 劉君燦編，《中國天文學史新探》，台北：明文，1988年初版。

69. 劉純，《大哉言數》，瀋陽：遼寧教育，1995年6月一版二刷。

70. 劉沛林，《風水‧中國人的環境觀》，上海：三聯，1995年12月。

71. 劉學林、馬重奇，《中國古代風俗文化論》，西安：陝西人民，1993年4月。

72. 蔡章獻，《天文觀測指南》，台北：銀禾，1992年12月初版。

73. 鄭杰文、陳朝暉，《方術迷信與科學》，濟南：山東人民，1993年11月。

74. 鄭慧生，《古代天文曆法研究》，開封：河南大學，1995年7月。

75. 錢穆，《中國學術思想史論叢》（一），台北：東大，1966年。

76. 鍾肇鵬，《讖緯論略》，瀋陽：遼寧教育，1992年6月一版。

77. 戴璉璋，《易傳之形成及其思想》，台北：文津，1989年6月初版。

78. 韓可宗，《景觀風水理論基礎》，台北：地景，1995年7月。

79. 鄺芷人，《陰陽五行及其體系》，台北：文津，1992年12月。

80. 龐樸，《糧莠集》，上海：上海人民，1988年3月。

81. 羅振玉，《增訂殷虛書契考釋》，台北：藝文，1981年3月四版。

82. 饒宗頤，《殷代貞卜人物通考》，香港：香港大學，1959。

83. 顧文炳，《陰陽新論》，瀋陽：遼寧教育，1993 年 10 月。

84. 顧頡剛等，《古史辨》，台北：藍燈，1987 年。

三、期刊論文（依姓名筆劃順序排列）

1. 于省吾，〈釋中宗祖丁和中宗祖乙〉，《甲骨文字釋林》，北京：中華，1993 年 4 月一版三刷。

2. 于豪亮，〈帛書周易〉，《文物》1984 第 3 期。

3. 王前，〈“天人相應”觀念對科技發展的影響〉，《遼寧教育學院學報》1996 年第 2 期。

4. 王前、劉庚祥，〈從中醫取“象”看中國傳統抽象思維〉，《哲學研究》，1993 年 4 月。

5. 王健民、梁柱、王勝利，〈曾侯乙墓出土的二十八宿青龍白虎圖象〉，《文物》，1979 年 7 期。

6. 王勝利、鄧文寬，〈鄂倫春族天文曆法調查報告〉，《中國天文學史文集》第二集，北京：科學，1981 年。

7. 王復昆，〈風水理論的傳統哲學框架〉，《風水理論研究》（一），台北：地景，1995 年 5 月初版。

8. 王夢鷗，〈月令之五行數與十干日解〉，《禮記校證》別輯三，台北：藝文，1976 年。

9. 王夢鷗，〈月令探源〉，《禮記校證》別輯二，台北：藝文，1976 年。

10. 王夢鷗，〈陰陽五行家與星曆及占筮〉，《中央研究院史語所集刊》43 本之三，1971。

11. 王夢鷗，〈禮記月令校讀後記〉，《孔孟學報》14 期，1967 年。

12. 王夢鷗，〈禮記月令斠理〉，《學術論文集刊》1 期，1971 年。

13. 王夢鷗，〈讀「月令」〉，《政治大學學報》21 期，1970 年。

14. 王爾敏，〈「中國」名稱溯源及其近代詮釋〉，《中國近代思想史論》，台北：華世，1982 年三版。

15. 田輝玉，〈論陰陽五行學說對中國古代科技思維的影響〉，《湖北電大學刊》，1995 年 9 月。

16. 西安半坡博物館、臨潼縣文化館，〈1972 年春臨潼姜寨遺址發掘簡報〉，《考古》1973 年 3 期。

17. 西安半坡博物館、臨潼縣文化館，〈陝西臨潼姜寨遺址第二、三次發掘的主要收穫〉，《考古》1975 年 5 期。

18. 何建均、韋小鴻，〈風水的建築佈局價值及其環境地理學思想〉，《廣西社

會科學》1995 年第 4 期。

19. 何新，〈五方帝與五佐神〉，《諸神的起源》，台北：木鐸，1987 年 6 月。

20. 吳慧穎，〈從七種計數看中國方位觀〉，《長沙水電師院社會科學學報》，1994年第 4 期。

21. 宋志堅，〈中國古代的地圖方位〉，《中華易學》第 8 卷第 5 期，1987 年。

22. 李建民，〈馬王堆的數術世界〉，《歷史月刊》87 期，1995 年 4 月。

23. 李德永，〈五行探源〉，《中國哲學》第四輯，1980 年。

24. 李學勤，〈商代的四風與四時〉，《李學勤集》，哈爾濱：黑龍江教育，1989年。

25. 李鏡池，〈易傳探源〉，《周易探源》，北京：中華，1991 年。

26. 杜國庠，〈陰陽五行思想和易傳思想〉，《周易研究論文集》（第二集），北京：北京師範，1989 年 8 月。

27. 周曉陸，〈釋東、南、西、北與中〉，《南京大學學報》1996 年 3 期。

28. 屈萬里，〈對於「與五行有關的文獻」之解釋問題——敬答徐復觀先生〉，《新時代》2 卷 2 期，1962 年。

29. 竺可楨，〈論以歲差定尚書堯典四仲中星之年代〉，《科學》，1926 年 11 卷12 期。

30. 竺可楨，〈二十八宿起源之時代與地點〉，《思想與時代》34 期，1944 年。

31. 邵望平，〈遠古文明的火花〉，《文物》1978 年 9 期。

32. 南京博物院，〈江蘇邳縣四户鎮大墩子遺址探掘報告〉，《考古學報》1965年 5 期。

33. 南京博物院，〈江蘇邳縣劉林新石器時代遺址第二次發掘〉，《考古學報》1965 年 2 期。

34. 南京博物院，〈南京市北陰陽營第一、二次的發掘〉，《考古學報》1958 年1 期。

35. 姚振黎，〈禮記月令文例淺探〉，《孔孟月刊》16 卷第 1 期，1977 年。

36. 胡化凱，〈金生水說考辨〉，《中國史研究》，1995 年第 4 期。

37. 胡厚宣，〈甲骨文四方風名考證〉，《甲骨學商史論叢》初集，台北：大通，1972 年 10 月。

38. 胡厚宣，〈論五方觀念及「中國」稱謂之起源〉，《甲骨學商史論叢初集》，台北：大通，1972 年 10 月初版。

39. 唐蘭，〈釋四方之名〉，《考古》（考古社刊），1936 年 4 期。

40. 容肇祖，〈《月令》的來源考〉，《容肇祖集》，濟南：齊魯書社，1989 年 9月。

41. 徐清泉，〈天人合一：中國傳統建築文化的審美精神〉，《新疆大學學報》（哲學社會科學版）第 23 卷，1995 年第 2 期。

42. 徐復觀，〈陰陽五行及其有關文獻的研究〉，《中國人性論史》附錄二，台北：商務，1987 年 3 月八版。

43. 殷滌非，〈西漢汝陰侯墓出土的占盤和天文儀器〉，《考古》1978 年第 5 期。

44. 馬王堆帛書整理小組，〈馬王堆帛書駐軍圖〉，《文物》1976 年 1 期。

45. 高晨陽，〈論"天人合一"觀的基本意蘊及價值〉，《哲學研究》，1995 年 6 月。

46. 張仁旺，〈四象探源〉，《天文通訊》報導雜誌 248 期，1993。

47. 張公量，〈說禹貢州數用九之故〉，《禹貢》（半月刊）第 1 卷第 4 期，1934。

48. 張培瑜，〈五星合聚與歷史記載〉，《人文雜誌》1991 年第 5 期。

49. 張寅成，《戰國秦漢時代的禁忌——以時日禁忌為中心》，台灣大學歷史研究所博士論文，1992 年 1 月。

50. 張嘉鳳，《中國傳統天文的興起及其歷史功能》，清華大學歷史研究所碩士論文，1991 年 7 月。

51. 曹錦炎，〈釋甲骨文北方風名〉，《中華文史論叢》，1982 年 3 期。

52. 莊曙瑜，《管子·幼官圖析論》，中山大學中國文學研究所碩士論文，1996 年 1 月。

53. 連劭名，〈式盤中的四門與八卦〉，《文物》1987 年第 9 期。

54. 郭沫若，〈金文所無考〉，《金文叢考》，北京：科學，1983 年 6 月一版。

55. 陳其泰，〈《漢書·五行志》平議〉，《人文雜誌》1993 年第 1 期。

56. 陳新雄，〈尚書堯典日中星鳥日永星火解〉，《中國學術年刊》，1984 年 6 月。

57. 陳夢家，〈上古天文材料〉，《學原》一卷六期，1947。

58. 陳夢家，〈五行之起源〉，《五德終始說下的政治和歷史》（顧頡剛撰）之附錄三，香港：龍門，1970 年 3 月

59. 陳夢家，〈漢簡年曆表敘〉，《考古學報》1965 年 4 期。

60. 陳穗錚，《先秦時期「中國」觀念的形成與發展》，台灣大學歷史研究所碩士論文，1992 年 6 月。

61. 彭美玲，《古代禮俗左右之辨研究——以三禮為中心》，台灣大學中國文學研究所博士論文，1996 年 5 月。

62. 曾錦華，《呂氏春秋十二紀紀首、淮南子時則訓及禮記月令之比較研究》，政治大學中國文學研究所碩士論文，1988 年 6 月。

63. 鈕衛星，〈古曆「金水二星日行一度」考證〉，《自然科學史研究》第 15 卷第 1 期，1996。

64. 馮友蘭，〈孔子在中國歷史中之地位〉，《三松堂學術文集》，北京：北京大學，1984。

65. 楊向奎，〈五行說的起源及其演變〉，《文史哲》，1955 年 11 期。

66. 楊超，〈先秦陰陽五行說〉，《文史哲》，1956 年 3 期。

67. 楊樹達，〈甲骨文中之四方神名與風名〉，《積微居甲文說》，台北：大通，1974 年 3 月。

68. 董作賓，〈大龜四版考釋〉，《安陽發掘報告第三期》，台北：中央研究院歷史語言研究所，1931 年 6 月初版。

69. 董英哲，〈漢代儒學與自然科學〉，《人文雜誌》1991 年第 1 期。

70. 裘錫圭，〈說東棘白大師武〉，《考古》1978 年，5 期。

71. 趙瀟，〈論五德終始說在秦的作用和影響〉，《齊魯學刊》，1994 年第 2 期。

72. 劉文強，〈論《尚書·甘誓》"五行"〉，《中山人文學報》第 4 期，1996 年 1 月。

73. 劉沛林，〈風水模式的地理學評價〉，《人文地理》，第 11 卷第 1 期，1996 年 3 月。

74. 劉起釪，〈釋《尚書·甘誓》的「五行」與「三正」〉，《文史》第七輯，1979。

75. 劉朝陽，〈從天文曆法推測堯典之編成年代〉，《燕京學報》，1930 年 6 月。

76. 劉寶才，〈先秦思想史上的陰陽五行學說〉，《人文雜誌》1986 年第 3 期。

77. 潘鼐，〈我國早期的二十八宿觀測及其時代考〉，《中國天文學史新探》（劉君燦編），台北：明文，1988。

78. 蔡璧名，《五行系統中的色彩》，台北：台灣師範大學國文研究所碩士論文，1992 年 6 月。

79. 盧央、邵望平，〈考古遺存中所反映的史前天文知識〉，《中國古代天文文物論集》，北京：文物，1989 年 12 月一版一刷。

80. 錢穆，〈易傳與小戴禮記中之宇宙論〉，《思想與時代》月刊 34 期,1944。

81. 錢穆，〈易經研究〉，《中國學術思想史論叢》（一），台北：東大，1966。

82. 錢寶琮，〈中國東漢以前時月日紀法之研究〉，《國立中山大學語文歷史研究所週刊》94～96 期合刊，1929。

83. 錢寶琮，〈論二十八宿之來歷〉，《思想與時代》月刊第四十三期，1945 年 2 月。

84. 戴君仁，〈陰陽五行學說究原〉，《大陸雜誌》第 37 卷第 8 期，1968 年 10 月。

85. 薄樹人、王建民、劉金沂，〈論參宿四兩千年來的顏色變化〉，《中國天文學史新探》（劉君燦編），台北：明文，1988。

86. 鍾肇鵬，〈先秦五行說的起源和發展〉，《中國哲學史研究》1981 年第 2 期。

87. 龐樸，〈五行思想三題〉，《山東大學學報》，1964 年 1 期。

88. 龐樸，〈陰陽五行探源〉，《糧莠集》，上海：上海人民，，1988 年 3 月。

89. 羅福頤，〈漢栻盤小考〉，《古文字研究》十一輯，1985。

90. 譚學純，〈數字"三""五"崇拜的發生、演進及相關闡釋〉，《中國典籍與文化》1995 年第 2 期。

91. 嚴汝嫻，〈普米族的刻劃符號兼談對仰韶文化刻劃符號的看法〉，《考古》，1982 年 3 期。

92. 嚴敦杰，〈式盤綜述〉，《考古學報》1985 年 4 期。

93. 顧頡剛，〈《尚書‧甘誓》校釋譯論〉，《文史》第七輯，1979。

94. 顧頡剛，〈論易繫辭傳中觀象制器的故事〉，《古史辨》第三冊，台北：藍燈，1987。

四、外國人士著作（依筆劃順序排列）

（一）專　著

1. 〔日〕島邦男，《殷墟卜辭綜類》，台北：大通，1970 年 12 月初版。

2. 〔日〕島邦男著，溫天河、李壽林譯，《殷墟卜辭研究》，台北：鼎文，1975 年 12 月。

3. 〔日〕新城新藏著，沈璿譯，《中國天文學史研究》，台北：翔大，1993 年 11 月初版。

4. 〔日〕藪內清著，梁策、趙煒宏譯，《中國‧科學‧文明》，台北：淑馨，1989 年 5 月。

5. 〔日〕瀧川資言考證，《史記會注考證》，台北：藝文，1972。

6. 英‧李約瑟著，吳大猷等譯，《中國之科學與文明》，台北：台灣商務，1985 年 7 月四版。

（二）期刊論文

1. 〔日〕成家沏郎著、莨嵐譯，〈中國古代的占星術和古星盤〉，《文博》1989 年第 6 期。